成语说史系列

# 成语说资治通鉴

## 2 大汉雄风

刘娟 著

人民文学出版社

图书在版编目(CIP)数据

成语说《资治通鉴》.2,大汉雄风/刘娟著.——北京:人民文学出版社,2023
(成语说史系列)
ISBN 978-7-02-017978-7

Ⅰ.①成… Ⅱ.①刘… Ⅲ.①《资治通鉴》-少儿读物 Ⅳ.①K204.3-49

中国国家版本馆 CIP 数据核字(2023)第 079809 号

责任编辑　胡司棋　邱小群
装帧设计　李苗苗

出版发行　人民文学出版社
社　　址　北京市朝内大街 166 号
邮政编码　100705

印　　制　上海盛通时代印刷有限公司
经　　销　全国新华书店等

字　　数　265 千字
开　　本　720 毫米×1000 毫米　1/16
印　　张　22
版　　次　2023 年 7 月北京第 1 版
印　　次　2023 年 7 月第 1 次印刷

书　　号　978-7-02-017978-7
定　　价　85.00 元

如有印装质量问题,请与本社图书销售中心调换。电话:010 - 65233595

# 出版前言

为响应国家关于"传承发展中华优秀传统文化,增强国家文化软实力"的伟大战略,将博大精深的中华传统文化普及到少年儿童群体中,我们倾力打造"成语说史"系列图书,最先推出的便是这套《成语说〈资治通鉴〉》。

《资治通鉴》是中国第一部编年体通史,共294卷,300多万字,与《史记》合称"史学双璧",是了解中国古代历史的必读书,虽已经司马光之手,"删削冗长,举撮机要",但仍"网罗宏富,体大思精",令人望而生畏。而成语是中国独有的语言资源,是连通文史的钥匙,短小精悍的形式承载着丰厚的历史文化内涵,体现了中华民族积淀千年的智慧和核心价值观。为了让孩子们读懂并喜欢上《资治通鉴》,了解成语背后的历史语境,从而更好地掌握和运用成语,我们精心制作了这套《成语说〈资治通鉴〉》。

《成语说〈资治通鉴〉》共8册,是一套连续的历史故事集,通过成语这个载体把卷帙浩繁的大部头史书变成358个引人入胜的故事，鲜活地演绎了从周威烈王二十三年（公元前403年）到后周世宗显德六年（公元959年）共1362年的朝代更替、历史兴衰、人事沧桑。

考虑到少年儿童的认知水平和阅读特点，在尊重历史的大前提下，这套书对史料进行了科学的剪裁，用通俗易懂的语言，通过大量的人物对话，模拟事件发生的场景，把历史上的重要人物和重大事件生动地呈现出来。在这里，历史不是一个个事件和人名组成的，而是有着丰富的细节。

为了避免让整个历史读起来碎片化，这套书尤其注重历史事件的连续性和系统性，按照时间的顺序，讲究由小故事串起大事件，用大事件演绎大时代。故事与故事之间，相互承传、次序分明，有条不紊地把历史推向纵深，帮助少年儿童真实、立体地感知历史发展的脉络，进而树立"通史"意识：历史是连贯的，有继承，有发展。

一千多个成语既是帮助读者打开厚重"通史"之门的钥匙，也是记录历史故事的载体，甚至是历史故事本身。"成语+通史"的组合，无疑是一种全新的探索，为中华优秀传统文化的传承提供了一种新颖的形式。

此外，这套书还针对重要的历史地名做了相应的注释，帮助少年儿童从空间坐标上更好地理解时间坐标上的历史。

简言之，这套《成语说〈资治通鉴〉》采用"点—线"结合的呈现方式，以成语为媒介，循序渐进地展现了中国古代历史的整体面貌。"点"是具体、生动的历史事实，"线"是历史发展的基本线索，以"线"穿"点"，以"点"连"线"，让孩子们在掌握历史事实的基础上，通过史事之间的相互关系，建立时序意识和时空观念，获得对历史发展的整体性认识。

历史不仅是一门学科，一类知识，更是一种定义，了解历史对个人乃至国家都具有重要意义。历史学家钱穆先生曾经说过这样的话："任何一国之国民，尤其是自称知识在水平线以上之国民，对其本国已往历史，应该略有所知。否则最多只算一有知识的人，不能算一有知识的国民。"

有鉴于此，我们希望通过这套《成语说〈资治通鉴〉》，帮助我们的孩子更好地了解中国历史，学习中国传统文化，做一个真正的中国人。

# 目录

一 计将安出「先入关中为王」 ... 1/2

二 忠言逆耳「项伯密会张良」 ... 9/10

三 项庄舞剑，意在沛公「鸿门宴」 ... 16/17

四 被坚执锐「刘邦火烧栈道」 ... 24/25

五 暗度陈仓「还定三秦」 ... 30/31

六 国士无双「韩信拜将」 ... 38/39

七 顺德者昌，逆德者亡「彭城之战」 ... 46/47

八 置之死地而后生「韩信灭赵国」 ... 53/54

九 分一杯羹「项羽要煮刘邦的爹」 ... 60/61

十 四面楚歌「不肯过江东」 ... 68/69

十一 运筹帷幄「田横五百士」 ... 78/79

十二 六出奇计「陈平一画退匈奴」 ... 86/87

十三 无出其右「该死的贯高」 ... 94/95

十四 多多益善「成也萧何，败也萧何」 ... 101/102

十五 使羊将狼「高祖还乡」 ... 110/111

十六 攻苦食啖「『人彘』事件」 ... 116/117

十七 萧规曹随「周勃诛吕安刘」 ... 123/124

十八 虎而冠「『捡漏』当皇帝」 ... 132/133

十九　寝不安席，食不甘味「千古仁君」………139/140

二十　随风而靡「张释之秉公执法」………147/148

二十一　为虎添翼「被『宠杀』的淮南王」………154/155

二十二　视同儿戏「真将军周亚夫」………161/162

二十三　钳口不言「晁错有没有杀错」………169/170

二十四　忽忽不乐「天子也有戏言」………177/178

二十五　侧目而视「储君之争」………184/185

二十六　轻徙鸟举「马邑诱敌战」………192/193

二十七　宫车晏驾「两个外戚的『内斗』」………199/200

二十八　招之不来，麾之不去「社稷之臣汲黯」………206/207

二十九　发蒙振落「一场胎死腹中的谋反」………214/215

三十　封狼居胥「漠北大决战」………221/222

三十一　夜郎自大「张骞『凿空』西域」………228/229

三十二　飞将数奇「迷路将军李广」………236/237

三十三　奋不顾身「将军百战声名裂」………245/246

三十四　不知所出「太子真的不好当」………252/253

三十五　小心谨慎「聪明的少年天子」………260/261

三十六　斧钺汤镬「苏武归汉」………268/269

| 三十七 | 拭目倾耳　「惊心动魄的二十七天」 | 277/278 |
| 三十八 | 斗鸡走狗　「从牢狱里走出的天子」 | 285/286 |
| 三十九 | 芒刺在背　「霍氏之祸」 | 292/293 |
| 四十 | 是古非今　「石显逼死帝师」 | 299/300 |
| 四十一 | 以功覆过　「陈汤矫诏出征」 | 307/308 |
| 四十二 | 朋党比周　「王凤擅权」 | 315/316 |
| 四十三 | 矫枉过正　「『红颜』终成『祸水』」 | 322/323 |
| 四十四 | 浆酒藿肉　「哀帝断袖」 | 329/330 |
| 四十五 | 衣不解带　「伪装者王莽」 | 336/337 |

# 计将安出

### 《资治通鉴·秦纪三》

沛公喜，赐郦生食，问曰："计将安出？"郦生曰："足下起纠合之众，收散乱之兵，不满万人；欲以径入强秦，此所谓探虎口者也。夫陈留，天下之冲，四通五达之郊也；今其城中又多积粟。臣善其令，请得使之令下足下；即不听，足下引兵攻之，臣为内应。"

### 译文

刘邦很高兴，赏饭给郦食其吃，并问道："如何制定计策啊？"郦食其说："您从一群乌合之众中起事，收拢了一些散兵游勇，部众还不足一万人，就想直接去攻打强大的秦朝，这叫用手去掏虎口哇！陈留是天下的要冲，四通八达的枢纽地区，城中又贮存了许多粮食，而我恰与陈留县令交情不错，请您让我出使陈留，劝他向您投降；假如他不听从劝告，您就领兵攻城，我做内应。"

# 先入关中为王

"谁先进入关中，就立谁为王。"这是当初楚怀王芈心在一次朝会上与楚军将领的约定，目的是激励他们西进攻秦。

所谓关中，即"四关"之内的秦地，东即函谷关，西为陇关，南是武关，北乃临晋关，四面都有天然屏障，易守难攻，又有渭河从中穿过，可谓沃野千里，尤其郑国渠①修好以后，关中地区更是成了丰饶富裕的天府之地。

若换了平时，大家都会争着抢这块风水宝地，可那会儿的秦军还很强大，所以楚怀王的话一出，没有一个将领吭声。

就在楚怀王眉头紧锁时，突然，一个人跳了出来，激愤地说道："我愿率大军西进，灭了他们的老巢。"

众人定睛一看，原来是项羽。也难怪，秦灭楚时，杀了他的祖父项燕，如今又杀了他最亲的叔叔项梁，他自然恨不得立刻攻入咸阳城中，灭了秦国，给他们报仇。

楚怀王很高兴，刚想开口，却见一个老臣冲他微微摇头，便没有当场答应项羽的请求。之后，楚怀王单独召见那位老臣，问他朝会上为何摇头示意。

只听那位老臣说："项羽这个人，勇猛是勇猛，但过于残忍。上

---

① 当初韩国为了消耗秦国的国力，派水利专家郑国赴秦，游说秦国兴修水利，修建一条灌溉渠。工程进行到一半，秦王就觉察到了韩国的意图，为此要杀郑国。郑国说："我是为韩国延长了几年的寿命，但这条灌溉渠如果修成了，秦国也可享万世之利啊。"秦王于是命他继续主持施工，并最终完成了这项工程，灌溉了四万多顷盐碱地，秦国的关中一带因此更加富裕起来。

次攻打襄城，破城之后，他竟把全城老少一个不留给活埋了。再说，之前陈胜、项梁都失败了，楚军士气低落，这个时候再西进，恐怕难以取胜。不如派一个宽厚之人，以仁义为号召，进军关中。关中的老百姓早就怨恨秦朝的暴政，一定会欢迎起义军前来，到时拿下关中就容易了。依我看，刘邦有长者气度①，对人一向宽宏大量，是合适人选。"

楚怀王于是派刘邦收拢陈胜、项梁的散兵游勇，向西攻取秦地，而让项羽作为次将，随宋义去援救被秦军包围的赵国。

项羽接到这个命令很不高兴，一则不能马上为祖父和叔叔报仇，二则失去称王的机会。可是，楚怀王是各路起义军都承认的首领，他的命令不能不听。项羽左思右想，最后只得跟随宋义北上救赵。

刘邦领了西进关中的命令后，率领军队向秦朝腹地杀去。一路上，与秦军多次交锋，有胜有败。攻打巨野②东南的昌邑时，刘邦遇到了彭越。

彭越是当地人，在巨野湖泽中以打鱼为生，有时也结伙为盗，官府管不了，日子倒也逍遥。陈胜、项梁起兵后，水泽中一百多个年轻人坐不住了，也想出去干一番痛痛快快的事业，苦于没有领头的人，便劝彭越出任首领。彭越百般推辞不掉，只好答应，约定次日清晨太阳出来时集合，迟到的即斩首。

第二天，日出后，有十多个人晚到，最迟的直到中午才来。彭越便说："你们执意推举我为头领。如今到了约定时间而许多人迟到，不能都杀掉，那么就把最后到的那个斩首吧。"

众人都笑了起来："迟到而已，哪至于杀头啊？下次改了就是。"

没想到，彭越话音刚落，手一挥，一颗人头咕咚掉落在地。众

---

① 这时刘邦快50岁了。
② 今属山东。

人惊恐万分，不敢抬头看他。彭越随后便带领这些人攻城略地，沿途收集散兵游勇，得到一千余人，遇到刘邦后，便归顺了他，协助攻打昌邑。

但是，昌邑城没有攻下，刘邦就让彭越留在巨野，自己率军继续西进。经过高阳①时，刘邦住进一家旅舍，向左右打听当地有才能的人，他手下的一名卫兵就推荐了自己的同乡——高阳人郦食其。

郦食其家境贫寒，为了生计做了个看门的小吏。陈胜、吴广起义后，经过高阳的各路将领挺多的，郦食其听说那些人气量狭小、自以为是，就躲藏起来。后来，他打听到刘邦为人虽然傲慢，但比起先前经过的那些起义军将领，更有远见卓识，便打算追随刘邦，就请在刘邦手下当卫兵的同乡帮忙推荐。恰好刘邦也想结识一些能人，便让卫兵去喊郦食其前来相见。

这天晚上，郦食其来到旅舍的时候，刘邦正叉开两腿坐在床上洗脚。郦食其见刘邦并无起身迎接自己的意思，于是也不行跪拜礼，只是拱了拱手，算是回敬刘邦的傲慢。

原来刘邦很厌恶儒生，平时见了戴着儒生帽子的，总要脱下人家的帽子，往里面撒尿，与对方谈话的时候，也常常破口大骂。他见郦食其一身儒生的打扮，便仍旧坐在床上洗脚，一副爱搭不理的样子。

郦食其忍住心中的不快，故意问道："您是帮助秦朝消灭各路起义军呢，还是想率领大家推翻秦朝的统治？"

刘邦一听，怒从胆边生，一脚踢翻了洗脚盆，骂道："你这个没见识的儒生！天下人受秦朝暴政已经很久了，所以大家才起来反抗，怎么说是帮助秦朝攻打起义军呢？真是混账话！"

---

① 在今河南杞县西南。

郦食其冷笑道："您若确实是要率领大家去讨伐暴虐无道的秦王朝，就不该如此傲慢无礼地接见年长的人！"

刘邦一愣，心想这个老头看来不简单，于是立刻起身整理好衣服，请郦食其上座，并为刚才的怠慢行为向他道歉。

主宾二人重新坐定后，郦食其便谈起了过去六国合纵连横的故事。刘邦听得高兴，命人给郦食其端来夜宵，并问道："依您看计将安出？"

郦食其笑了笑，说道："请恕我直言，目前您手下的兵都是一群乌合之众，人数不到一万，靠他们去攻打强秦，无异于从老虎嘴里抢食。陈留①是天下的要冲，四通八达，且城内有很多粮食。我和陈留县令交情不错，我去劝降，他若投降，最好不过，假如他不听，您就领兵攻城，我做内应。"刘邦大喜。

第二天，郦食其前往陈留劝降，刘邦率领军队紧跟其后。不过一顿饭的工夫，城门便大开，迎接刘邦入城。如此，刘邦不费一兵一卒占领了陈留，获得大量粮食，士气高涨起来。

之后，刘邦率军继续向西挺进。公元前207年，刘邦攻下西去关中的门户——南阳。郡守吕齮逃到南阳的治所——宛城②固守。刘邦入关心切，想避开宛城绕道向西，被谋士张良劝住。

张良是韩国人，祖上曾经做过五代韩相。韩国灭亡后，张良散尽家产，想为韩国报仇。秦始皇外出巡游时，他雇了一名大力士刺杀秦始皇，失败后被通缉，开始苦读《太公兵法》。陈胜、吴广起义后，张良也聚集了一百多人，扯起反秦的大旗。打了几次仗，他觉得自己势单力薄，难成大事，便打算投靠其他起义军，结果路上遇到刘邦。张良几次用《太公兵法》向刘邦献策，刘邦多能领悟，并

---

① 在今河南开封市祥符区东南。
② 在今河南南阳市。

常常采用。张良因此觉得刘邦有天赋之才，便留下来辅佐他。

这时，张良就对刘邦说："现在秦朝还有抵抗的力量，再往前走，关隘险阻之地很多，如果不攻下宛城，前有秦军阻拦，后有宛地追兵，我们可要腹背受敌啊。"

刘邦觉得张良的话很有道理，当即命令军队连夜抄小道返回宛城。天还没亮，刘邦的大军已经神不知鬼不觉地把宛城围了个水泄不通。

吕齮得到报告，登城一看，只见城外起义军的旗帜铺天盖地，刘邦的军队正严阵以待，准备攻城。吕齮长叹了一声，拔出剑来向脖子抹去。他的舍人陈恢见状，一把拦住了他，说："还没到死的时候。"说完，陈恢就叫士兵用绳子把自己放下城去。

陈恢来到刘邦的军中，对他说："我听说楚怀王有约在先，先攻入关中的封为王。可您却滞留在这里攻打宛城。宛城周围有几十个郡县，您若一个个地攻打，时间久了，一定会耽误您抢先入关称王，但您若率军撤退，宛城的守军必定尾随追击。我为您考虑，不如招降，加封南阳郡守，让他继续镇守此地。其他郡县听说了，就会争先恐后地打开城门欢迎您，您向关中去就可以通行无阻了。"

一席话说得刘邦连连点头，爽快答应了。次日，吕齮举城投降，刘邦封他为殷侯，陈恢则为千户侯，让他们仍然驻守宛城，自己则率领大军继续西进。果然，沿途各郡县纷纷效仿，刘邦的大军便一鼓作气开到了峣（yáo）关之下。

峣关是通往咸阳的咽喉要塞，也是拱卫咸阳的最后一道关隘。秦王子婴赶紧调兵遣将增援峣关。

刘邦眼见咸阳就在一步之遥，急吼吼就想去攻打峣关，结果又被张良劝阻。张良说："秦军还很强大，不可贸然进攻。不如我们一边悄悄派人上山，到处插满我们的旗帜，让秦军以为漫山遍野都是我们的人，一边派郦食其带着财物前去游说守将，对他们加以利诱。这样把握就大了。"

刘邦依了张良的计策。果然在郦食其三寸不烂之舌的鼓动下，峣关的守将愿意献关投降。刘邦十分高兴，连声夸赞张良足智多谋，张良却摇头说："就算守将愿意投降，他们的士兵也未必听从，干脆趁现在他们放松警惕之际，我们突然发起进攻。"

于是，刘邦的大军袭击了放下戒备的秦军。秦王朝最后的防守就此土崩瓦解。

公元前206年冬，刘邦率军抵达霸上。秦王子婴见大势已去，便身着白衣，手捧玉玺、符节，率领文武百官，伏在道旁向刘邦投降。有人主张杀掉子婴，刘邦说："当初怀王之所以派我前来，就是认定我能宽容待人。何况人家已经投降了，还要杀人家，那样做是不吉利的。把他看管起来就行了。"说完，刘邦率领军队浩浩荡荡开进了咸阳城。

中国历史上第一个大一统王朝——秦朝正式宣告灭亡。

## 成语学习

# 计将安出

计,计策;安,怎样。如何制定计策呢?

| |
|---|
| 造　句:孙悟空想逃出五指山,可是计将安出?他一筹莫展,只能抓耳挠腮。 |
| 近义词:如之奈何 |

# 〖 忠言逆耳 〗

**《资治通鉴·汉纪一》**

张良曰:"秦为无道,故沛公得至此。夫为天下除残贼,宜缟素为资。今始入秦,即安其乐,此所谓'助桀所虐'。且忠言逆耳利于行,毒药苦口利于病,愿沛公听樊哙言!"

**·译 文·**

张良说:"秦朝因为不施行仁政,所以您才能够来到这里。而为天下人铲除残民之贼,应如同丧服在身,把抚慰人民作为根本。现在刚刚进入秦朝的都城,就要安享其乐,这即是人们所说的'助桀为虐'了。况且忠诚的话虽然让人听着不舒服,却能帮助人们改正自己的一言一行,好药虽然很苦,让人难以吞咽,却能让病痊愈,希望您能听取樊哙的劝告!"

## 项伯密会张良

一进咸阳城,刘邦就率领手下将领迫不及待地直奔秦宫,只见一座座宫殿,斗拱飞檐、雕梁画栋,宏伟至极,还有美不胜收的亭台楼阁、园池水榭,以及各种奇树怪石、奇珍异宝,看得刘邦眼花缭乱。后来,他有些累了,便进到章台宫,坐在御座上休息。这一坐让他立刻想起了一段往事。

在做泗水亭长前,刘邦曾前往秦朝的都城咸阳服徭役。有一天,他利用难得的休息时间在咸阳街头闲逛,正好遇到秦始皇外出巡游。刘邦在人群中钻来挤去,也想一睹天子威仪。远远地,他望见一队手持长枪、身着铁甲的骑兵,一个个威风凛凛、杀气腾腾,后面跟着高举各色旗幡的仪仗队,五彩缤纷的旗幡迎风飘扬、猎猎作响,接着慢慢驶来规格不一的车辆,其中一辆显得特别豪华,由六匹高头大马拉着,四围遮幔垂着五彩流苏,车顶上还有一个巨型华盖,里面坐着的想必就是横扫六国、一统天下的秦始皇。从小县城里出来的刘邦被眼前壮观的场面惊呆了,久久迈不开步子,脱口而出:"大丈夫就该如此啊!"

"没想到我竟然有一天能坐在他的宝座上!"刘邦心里美滋滋的,渐渐地,困意泛起,他眯上了眼睛。

"沛公!沛公!"突然门外传来几声急切的呼唤。刘邦一下子被惊醒,赶忙起身,跑了出去。原来是樊哙和张良在找他!

刘邦看到他们俩,很是高兴,拉他们进章台宫,嘴里不停地说:

"我带你们去看皇帝平时处理事情的地方，里面还有一张大大的宝座，我刚刚就在上面坐来着！"

"我们还是赶紧回去吧！"樊哙劝道。

刘邦诧异："回哪儿去？"

"霸上啊！我们的大营驻扎在那儿。"樊哙回答道。

"哈哈哈哈！你们看，这里多好啊！以后我们就住在这儿！"刘邦环视四周，仰天大笑。

樊哙一听，急了："您是想拥有天下，还是只想做一个阔财主啊？这里确实好，奢侈、华丽，可它们正是招致秦朝灭亡的祸害！您还是尽快返回军营吧！"

刘邦大怒，点着樊哙的鼻子骂道："你这个宰狗的家伙竟然把我比作财主！要不是亲戚，我早把你宰了！"

原来樊哙早年是个宰狗的屠夫，和刘邦分别娶了吕公的两个女儿，二人是连襟。樊哙胆气干云，且有见识，跟随刘邦从沛县起事，但他深知刘邦急起来六亲不认，所以没再吭声。

张良见状，假装呵斥樊哙："沛公带着我们一路拼杀，当然是打天下啦，这还用说吗？"他斜睨（nì）了一眼刘邦，见刘邦的脸色和缓了一些，便继续说道："我们来到这里，是为了推翻残暴的秦王朝。如果我们刚入关中，便住进他们的宫殿，享受他们之前的快乐，别人就会说我们跟残暴的秦王朝没有两样，老百姓就不会支持我们。古语说：'忠言逆耳利于行，良药苦口利于病。'樊将军的话虽然不好听，却是忠言啊！"

刘邦冷静下来后，觉得他们俩说得很有道理，便命人封存府库，派专人看管，自己跟随二人返回了军营。

一回到霸上，刘邦就把各县的父老和有声望的人召集起来，对他们说："我们各路起义军之间有个约定，谁先打入关中，谁就当关中王。按照这个约定，我应该就是关中王了。今天请各位前来，是想和你们约法三章：第一，杀人者判死罪；第二，伤人者抵罪；第三，偷盗他人财物者判刑。此外，秦朝的法律统统废除，大家以后照常生活。我们之所以到这里来，是为了替父老们除害，而不是来欺凌你们的，你们回去给乡亲们带个话，叫大家不要害怕。"

关中百姓在秦朝的苛法下受惯了苦，突然听到这么亲切的话，高兴得不得了，都奔走相告。刘邦又命令通文墨的将士，将自己的"约法三章"写成大幅公告，由秦朝旧官吏带着这些将士到各县、各乡、各亭去张贴、宣讲。关中百姓无不欢天喜地，称颂刘邦的仁义，唯恐他不在关中称王。

这时，经过巨鹿之战的项羽已经平定了黄河以北的地区，就想率领各路诸侯军西进关中，不料军中却出现骚动。原来，诸侯军中的官兵曾因服徭役或屯戍经过关中一带，秦军官兵对他们很无礼。等到章邯率领秦军投降后，诸侯军的官兵便报复性地把秦军官兵当奴隶使唤，侮辱他们。秦军官兵因此生出怨恨的情绪，暗地里议论说："章将军骗咱们投降诸侯军，如今若能攻入关中击灭秦朝，自然是大好事；倘若不能，秦朝就会杀死咱们的父母妻儿。那可怎么办啊？"诸侯军的将领暗中查听到这些议论，便报告给了项羽。项羽担心这二十万降兵到了函谷关不听从调遣，就把他们全给活埋了，然后率领大军日夜兼程向西开来。

有人便给刘邦出了个主意："关中地区比天下其他地方要富足十倍，而且地势险要。项羽如果进来，这块宝地就不是您的啦。不如派兵把守函谷关，阻止他们进来。"刘邦也不愿到手的肥肉进别人的嘴里，就照办了。

很快，项羽的大军就来到函谷关下，但见关门紧闭，关上旌旗飘扬，斗大的"刘"字赫然醒目。项羽意识到刘邦已经先他一步平定了关中，不由得大怒，派大将黥布率领一支人马进攻函谷关。黥布骁勇善战，是项羽手下最得力的将领之一，很快就攻下了函谷关。

入关之后，项羽的大军刚在鸿门①驻扎下来，刘邦手下有个叫曹无伤的，想得到项羽的封赏，就派人前来通风报信："沛公想在关中称王，还准备任命秦王子婴为相。"

项羽闻言怒不可遏，谋士范增在一旁说道："刘邦早年是个贪财好色之徒，这次入关后却一不搜刮财物，二不宠幸女色，可见他志向不小。我曾观望过他那边的云气，显示出龙虎形状，五彩颜色，这是天子之气啊！趁他羽翼未丰，赶紧消灭他，千万别错失良机！"项羽对智谋过人的范增一向很信任，尊他为亚父，听他这么一说，当即下令让士兵饱餐一顿，准备次日一早攻打刘邦。

谁知项羽的叔父项伯与张良是好朋友，他连夜骑上快马赶到霸上，通知张良赶紧逃命。张良听完，沉思了片刻后说："现在沛公有难，我若自己跑了，就太不讲义气了，我必须把这件事告诉他。"于是进去将项伯的话一五一十全讲给了刘邦听。

此时，项羽拥兵四十万，是刘邦兵力的四倍。所以，听到这个消息，刘邦大惊失色。

张良问刘邦："您估计您的兵力足够抵挡项羽的大军吗？"

刘邦默然良久后，摇头说："不能。"

张良也想不出别的办法，只好说："我去告诉项伯，说您是绝不敢背叛项羽的。"

刘邦没吭声，他想了想，却问张良："你和项伯是怎么认识的？"

张良一愣，回答说："项伯曾经杀过人，我救了他。他想报答

---

① 在今陕西临潼东。

我，所以赶来报信。"

刘邦又问："你们俩谁大？"

张良说："他比我大。"

刘邦拍手说道："你去请他进来，我要把他当兄长一样招待一番！"

过了一会儿，张良领着项伯进来了。刘邦热情地邀项伯上座，然后命人摆上酒食，三人开始喝起酒来。

酒过三巡，三人说开了闲话，聊着聊着，就聊到各自的儿女身上。正好项伯的儿子尚未婚配，刘邦的女儿待字闺中，两人就约定结为亲家。三人越说越热闹，越说越亲近。

又喝了一会儿，刘邦见时候到了，就端起一杯酒说："我们入关后，连毫毛般微小的东西都不敢占为己有，只是登记官民，封存府库，就等上将军到来后交给他。之所以派人把守函谷关，是怕有盗贼出入，防备非常情况发生。我们日日夜夜盼望着上将军来，哪里敢背叛他啊！请您在上将军面前替我们多说几句好话。"

项伯爽快地答应了，他建议刘邦第二天一早亲自去鸿门向项羽解释。之后，他连夜赶回鸿门军营，把刘邦的话一五一十转告给项羽，并说道："要不是沛公先打入关中，为我们扫除入关的障碍，我们还进不来呢！人家立了大功，你不犒赏他，反而去攻打他，说不过去啊！"项羽想了想，觉得项伯说得也有道理，便撤销了进攻的命令。

项伯走后，刘邦还是不放心，下令全军戒备，严防偷袭。这样一直到天快亮时，也不见项羽的动静，刘邦这才带着张良、樊哙等人，硬着头皮去鸿门拜见项羽。

## 成语学习[1]

## 忠言逆耳

逆耳，不顺耳。正直的劝告听起来不顺耳，但有利于改正错误。

| 造　句：当我们对父母的话感到不耐烦时，要想到忠言逆耳这个道理。 |
|---|
| 近义词：良药苦口 |
| 反义词：花言巧语 |

---

[1] "约法三章"也是成语，泛指订立简单的条款。

# 项庄舞剑，意在沛公

### 《资治通鉴·汉纪一》

哙曰："今日之事何如？"良曰："今项庄拔剑舞，其意常在沛公也。"哙曰："此迫矣，臣请入，与之同命！"哙即带剑拥盾入。

### 译 文

樊哙说："今天的事情怎么样了？"张良说："现在项庄拔剑起舞，他的用意却常在沛公身上啊。"樊哙道："事情紧迫了，我请求进去，与他拼命！"樊哙随即带剑持盾闯入军门。

# 鸿门宴

天微亮时，刘邦等人来到项羽大军在鸿门的驻地。一见面，刘邦就向项羽道歉说："我和将军您合力攻秦，您在黄河以北拼搏，我在黄河以南战斗，但我没想到自己会先入关中。如今有小人搬弄是非，使您我之间产生了误会。为了这事我一晚上都没睡好，今天特地起了个早前来向将军解释，希望将军明察。"

项羽见刘邦只带了一百多名随从前来，又是一副谦恭委屈的样子，不禁心软起来，有点儿不好意思地说："都是你的左司马[①]曹无伤散布流言，说你要在关中称王，不然我何至于这么生气呀？既然是一场误会，那就留下来喝酒吧！"说着，便拉着刘邦进了营帐。张良、范增等人也跟了进去。

众人落座后，项羽命人摆上酒食。一开始，气氛有点儿尴尬，酒过三巡后，才开始稍微活跃起来。其间，范增频频向项羽递眼色，暗示他动手杀刘邦。项羽却装作没看见。无奈之下，范增起身出去，叫来项羽的堂弟项庄，把他拉到一边，低声说："刘邦将来一定是项王争夺天下的劲敌，此人不除，后患无穷。可惜我们的项王心慈手软，不忍杀他。一会儿你进去给刘邦敬酒。敬完酒，你就请求表演舞剑，然后找机会袭击刘邦。一定要杀了他！否则，我们迟早会成为他的阶下囚！"

---

[①] 司马是古代的军官，分左右司马，执掌军政。

成语说 资治通鉴

　　项庄连连点头。他进入营帐，先是向刘邦敬酒，之后又拱手对项羽道："军营中没有什么可用来取乐的，就请让我为你们舞剑助兴吧。"

　　项羽一听，很高兴，说道："好哇！"项庄于是拔剑起舞。有几次，他差点儿刺中刘邦，但都被刘邦躲了过去。这下，除了项羽，所有人都知道项庄舞剑，意在沛公。

　　就在这时，项伯突然站了起来，说道："我也来助助兴！"只见

他也拔出身上的佩剑，舞了起来。于是，每当项庄剑指刘邦，项伯就巧妙地用身子护住刘邦。几个回合下来，项庄始终无法得手。

张良意识到如此纠缠下去，只会坏事，便出去找樊哙。樊哙正在军门外等候，他见张良出来，急切地问道："里面怎么样？"

张良一脸忧虑地说："项庄舞剑，意在沛公……"

没等张良说完，樊哙急道："啊？我进去跟他拼命！"说着带剑持盾要闯军门。军门的卫士想阻拦樊哙，却被他一撞，扑倒在地。

大汉雄风·鸿门宴

樊哙如入无人之境，直奔刘邦、项羽所在的营帐。

一到那儿，樊哙一把掀开帷帐，怒目圆睁地瞪着项羽，因为情绪激愤，他的头发一根根竖了起来。项羽大惊，立即从座位上直起身来，手按着剑柄，喝道："什么人？"

跟着进来的张良连忙解释说："这是沛公的卫士樊哙，一时鲁莽，惊了上将军！"

项羽这才坐了回去，呵呵笑道："真是个壮士啊！来人啊，赐酒！"左右侍从立刻给樊哙送上来一大杯酒。樊哙拜谢后，站着一饮而尽。

项羽见他豪爽，又吩咐道："再给他一条猪腿吃！"侍从拿来一条生猪腿。樊哙将手中的盾牌倒扣在地上，把猪腿放在上面，拔出剑来切开，大口地嚼起来。

项羽惊诧不已，问樊哙："壮士，你还能喝吗？"

樊哙大声回答道："我连死都不怕，一杯酒难道还值得我推辞吗？秦王心肠狠如虎狼，杀人唯恐杀不完，用刑惩罚人唯恐用不够，致使天下人都起来反抗。怀王曾与各路将领约定，谁先进入关中，就立谁为王。现在沛公最先打败秦军，进入咸阳，毫毛般微小的东西都不敢碰，就率军返回霸上等待您的到来。这样劳苦功高，您非但不奖赏，还听信小人的谗言，要杀有功之人。这是在重蹈秦朝灭亡的覆辙呀，我认为您的这种做法是不可取的！"

项羽无话可答，只好说："坐吧。"樊哙便在张良的身边坐了下来。众人继续喝酒。

过了一会儿，刘邦起身上厕所，并示意樊哙一起出去。两人来到外面。刘邦对樊哙说："今日凶多吉少，我打算先走一步，不过就这样走了，不知道项羽会不会怪罪下来。"

樊哙粗声粗气地说："现在人家好比是屠刀和砧（zhēn）板，

我们是板上的鱼肉,还告什么辞啊?再不走就来不及了!"

刘邦想了想,决心不告而别,但他担心项羽会追上来,又把张良叫了出去,交代说:"我抄小路回军营,不过二十里地,你估摸我已经抵达军中时,再进去禀报项王。"张良答应了。

于是,刘邦撇下其他人,骑上马,樊哙等人手拿剑和盾牌,快步相随,一行人抄小路奔向霸上。张良估计刘邦差不多回到军营了,才重新进入帐中。

项羽久不见刘邦,便问张良:"沛公人呢?"

张良赶忙连拜两次,告罪说:"沛公喝醉了,没办法前来告别,已经被樊哙送回军营了,特命我敬献白璧一双给将军您,希望将军原谅他的不辞而别。"说着呈上了白璧。项羽没说什么,接过白璧,放在桌上。

接着张良又捧出一对玉杯,对范增说:"这对大玉杯是献给亚父您的。"范增很不情愿地接过玉杯,什么也没说。

不久,张良带着一众随从向项羽告辞了。项羽也喝得有点儿醉了,让人搀着回了自己的帐中。只剩下范增和项庄等人还留在原来的地方。看着手里的大玉杯,范增越想越生气,猛地扔在地上,并拔剑击碎了它们,嘴里恨恨地说道:"唉,不值得跟项羽这小子共谋大业啊!将来夺取天下的人,一定是刘邦。我们这些人眼看着就要成为他的阶下囚啦!"

刘邦一回到军营,立即杀掉了差点儿害死自己的曹无伤。

过了几天,项羽率领大军浩浩荡荡开进了咸阳城。他杀了已经投降的秦王子婴,又一把火烧了秦朝宫室——这场火足足烧了三个月。之后,项羽带着搜罗来的金银财宝准备离开咸阳,返回东部。

这时,有个叫韩生的谋士劝项羽说:"关中地势险要,土地肥沃,适合在此建都。"

项羽看了看已经被自己洗劫一空的咸阳城,摇头道:"富贵了而不返乡,就如同身穿华美的衣服在夜间行走,谁能看得到啊!"

韩生退下去后,逢人便说:"人家说楚人像是猕猴戴上人的帽子,果然如此啊!"显然,他是在取笑项羽。结果,有人把他的话报告给项羽听了。项羽大怒,立刻把韩生抓起来,活活煮死了。于是没人再敢提这样的建议。

项羽率领大军又浩浩荡荡地离开了残破不堪的咸阳城,回他的老家彭城①去了。

① 今江苏徐州市。

## 成语学习①

# 项庄舞剑，
# 意在沛公

比喻说话和行动的真实意图别有所指。

| | |
|---|---|
| 造　句： | 他在大会上的讲话含沙射影，有点儿"项庄舞剑，意在沛公"的意思。 |
| 近义词： | 醉翁之意不在酒、别有用心 |
| 反义词： | 开门见山、直言不讳 |

---

① "鸿门宴"也是成语，指不怀好意的宴请或加害客人的宴会。此外，这个故事的原文里还有成语"人为刀俎，我为鱼肉"（比喻生杀的权掌握在别人手里，自己处在被宰割的地位）、"不胜杯勺"（比喻喝酒太多，已经醉了）、"衣锦夜行"（穿着精美的华服，却在夜间行走。比喻人富贵以后不为人知）、"沐猴而冠"（猴子穿衣戴帽，扮成人的样子。比喻虚有其表，没有真本事）。

# 被坚执锐

### 《资治通鉴·汉纪一》

项羽怒曰:"怀王者,吾家所立耳,非有功伐,何以得专主约!天下初发难时,假立诸侯后以伐秦。然身被坚执锐首事,暴露于野三年,灭秦定天下者,皆将相诸君与籍之力也。"

### 译文

项羽暴跳如雷:"怀王这个人是我们家扶立起来的,并非因为他建有什么功绩,怎么能够一个人做主定约呢!全国起兵反秦伊始,暂时拥立过去各诸侯国国君的后裔为王,以利讨伐秦王朝。但是,身披坚固的铠甲、手持锐利的兵器首先起事,风餐露宿三年之久,终于灭掉秦朝平定天下,都是各位将相和我的力量啊!"

# 刘邦火烧栈道

按照当初楚怀王和各路将领的约定——"谁先进入关中，就立谁为王"，刘邦最先进入关中，理应封他为"关中王"。不过，作为各路人马最高统帅的项羽可不这么想，他觉得自己在灭秦的过程中功劳最大，这个"关中王"应该是他的。

于是，项羽派人去见楚怀王，希望他改变原来的约定。谁知楚怀王竟然淡淡地说："照先前约定的办。"

派去的人回来一报告，项羽勃然大怒，铁青着脸对手下将领说："怀王本来是我们项家拥立起来的。要不是我们，他现在还在给人放羊呢。刚起兵的时候，我们暂时拥立他为王，是为了更好地讨伐残暴的秦王朝。可是，这三年来，被坚执锐，成天在风天野地里打仗的难道不是在座的各位和我项某吗？"众将领纷纷点头。

项羽接着说道："是我们灭了秦朝，平定了天下，自然我们说了算。依我说，凡是立下赫赫战功的，都应该裂土封侯！"

众将领一听，个个眉开眼笑，齐声欢呼："好！好！我们都听将军您的！"

项羽沉吟了片刻，又说道："不过，怀王虽然没有什么大功劳，毕竟也起了些作用，还是应该分些土地给他。"

公元前206年，项羽假意尊楚怀王为义帝，将他迁到长江以南，定都在长沙郡的郴（chēn）县。所谓义帝，即"不是真正的帝王"。项羽此举有两个目的：一是架空楚怀王；二是方便封王，因为楚怀王若不称帝，下面的人就不便称王。

不久，项羽便将统一的天下分封给各诸侯王。他自称西楚霸王，管辖原魏国和楚国的九个郡，建都彭城。原来的魏国则分为西魏与殷，魏王豹改封为西魏王，统辖河东，赵将司马卬平定河内有功，封为殷王，统治河内。韩王成[①]仍居旧都。赵王歇改封为代王，而赵将张耳跟随项羽入关，被封为常山王，统领赵地。项羽手下大将黥布勇冠三军，功劳卓著，被封为九江王。燕王韩广改封为辽东王。而齐地则分成了三块：此时齐王田儋已经死了，他的儿子田市改封为胶东王；齐将田都随楚军援救赵国，后又跟随项羽入关，被封为齐王；当初，项羽准备渡河救赵时，原齐国贵族田安攻下济北数城，率领他的军队投降了项羽，因此被封为济北王。

至于刘邦，项羽自然不会把关中给他，那么应该把他封到哪里呢？项羽一时犯了难。这时，老谋深算的范增给他出了一个主意："当初怀王与众将领的约定，天下人都知道。刘邦最先攻入关中，也是众所周知的事。如果完全爽约，可能影响大王您的威信。有两块地方，大王可以考虑。"说着，他把项羽引到案几前，指着案上用石块沙土摆成的地形图说："巴、蜀两地，进出道路艰险，过去秦朝就把犯人流放到那里。"见项羽一脸茫然的样子，范增又意味深长地加了一句："巴郡、蜀郡也是关中的土地啊。"

项羽这才明白过来，立刻喜形于色，大声说："太好了！如此一来，我既没有负约，又能把刘邦困在这穷山恶水之地。"接着他又把关中分为雍、塞、翟三部分，分别封给秦朝的三名降将，对刘邦形成合围之势：章邯为雍王，管制咸阳以西地区；长史司马欣曾经对项梁有恩，为塞王，统领咸阳以东至黄河一带；都尉董翳（yì）之前劝过

---

[①] 项梁拥立楚怀王后，各诸侯国都已拥立君主，唯独韩国无君王，张良认为韩国诸公子中韩成最为贤能，便劝项梁立韩成为韩王，以增加反秦同盟的力量。项梁同意，派张良找到韩成，立为韩王。

章邯归降楚军，为翟王，领有上郡地区。这就是所谓的"三秦之地"。

分封诸王方案还没正式实施，张良听说后就急了：如果刘邦困在巴蜀那种穷山恶水之地，很容易消磨心志，必须想个办法。一番苦思后，张良想到项伯，便将刘邦送给他的黄金百镒（yì）①、珍珠两斗全都送给了项伯，并说："往后我就要回到韩王帐下，今天特地前来向您告别。当初鸿门宴上，多亏了您的关照，沛公才得以脱离险境。这是沛公的一点儿心意，请一定收下。"

项伯收下珠宝后，拉住张良的手说了半天话。张良趁机又说："汉中与巴蜀相邻，是沛公率先攻下来的地区，能不能请您在项王面前说说好话，请他将汉中也封给沛公？"

项伯一向重情义，视张良为生死之交，鸿门宴前刘邦又尊他为大哥，还请求结为儿女亲家，于是他便去找项羽。在项伯的劝说下，项羽答应将整个汉中地区也给刘邦。

尽管如此，这个分封结果出来后，刘邦帐中还是闹翻了天。刘邦屈辱难忍，悲愤绝望。樊哙则火冒三丈，骂道："说好是关中王，现在成了汉中王，真是欺人太甚！"

大将周勃、灌婴也义愤填膺，一个个摩拳擦掌："项羽欺人太甚！论功，谁能比得过我们？他竟然把沛公封到巴蜀这种远离中原的偏僻之地！这口气实在咽不下去！跟他拼了！"

刘邦听得火更大了，猛地一拍案几，打算传令全军，与项羽拼个你死我活。

突然，有个人冷冷地说道："巴蜀、汉中虽然不好，但总比死强一些吧！"众人定睛一看，原来是萧何。萧何和刘邦是同乡，原是沛县负责衙门文字往来的小官吏。陈胜、吴广起义后，他和主管监狱的

---

① 古代重量单位。一镒相当于二十两。

曹参鼓动躲藏在山泽中的刘邦起兵造反。此人满腹锦绣，有经天纬地之才，当初进入咸阳，众将领都争先恐后地抢财宝，唯独他忙着收集秦朝的地理图册、文书、户籍簿等档案，刘邦这才得以全面了解天下的山川要塞、户口的多少及财力物力强弱的分布。大家都很佩服他。所以，他一说话，众人立即安静了下来。正在气头上的刘邦，却对萧何的话很不满，瞪了他一眼，说："哪那么容易就死呢？"

萧何不紧不慢地说："我们没有人家兵多，就这样前去拼命，跟白白送死有什么区别？你们都好好想想吧。我觉得您应该去汉中。到了那里，招贤纳士，休养生息，利用巴蜀之地的优势，积蓄力量。时机成熟了，再回师东进，平定三秦地区，到那时天下就可图了。"

刘邦低头琢磨了很久，才下定决心，说道："好吧！我们就去蜀地。"

不久，各路诸侯都向西楚霸王项羽告辞，回各自的封国去。张良是韩国人，得辅佐韩王成，所以他不得不离开刘邦。刘邦虽然舍不得，却也没办法。

刘邦前往封国的这天，张良独自前来送行，他送了一程又一程，最后才依依惜别。临别前，张良看了看四周，只见群山环抱，沿途都是悬崖峭壁，只有栈道凌空高架，他沉思了好一会儿，才对刘邦说："请您下令将走过的栈道全部烧掉。"

刘邦大惊，忙问："栈道是出蜀入关的重要通道，烧毁了栈道，我将来怎么重返关中？"

张良斩钉截铁地说："一定要把栈道烧毁！一来防备其他诸侯王的入侵，二来也消除项羽对您的怀疑，三来防止那些士兵不能忍受蜀地的艰苦私下逃跑。"

刘邦这才恍然大悟，立即采纳了张良的建议，烧了队伍所经过的栈道，向项羽表明自己会老老实实待在汉中，不再东返进。

## 成语学习

# 被坚执锐

穿坚固甲胄，握锐利武器。形容上阵战斗或做好战斗准备。

| | |
|---|---|
| 造　句： | 无数医务工作者被坚执锐，奔赴抗疫第一线。 |
| 近义词： | 厉兵秣马、荷枪实弹 |
| 反义词： | 赤手空拳、手无寸铁 |

# 国士无双

**《资治通鉴·汉纪一》**

王曰:"若所追者谁?"何曰:"韩信也。"王复骂曰:"诸将亡者以十数,公无所追;追信,诈也!"何曰:"诸将易得耳;至如信者,国士无双。王必欲长王汉中,无所事信;必欲争天下,非信无可与计事者。顾王策安所决耳!"

## 译 文

汉王说:"你追赶的人是谁呀?"萧何道:"是韩信。"汉王又骂道:"将领们逃跑的已是数以十计,你都不去追找,说追韩信,纯粹是撒谎!"萧何说:"那些将领很容易得到。至于像韩信这样的人,却是天下无双的杰出人才啊。大王您如果只想长久地在汉中称王,自然没有用得着韩信的地方;倘若您要争夺天下,除了韩信,就没有可与您图谋大业的人了。只看您作哪种抉择了!"

# 韩信拜将

巴蜀之地道路艰险，无路可通处，人们就在峭壁上凿出石孔，架上木梁，铺上木板，这就是所谓的"栈道"。栈道是从关中进入汉中的一条重要通道，悬空而建，走在上面稍有不慎，就会跌进谷底，粉身碎骨。

此刻，刘邦率领大军正艰难地行进在峭壁栈道上，他按照张良的嘱咐，走一段路，烧一段栈道。然而走到中途，由于思念故乡，很多将士都逃跑了。

眼看着人数一天天减少，刘邦愁眉不展。就在这个时候，有人来报告，说丞相萧何也逃了。刘邦大发雷霆，仿佛失掉了左右手一般。没想到过了两天，萧何又回来了。刘邦又怒又喜，一见萧何，就骂："你为什么也要逃啊？"

萧何看上去疲惫不堪，他笑着摇头道："我哪里敢逃啊？我是去追逃的人了。"

听到这儿，刘邦的气消了大半，问道："你去追谁了啊？"

萧何缓缓答道："韩信。"

没想到刘邦一听"韩信"的名字，忍不住又跳了起来，骂道："逃跑的将领那么多，你不追，区区一个管军粮的都尉，你却跑去追，你是不是在骗我啊？"

萧何苦笑道："那些将领很容易得到，他们跑了，还会有人再来。韩信就不一样了，称得上国士无双，甚至全天下都找不到第二个。您如果只想在汉中这块小小的土地上称王,那确实用不着韩信,但您要是想争夺天下,那就非用韩信不可。用不用韩信,就看您的志向大小了!"

韩信是淮阴①人,从小就志存高远,爱看兵书,长大后性格放纵,想当官得不到推荐②,又不会做买卖谋生,只好到处蹭饭吃,人们都很讨厌他。有一次,韩信实在太饿了,就跑到河边钓鱼充饥,一位在河边漂洗衣物的老妇人便拿出自己的饭给他吃。一连几十天都如此。韩信很感动,对那位漂母说:"将来我出息了,一定重重报答您。"

漂母却生气地说:"男子汉大丈夫不能养活自己!我不过是可怜你,才给你饭吃,难道是希望你报答吗?"

当地人听说韩信堂堂七尺男儿,竟然接受漂母给的饭食,更加看不起他了。有一天,一个年轻人当众侮辱韩信,说:"你看上去高大威猛,整天佩带着刀剑,其实是个胆小如鼠的家伙。有种你来刺我,否则就从我的胯下爬过去!"韩信看了那人一眼,二话没说,俯下身子,从他的双腿间钻了过去。众人哈哈大笑,都认为韩信胆小。

项梁起兵后,韩信前去投奔,却一直默默无闻。项梁被杀后,韩信归入项羽帐下,被任作郎中。他曾多次向项羽献策以求重用,项羽均不采纳。韩信只好转投刘邦,却做了个接待宾客的小官,仍然不为人所知。后来韩信犯了法,被判处斩刑,与他同案的十三个人都已遭斩首。轮到韩信时,他抬头仰望,刚好看见滕公夏侯婴,便大呼:"汉王难道不想取得天下吗?为什么要斩杀壮士啊!"

夏侯婴是刘邦的同乡好友,因曾担任滕县的县令,人称滕公,跟随刘邦起兵反秦,屡建战功。他听到韩信的话,便停住脚步,一

---

① 今属江苏。
② 那时还没有科举考试制度,想进入官场必须有人举荐才行。

番交谈后，认定韩信不同凡响，随即报告给了刘邦。刘邦于是授给韩信治粟都尉的官职，让他掌管军粮，但还是没觉得他有什么不寻常之处。韩信见刘邦也不重视自己，便也逃了。萧何从夏侯婴那里知道韩信后，通过和韩信的几次谈话，也感觉他不同于常人，所以一听说他跑了，顾不上向刘邦报告，连夜快马加鞭去追。

这时的刘邦被萧何的一番话说得低下了头，闷闷不乐道："我当然想打回关中了，怎么可能老死在这个鬼地方呀？"

萧何趁机道："如果您真的决心东进，那就要重用韩信，否则他终究还是会跑的。"

刘邦见萧何一脸严肃的表情，勉强说道："好吧，看在你的面子上，让他做个将军吧。我倒要看看他有什么本事。"

哪知萧何却说："即便是做将军，韩信也不会留下来的。"

刘邦感到很意外，但他相信萧何，沉思片刻后又说："那就听你的，让他做大将军吧。"说完就吩咐卫兵："去，把韩信叫来。"

"且慢！"萧何一个箭步，拦住了正准备出去传唤韩信的卫兵，然后转身对刘邦说道，"大王您对手下人一向傲慢，任命大将军如同呼喝小孩儿一样，这也是韩信要离开的一个原因啊。如果您诚心诚意地封韩信为大将军，我建议您选择吉日，举行隆重的拜将仪式。如此方能显出大将军的尊贵，韩信才会对您死心塌地啊。"刘邦皱了皱眉头，但还是应允了。

众将领听说刘邦要拜大将军，都很欢喜，以为那个大将军是自己。得知大将军的人选竟然是韩信时，全军都惊讶不已。

仪式结束后，刘邦请韩信就座，问道："丞相多次在我面前提及将军，不知将军有什么高明的计策，可以助我夺取天下？"

韩信谦让了一番后，反问刘邦："如今能和大王您争夺天下的不就是项羽吗？"

刘邦一脸无奈地说道："是啊。"

韩信又问："大王您自己估量一下，在勇敢、强悍、仁爱等方面，您和项羽比如何？"

刘邦沉默了许久后说："我都不如他。"

刘邦敢于正视自己的不足，这让韩信心生钦佩之情。他立刻起身，朝刘邦拜了两拜，然后才说："我也认为您在这些方面比不上他。不过我曾经做过项羽的部下，请让我来谈谈他的为人吧：项羽大吼一声，就可以把成千上万的人吓得瘫软在地，是够勇猛，但他却不任用有才干的人，这种勇就只能叫匹夫之勇，这是第一点；项羽待人恭敬慈爱，说起话来和和气气，别人生病了，他会含着眼泪给别人送吃送喝，可等到人家立功该封爵的时候，他却把刻好的印章捏在手里，把玩得棱角都磨圆了也舍不得给人，如此，他表现出的仁爱就不过是妇人之仁而已，这是第二点；项羽如今虽为霸主，所有诸侯都对他拱手称臣，可是他不把都城建在关中，而建在彭城，又违背当初义帝'谁先进入关中，就立谁为王'的约定，把自己偏爱的将领分封为王，各路诸侯都对他不满。"

韩信的话刺痛了刘邦，要不是项羽违背楚怀王的约定，他刘邦现在就是威风八面的"关中王"了，何至于待在这憋屈之地。

韩信见刘邦的脸上露出愤愤的神情，便停了下来。刘邦回过神后，催他继续讲下去。韩信接着说道："他把原来的诸侯国国君赶走，立诸侯国的将相为王，还把义帝驱赶去了江南；还有，项羽军队所到之处，杀人放火，天下人为此怨声载道，老百姓都不亲近他，不过是被他暂时的强大所控制，不敢反抗罢了。所以说项羽虽然名义上是个霸主，实际上却已经失去了天下人的心，他的强盛是很容易转化为虚弱的，这是第三点。"

听到这儿，刘邦点了点头，身子向韩信那边倾了倾，听他继续讲："现在大王您如果能反其道而行之，任用天下英勇善战的人才，什么样的对手不能消灭呢？把天下的城邑封给有功之臣，谁还会不服呢？更何况项羽所封的章邯、董翳、司马欣三个王，都是秦朝的降将，当初他们三人为了自己活命，投降了诸侯军，导致二十万秦军将士最终被项羽活埋。秦地的父老乡亲恨他们恨到骨子里。"

刘邦脸上露出喜色，连连点头："将军高见！请继续说下去。"

韩信笑了笑，接着往下说："而大王您入关后，却对老百姓秋毫无犯，废除了秦朝的严刑苛法，与秦地的百姓约法三章，受到秦地百姓的拥戴，他们都希望您在关中做王。可如今大王您却被发配到巴蜀之地，秦地的老百姓哪一个不同情您？因此，大王您如果挥师东进，不需要大动干戈，只需一道檄文就可以夺取三秦之地。"

刘邦听得心花怒放，赞叹道："将军果然见识卓越呀！真是相见恨晚啊！"他突然皱了皱眉，"可是，栈道已经被烧毁，蜀道难行，又有章邯等人的重兵把守，我们该怎么办呢？"

韩信胸有成竹道："大王不必担心，此事我已经考虑过了。我们给他们来一个声东击西！"

刘邦不解："如何声东击西呢？"

韩信压低声音说："章邯一定会在栈道沿线设置眼线，监视我们的动静。其实从巴蜀出关还有另外一条路，就是陈仓[①]。陈仓路远道险，少有人走。我们不妨假装修复栈道，给章邯他们一个错觉，以为我们要走栈道东进，但暗地里我们绕道陈仓，乘其不备，突袭关中。"

"好！"刘邦高兴地拍着桌子叫道："我要是早点儿得到将军您就好了！"

---

① 在今陕西宝鸡市东。

到了蜀中，刘邦采纳萧何的建议，积极发展生产，扩充兵马，安定民心，养精蓄锐，而让韩信负责整顿军备，操练军士，准备早日打回关中去。

## 成语学习[①]

# 国 士 无 双

国士，国中杰出的人物。指一国独一无二的人才。

| | |
|---|---|
| 造　句： | 在南宋，岳飞这样的将才，称得上国士无双。 |
| 近义词： | 独一无二、无与伦比 |
| 反义词： | 比比皆是、不足为奇 |

---

[①] 这个故事的原文里还有成语"匹夫之勇"（指不用智谋单凭个人的勇力）、"妇人之仁"（旧指处事姑息优柔，不识大体）、"秋毫无犯"（形容军纪严明，丝毫不侵犯人民的利益。秋毫，鸟兽秋天新换的茸毛，比喻极细微的东西）、"不可胜计"（形容数量极多）、"痛入骨髓"（比喻痛恨或悲伤之极）。

# 暗度陈仓

### 《资治通鉴·汉纪一》

八月,汉王引兵从故道出,袭雍;雍王章邯迎击汉陈仓。雍兵败,还走;止,战好畤(zhì),又败,走废丘。汉王遂定雍地,东至咸阳;引兵围雍王于废丘,而遣诸将略地。塞王欣、翟王翳皆降,以其地为渭南、河上、上郡。

### 译文

八月,汉王领兵从故道出来,袭击雍王章邯。章邯在陈仓迎击汉军,兵败逃跑;在好畤①停下来与汉军再战,又被打败,逃往废丘。汉王随即平定了雍地,东进到咸阳,率军在废丘包围了雍王章邯,并派遣将领们去攻夺各地。塞王司马欣、翟王董翳都投降了,汉王便把他们的地盘设置为渭南、河上、上郡。

① 治所在今陕西乾县东好畤村。

## 还定三秦

六月的蜀中热得跟蒸笼一样，空气中一丝风都没有，云彩仿佛被火球般高悬的太阳烤化了，消失得无影无踪，只有林中的知了耐不住酷热，不停地叫唤。

隐约间，从蜀山栈道上传来"叮叮当当"的声音，偶尔夹杂着"咚咚咚"的沉闷声响，只见几千名汉军将士顶着烈日，凿石头的凿石头，滚木头的滚木头，正紧张地修复着栈道。大将军韩信限他们两个月内把之前烧毁的栈道修好，军令如山，谁敢违抗？然而，要在百丈悬崖、千尺峭壁上打洞嵌木，谈何容易？再加上酷暑难当，不少士兵因不小心跌进山谷送了命，有的士兵则累得病倒了。

眼看着期限一天天逼近，望着远处漫无尽头的崎岖蜀道，士兵们逐渐失去了信心，纷纷抱怨："这么艰巨的工程，怎么可能两个月完成啊？"有人开始消极怠工，有人干脆开小差溜了。

一些将领便向大将军韩信反映说："大将军，栈道这么长，又是大热天的，将士们实在吃不消啊，能不能等天凉些再修？"

"大胆！竟敢违抗军令，你们有几个脑袋？栈道必须修，而且要快！否则，军法处置！"韩信痛斥道。那些将领离开后，韩信沉思了片刻，下令往栈道上增派人手，加快修复进程。

韩信的死命令下达到军中，谁也不敢怠慢了，汉军将士个个强打起精神干活。于是，从早到晚，"叮叮当当""咚咚咚咚"的声音在山谷间回荡不绝，几十里外都能隐约听到。

这一日，雍王章邯正与手下将领商议事情，突然密探来报，说汉军正在修筑栈道。众将一听，大惊失色，忙看向章邯。谁知章邯却哈哈大笑，众将不解，七嘴八舌起来："刘邦修筑栈道，是想出蜀地，我们得赶紧调兵应对啊！""是啊，迟了，霸王怪罪下来，我们都得掉脑袋啊！"

章邯好不容易止住笑，对众将领说："那个韩信就是个笨蛋。栈道那么长，等修好了，早就人困马乏。我们只需盯紧，到时打他们个人仰马翻！"

于是，章邯下令死盯栈道上汉军的动静，同时派重兵守住栈道尽头的关隘，他以为只要守住这些关隘，就万无一失了。他在心里得意地想："我连只鸟都不放过去，何况你们！"

章邯那边的举动也被韩信派出的人侦查到。韩信见章邯中计，心中大喜，又往栈道增派了人手，把动静搞得更大了，暗中却调兵遣将，准备暗度陈仓。

八月，凉爽的秋风吹过，让人心旷神怡，精神抖擞，正是行军作战的好季节。一个云淡风轻的夜晚，汉军在韩信指挥下悄悄向陈仓进发。

而章邯自从知道汉军正在修复栈道后，便彻底放松了戒备，日常的操练也松懈下来，只是每日让人汇报汉军栈道修复进展。

这天，章邯与手下将领畅饮了整日，倦意上头，早早就睡了。半夜，他睡得正酣，一名士兵突然闯了进来，上气不接下气地报告："不……不好了，刘邦的军队打进来啦！"

这一顿喊硬生生地把章邯从睡梦中惊起，窗外冲天火光照出了他一脸的惊恐，兵器碰撞的当当声更让他心惊肉跳。此时的章邯早已没了半分酒意，赶紧拔出剑，冲了出去。门一打开，鼎沸的喊杀声朝他迎面扑来，他看到他的将士在汉军勇猛攻势下毫无招架之力。

章邯整个人都蒙了，他不明白，汉军怎么会突然攻进来，栈道不是还没修好吗？他来不及多想，只能仓促应战。

被困在巴蜀几个月的汉军都希望打了胜仗离开此地，因此一个个奋勇无比，杀得章邯的军队狼狈逃窜。章邯带着残部退到好畤后，停下来与汉军再战，结果又被打败，只好逃往废丘。汉军随即平定了雍地，并一鼓作气继续攻打塞、翟二地。汉军斗志昂扬，势如破竹，很快收复了三秦之地，攻入咸阳。

其实，刘邦出蜀入关的动静闹得那么大，消息早就传到了项羽耳中，他之所以没有前去救援，实在是分身乏术。

原来，项羽分封天下后，回到彭城，没高兴几天，天下又乱了。之前齐王田儋的堂弟田荣，曾经遭到秦军的追击，项梁听说后，带着楚军前去救援，帮助田荣脱险。可是等到楚军与秦军作战，要求田荣出兵援助的时候，田荣却拒绝出兵，导致楚军战败、项梁战死，后来又多次不接受项羽的命令，尤其没有随各路大军西征。项羽恨田荣忘恩负义，所以没有封他。田荣因此愤愤不平，他又听说自己原来的部将田都被项羽封为齐王，而原来的齐王田市则改封为胶东王，更是怒火中烧，便率军攻打田都。田都被打得只身逃往楚国。田荣又把齐王田市扣下，不让他去胶东上任，要他继续做齐王。但田市害怕项羽怪罪，便偷偷地跑去胶东。田荣恼火极了，追到胶东，杀了田市，然后一不做二不休，干脆自己做起了齐王。

田荣为了进一步扩大势力，竭力拉拢同样没被封王的彭越，任命他为将军，让他去打济北王田安。彭越在灭秦过程中立下汗马功劳，却被项羽弃置一旁，导致他和他在巨野收编来的一万多人马一直没有归属，因此心里也很不爽，便接受了田荣的委派，率军攻打田安。田安不是彭越的对手，三两下就被彭越斩杀。

田荣兼并了齐、济北、胶东的土地后，胆子更大了，又命令彭越攻打楚军。项羽见自己封在齐地的三个王，被田荣打跑的打跑，杀掉的杀掉，十分气愤，便亲自率军前往齐地讨伐田荣。田荣发兵迎战，两军在途中相遇，于是打了起来。

正当双方杀得难分难解时，项羽的探子来报："霸王，刘邦出兵占领了关中。"项羽一听，又气又急，他既懊恼自己对刘邦的野心提防不足，又痛恨刘邦两面三刀，使诈欺骗自己。

已经陷入与齐军胶着战中的项羽，没有心思去想刘邦究竟是怎么出的蜀地，他头痛的是自己应该从齐地撤兵，转而西进攻打刘邦呢，还是继续和田荣死磕，消灭齐军后，再去教训刘邦。

就在项羽犹豫不决之际，他收到张良的一封来信。原来，项羽忌恨张良曾经追随刘邦，加上韩王成没有立下战功，项羽就不让他们返回封国，他先是让韩王成随自己一起到彭城，后来又杀了韩王成。张良辅佐韩王的梦想破灭，只得逃出彭城，回到刘邦身边。

张良在信中说："按照当初楚怀王的约定，汉王原本的封地应该是关中，而不是巴蜀，这才导致今日之事。如今，汉王得到了应得的关中之地，绝不敢再向东行进一步。真正有狼子野心的不是汉王，而是齐国的田荣。为大王考虑，特此捎去另一封信，请大王明断。"

项羽这才注意到信封里还有另外一封信，他打开一读，原来是田荣联合赵国旧臣陈馀密谋反叛楚国，不由得大怒："逆贼！不杀你们难解我心头之恨！"

陈馀是赵国旧将，与张耳是好友，两人一同辅佐赵王歇。巨鹿之战时，赵王歇和张耳在城内固守，陈馀则驻扎在巨鹿北面，与张耳遥相呼应。不久，巨鹿城内粮食吃尽，张耳希望陈馀前去营救。陈馀估计自己兵力不足，打不过秦军，所以按兵不动。张耳大怒，派了两名部将前去责备陈馀："当初我和你结为生死之交，而今赵王和我很快就要死了，你拥兵数万，却不肯出手救援，赴难同死的精神在哪里啊！如果真守信用，何不攻击秦军而与我们一同战死！"陈馀就对那两人说："现在去救援没有任何好处，只会导致我全军覆没。我之所以不和张耳一块死，是想为赵王、张耳向秦军报仇啊！"但那两人要挟陈馀一同去死，陈馀只好拨给他们五千人马，先去试试秦军的力量。结果这五千人马到了巨鹿城下就全军覆没了。后来，项羽赶到，打败章邯和王离，解了巨鹿之围，赵王赵歇、张耳才得以出巨鹿城拜谢各国将领。一见陈馀，张耳就气不打一处来，责备他见死不救。等问到那两名部的下落时，张耳怀疑是陈馀把他俩杀了。陈馀发怒道："想不到你对我的责怨如此之深啊！难道你以为我就舍不得放弃这将军的官印吗？"于是解下印信和绶带，扔给了张耳。张耳一脸愕然，不肯接受。过了一会儿，陈馀去上厕所，有人就劝张耳："我听说：'上天的赐予如不接受，反会招致灾祸。'现在陈将军给您印信，您不接受，如此违反天意，很不吉祥。还是赶快拿过来吧！"张耳便佩带上陈馀的官印，接收了他的军队。等陈馀回来，他也怨恨张耳的不辞让，就带着几百名亲信到黄河岸边的水泽中捕鱼猎兽去了，所以也就没有随项羽大军入关。项羽原本不打算封陈馀，后来在众人劝说下，勉强给了他三个县的封地。陈馀对此很是不满，逢人就说："张耳的功劳跟我差不多，他当上了什么常山王，我却只得到个侯位，项羽分封太不公平了！"于是暗中派人游说田荣："项羽把好地方全都分给了各将领，而把原来的诸侯国国王改封到坏的地方。现在赵王就被他赶到代郡去了，我认为这是不行的。听说您起兵抗争，不听项羽号令，希望您能资助我一些兵力去攻打常山，恢复赵王的王位！"

项羽看完那封信，立刻打消了西进攻打刘邦的念头，决定继续向北攻打齐国。

## 成语学习

## 暗度陈仓

比喻用一种假象迷惑对方，实际上却另有打算。

| | |
|---|---|
| 造 句： | 小明学了"暗度陈仓"的成语后，竟然"活学活用"，跟他妈妈说他去同学家做作业，然后背着书包出门了，但实际上他是去打游戏。 |
| 近义词： | 偷梁换柱、移花接木 |
| 反义词： | 明目壮胆、明火执仗 |

# 顺德者昌，逆德者亡

《资治通鉴·汉纪一》

三老董公遮说王曰："臣闻'顺德者昌，逆德者亡'；'兵出无名，事故不成'。故曰：'明其为贼，敌乃可服。'项羽为无道，放杀其主，天下之贼也。夫仁不以勇，义不以力，大王宜率三军之众为之素服，以告诸侯而伐之，则四海之内莫不仰德，此三王之举也。"

### 译 文

新城县的三老董公拦住汉王劝说道："我听说'符合道德的就可以昌盛，违逆道德的就遭到灭亡'；'师出无名，事情就不能成功'。所以说：'点明要讨伐的人是乱臣贼子，敌人才可以被征服。'项羽行事大逆不道，放逐并杀害了他的君主义帝，实是令天下人痛恨的逆贼啊。仁德之士不逞一时之勇，正义之军不拼一己之力。大王您应当率领三军将士为义帝穿上丧服，以此通告诸侯王，共同讨伐项羽。这样一来，四海之内没有人不仰慕您的德行的，这可是像夏、殷、周三王那样的行为啊！"

# 彭城之战

公元前205年春,项羽率军抵达城阳,与田荣的军队大战了一场,最终田荣兵败被杀。田荣虽然死了,但是项羽的余怒未消,他把当地房屋全部烧毁,活埋田荣的降兵,掳掠齐国的妇女与孩子,让他们充当奴隶。齐国的百姓纷纷起来反抗项羽。田荣的弟弟田横则四处收拢散兵游勇,继续反楚。项羽的大军就这样被拖在齐地,讨伐叛军。

而已经占领关中的刘邦,并没有闲着。他加紧训练,筹集粮草,准备西出函谷关,与项羽一争高下。

这年三月,刘邦觉得机会成熟,便率军渡过黄河,攻打魏国,魏王豹投降。这时,彭越又率三万多人马前来归附,刘邦实力大增。接着,汉军占领河内,殷王司马卬也投降了。

项羽得知整个魏地都投降了刘邦,非常恼火,就把气撒到都尉陈平等人身上。

陈平是阳武[①]人,家境贫寒,却喜欢读书。有一次,乡里祭祀土地神,陈平主持分配祭肉。他将祭肉分得非常均匀,乡亲们便说:"好哇,陈家的漂亮小子分的祭肉很公平呀!"陈平笑了,说道:"哎呀,如果我能够主持天下,也会像分配这些祭肉一样公平合理的!"

---

① 在今河南原阳东南。

等到各地起兵反抗秦朝时，陈平投奔了魏王咎，他多次献计，无奈魏王咎就是不采纳。后来又有人在魏王咎面前说陈平的坏话，陈平只得逃离魏国。他听说项羽打到黄河边了，便前去投奔，并跟随项羽一起打入关中，得到卿一级的爵位。不久，殷王司马卬反叛楚国，项羽就派陈平等人去攻打司马卬。陈平等人降服了司马卬，项羽很高兴，就提拔陈平当了都尉，还赏给他黄金二十镒。谁知项羽没开心多久，就传来司马卬投降刘邦的消息。

项羽把陈平等人叫去，怒气冲冲地说："司马卬那小子不是被你们降服了吗？为什么又投降了刘邦？气死我了！我早晚要让你们的脑袋搬家！"陈平害怕被杀，便把项羽赏给他的黄金，还有官印，一一封好，派人送还项羽，自己单身抄小路乘夜逃走。

陈平渡过黄河，前去投奔刘邦。刘邦赐给他酒饭，说："吃完了你就到客舍中歇息去吧。"

陈平摇头说："我是为要事来求见您的，要说的话不能拖到明日。"

刘邦便与陈平交谈起来，发现他谈吐不凡，问道："你在项羽那边当的什么官呀？"

陈平淡淡地说："都尉。"

刘邦当天就任命陈平为都尉，让他做自己的参乘[①]，并负责监督各部将领。将领们都不服气，吵吵闹闹地说："大王您得到一名楚军的逃兵才一天，还不知道他本领的高低，就和他同乘一辆车子，而且让他来监督我们这些有资历的老将！"刘邦听了这些议论，反而更加宠爱陈平了。

虽然得到陈平这样的人才让刘邦欣喜万分，但北边不断传来楚

---

[①] 天子出行，与其同乘一车负责保卫或备顾问应对的人称参乘；主将出战，与其同乘一车，负责保护主将的人也称参乘。

军在齐地打胜仗的消息，这让刘邦犹如滚油浇心。他知道项羽平定齐地叛乱后，一定会立刻挥师西进，前来收拾自己。必须尽快占领更多地盘，壮大自己，否则死路一条！可是光凭自己手里的几万人马，根本不是项羽的对手，怎么办？

这一日，刘邦正在帐中为此焦头烂额之际，忽闻外边报告，说新城县的三老①董公想求见汉王。刘邦虽然不明白董公为何要见自己，但还是让人将他领了进来。不一会儿，一位须发皆白的老者走进他帐中。

刘邦问："老人家有何指教？"

董公行礼后说："所谓'顺德者昌，逆德者亡'。项羽行事大逆不道，不但放逐义帝，还杀害了他，人神共愤啊。出兵如果没有正当理由，事情就不能成功。大王您应当率领三军将士为义帝发丧，并通告各诸侯王，共同讨伐项羽这个乱臣贼子。这样一来，天下人一定会因仰慕您的德行而响应您。"

刘邦早就听说项羽把义帝迁到偏远的郴地后，又秘密派人把义帝杀了，他觉得这是项羽会干的事，所以当时并不感到意外，现在听董公这么一说，如醍醐灌顶，大受启发，便按照董公说的去做。

第二天，刘邦筑起祭坛，放声大哭祭祀义帝，命令全军哀悼三天，接着发布讨伐项羽的文告，并派使者将文告送到各诸侯国。各诸侯果然立即响应，纷纷派兵援助刘邦。于是，刘邦率领约五十六万各国联军，浩浩荡荡杀向楚国国都——彭城。

此时，楚军的精锐还在齐国打仗，国内只有一些老弱残兵。各国联军长驱直入，不费吹灰之力就攻下了项羽的老巢。刘邦志得意满，认为大局已定，便只顾在楚宫搜罗金银财宝，大摆筵席庆祝

---

① 负责教化的乡官。

胜利。

项羽闻报，又惊又怒，恨不得马上飞回去，将刘邦碎尸万段。可齐地的叛乱还未完全平定，如果此时撤军，势必前功尽弃，但若不立即赶回去击退刘邦，楚国就有灭亡的危险。

略一思索后，项羽做了一个惊人的决定：大军留在齐国继续扫荡田横的叛军，自己只率三万人马火速赶回彭城，攻打几十万汉军。

项羽率领这三万精锐骑兵，日夜兼程，闪电般地从齐地直插彭城西部的萧县。天亮时分，拿下萧县的楚军又如猛虎般扑向彭城。此时，汉军的庆功宴刚结束不久，被喊杀声惊醒的汉军将士见楚军竟如神兵天降，一个个吓得抱头逃窜。

楚军将士无不以一当十，看到哪儿敌人多，就朝哪儿猛砍猛杀。至中午时分，汉军死伤无数，喝得浑身发软的刘邦在众将的掩护下仓皇撤退。楚军哪肯放过，他们紧追不舍，追上一个杀一个，追上两个杀一双，直杀得汉军哭爹叫娘，都恨自己少长了两条腿。

逃脱的汉军如同被猎人追捕的野兽一般，没命地向南奔窜，然而滔滔的睢水挡住了他们的去路。惊慌失措的汉军还没布好阵式，楚军已经追到眼前。早已丧失斗志的汉军纷纷后退，结果十几万人落入睢水，层层堆积的尸体把河道都堵住了，河水打着漩涡，流不下去。

眼见自己就算插翅也难飞了，刘邦吓得脸色发白，不住地叹气。就在这时，怪事发生了，西北方突然刮来一阵飓风，一时间，飞沙走石，天昏地暗，大树都被连根拔起。楚军被吹得阵脚大乱，刘邦这才带着几十名骑兵趁乱溜走。他催促手下快马加鞭，直奔老家沛县，打算接上一家老小，一同逃命。

到了沛县老家，刘邦惊得目瞪口呆，屋里除了杂乱的家具，一个人影也没有。原来他的家人听说刘邦兵败，害怕项羽前来捉拿，早已逃出家门避难去了。

刘邦无奈，只得继续西逃，结果没走多远，就迎面碰上他的一双儿女。兵荒马乱中，两个孩子跟刘邦的父亲和妻子走散了。刘邦赶忙把两个孩子拉上车，带着他们一起逃。

车上多了两个人，速度顿时慢了下来，楚军追兵的马蹄声却越来越近。刘邦一咬牙，将一双儿女推下车去。车子变轻了，又飞一般向前奔驰。滕公夏侯婴见两个孩子哭得厉害，心中不忍，便停下车来，把他们抱回车上。刘邦狠狠地瞪了他一眼，但没说话。车速再次慢了下来，楚军又追近了。刘邦下了狠心，又把两个孩子推下车去。

夏侯婴急了，说："虽然情势危急，也不能抛下孩子啊！"他又停下车，抱起两个孩子，把他们带回车上。如此几次后，刘邦气得暴跳如雷，几次想抽剑宰了夏侯婴。

夏侯婴怕刘邦再把两个孩子推下车，就把他们绑在自己身上，骑马紧跟在车后。刘邦的马车于是风驰电掣般向前飞奔，一直逃到他妻子的哥哥屯兵的营地，才得以完全脱险。

刘邦的父亲刘太公、妻子吕雉（zhì）从小路追赶刘邦，怎么也追不上。他们慌不择路，迎面遇上了楚军。一个是老汉，一个是妇女，跑也跑不快，拼又拼不过，结果被楚军抓住。项羽得知他们的身份后大喜不已，把他们扣下作为人质。

彭城一战，汉军元气大伤，几乎全军覆没，依附刘邦的诸侯又纷纷转投项羽。刘邦只好收集残部，退守荥阳。楚汉之间的争斗从此变得更为剧烈残酷。

## 成语学习[1]

# 顺德者昌，
# 逆德者亡

符合道德的就可以昌盛，违逆道德的就遭到灭亡。

| |
|---|
| 造　句：历史经验一再提醒统治者"顺德者昌，逆德者亡"，荒淫暴虐、盘剥人民的从来没有好下场。 |
| 近义词：得道多助，失道寡助 |

---

[1] 这个故事的原文里还有成语"陈平分肉"（陈平分肉分得很公平。比喻一个人处理事情很公正）、"美如冠玉"（形容男子长相漂亮）。

# 【置之死地而后生】

**《资治通鉴·汉纪二》**

信曰:"此在兵法,顾诸君不察耳!兵法不曰:'陷之死地而后生,置之亡地而后存'?且信非得素拊循士大夫也,此所谓'驱市人而战之',其势非置之死地,使人人自为战;今予之生地,皆走,宁尚可得而用之乎!"

**译 文**

韩信说:"这战术也是兵法上有的,只不过你们没有留意罢了!兵法上不是说'把军队布置在无法退却、只有战死的境地,士兵就会奋勇前进,杀敌取胜'吗?况且我所率领的并不是平时训练有素的将士,这即是所谓的'驱赶着街市上的平民百姓去作战',一定要把他们置于死地,使他们人人为各自的生存而战;倘若给他们留下活路,他们就会逃走了,那样一来,难道还能够用他们去冲锋陷阵吗!"

# 韩信灭赵国

公元前204年，虽是初冬，北方已经刮起了刺骨的寒风，天冷得人直打哆嗦。在通往赵国井陉（xíng）关①的崎岖山路上，走来一队人马，只见猎猎作响的旗帜上一个大大的"韩"字。不错，这是汉王刘邦的军队，而那位身披大红战袍，骑着高头大马，威风凛凛地行进在队伍中间的将军，不是别人，正是刘邦手下大将韩信。

刘邦在彭城兵败后，魏王豹假称双亲得病，请求返回魏地探亲，结果他一回到魏国，就倒戈降楚。被项羽打得灰头土脸的刘邦，气得不行，心想："项羽我打不过，收拾你还不行？"便派韩信去攻打魏国。没想到，韩信刚刚平定魏地，紧接着赵国也背叛了刘邦。于是，韩信主动请缨，乘胜攻打赵国。

可是，破魏后，刘邦就把韩信的精锐部队调去对付楚军了，此时韩信手里只剩下几万刚征来不久的新兵，他们都还没有接受正规的军事训练，更别说打仗了，而赵国早已得到情报，集结了二十万大军，在陈馀的率领下，前往井陉关迎战汉军。

当初，陈馀游说齐王田荣资助了他一些人马，再加上自己三县的全部兵力，成功袭击了常山。常山王张耳兵败投奔了刘邦。陈馀到代地迎回了原来的赵王歇，恢复了他的王位。赵王歇因此对陈馀感恩戴德，立他为代王。陈馀考虑到赵王的力量还很弱小，国中局

---

① 在今河北井陉北。

势又刚刚稳定，便不去自己的封国，留下来辅助赵王，另派人去镇守代国。刘邦出蜀后，号召各诸侯王共同讨伐项羽，使者来到赵国，陈馀说："汉王如果能把张耳杀了，我就跟随汉王。"刘邦就找了一个与张耳很像的人，杀掉后把他的头送给了陈馀。陈馀信以为真，派兵援助刘邦对付项羽。刘邦彭城兵败后，陈馀察觉到张耳并没有死，立即背叛了刘邦。张耳恨陈馀置自己于死地，便随韩信一起前来攻打。

可力量如此悬殊，如何才能以少胜多？韩信紧锁眉头，陷入沉思。与此同时，陈馀手下的一位谋士，名叫李左车的，也在给陈馀出谋划策：

"韩信刚刚平定魏国，士气正盛，可谓锐不可当。但他们离开本国远征，我听说，从千里之外供给军粮，士兵就会挨饿，临时拾柴割草做饭，军队常常食不果腹。而且井陉口这条路，狭窄难走，车辆不能并行，骑兵不能成列，队伍前后拉开几百里，韩信的随军粮草一定落在大部队的后面。请您拨给我三万人马，抄小路截断他们的辎重粮草，而您则在井陉口挖壕沟、筑营垒，任他们如何挑战，都坚守不出。如此，韩信向前无仗可打，后退无路可回，冬季的野外又没什么东西可吃，不到十天，我就可以把韩信、张耳的头颅献到您的帐前。"

陈馀是个书生气十足的将军，常常称自己的军队是"义兵"，不屑于使用那些诡诈的计谋，所以对李左车的话很反感，当即反驳道："韩信的兵力不过区区几万人，再加上长途跋涉，兵士早就疲惫不堪，打败他们是轻而易举之事。面对这样的对手，我们还避而不击，其他诸侯一定以为我是个胆小无能之辈。"李左车见陈馀并不采纳自己的计谋，只能无奈地叹气。

韩信派人暗中打探消息，得知陈馀不用李左车的计策，心中大喜，马上命令军队加速前进，直奔井陉关，在离井陉口三十里的地方安营扎寨。到了半夜，韩信突然命令全军开拔。他特意挑选了两千名轻骑兵，要他们每人手拿一面红旗，从小道直奔井陉口，在井陉口附近的山头上隐蔽起来，严密观察赵军的行动，并告诫他们说："待我率军与赵军交战时，我佯装败退，赵军一定会倾巢出动追赶我们，那时候，你们趁机冲进赵军大营，拔掉赵军的旗帜，插上我们的红旗。"两千名轻骑兵领命而去。

韩信又让副将传令全军："等今天打败赵军后再吃早饭！"众将士听了，都惊讶不已：一天之内击败赵军？怎么可能？毕竟对方二十万人马，数倍于己，且以逸待劳。大家认定大将军不过是用这种话来激励他们而已，都随口应承说："好吧！"

韩信又对手下的将领们说："赵军已经抢先占据了有利的地形安营扎寨，而且他们没有看到我军大将的旗鼓，不会轻易出兵攻打我们的先头部队，因为他们怕我军遇阻后会撤退。"他随即派遣一万人打先锋，并背靠河水摆开阵势。

陈馀观察汉军的阵势，见韩信背水布阵，不禁哈哈大笑起来，对身边的将领们说："兵法上说：布军列阵一定要选背靠山或面临水的有利地势，最忌讳的就是背水列阵，这样敌人攻来，退无可退，只有死路一条。韩信竟然犯了兵家的大忌，今日必败无疑！"将领们听了，一个个也喜笑颜开，觉得赵军胜券在握。

天刚蒙蒙亮，夜空中还闪烁着没有隐去的星星，它们似乎也在眨着迷惑不解的眼睛，观望着韩信摆的这个"背水阵"。突然，从汉军大营里传来震天的鼓声，只见韩信带着大队人马举着大将军的帅旗，开出了井陉口，向赵军的营寨冲来。

陈馀见韩信亲自率军出战，立即命令赵军大开营门，迎战汉军。一时间，刀光剑影，人喊马嘶，直杀到星星退隐，红日东升。这时，汉军假装打不过赵军，故意扔下军旗、军鼓，向河边的先锋阵地逃去。

陈馀大喜过望，连忙传令全军出营追杀，他要歼灭汉军。顿时，赵营中的军士倾巢而出，一路上他们争抢汉军丢弃的旗鼓，以便打了胜仗后好邀功领赏。

汉军见赵军追杀上来，只好回转身来，再与赵军搏斗。一万先锋这时也冲杀上去。因为后面就是河水，没有退路了，汉军士兵个个拼死奋战。赵军没想到对方突然勇猛起来，一下子蒙了。

就在这时，韩信冲着手下兵士大喊："将士们！我们无路可退，唯一的生路就是杀退赵军！"说完，一马当先，朝赵军杀去。

汉军将士见自己的大将军身先士卒，一下子勇气倍增，越战越勇。赵军虽然人数超过汉军数倍，却始终无法占上风，便开始撤退回营。然而，令他们没想到的是，自己的营垒中迎风飘扬的竟然全是汉军的红旗。原来隐蔽在山上的两千汉军轻骑兵等到赵军倾巢出动后，立刻奔入赵军大营，拔掉赵军旗帜，换上汉军的红旗。

惊慌失措的赵军士兵以为汉军已经占领了他们的大本营，纷纷逃跑。陈馀和手下将领见士兵逃跑，赶紧阻止："不准跑，谁跑就砍了谁！"并真的接连砍了几个逃跑的士兵。然而，兵败如山倒，赵军的溃败情势已然无法挽回。

见大势已去，陈馀和手下将领也不得不催马逃跑，可是已经来不及了，韩信率领汉军前后夹攻，对赵军形成包围之势。赵军见在劫难逃，只好扔掉兵器，哀求投降。最后，赵军全军覆没，陈馀逃到水边，被汉军杀死，赵王歇也被活捉。

三万汉军用不到一个早上的时间就打垮了赵军二十万人马，全军上下兴奋不已的同时，又不免疑惑不解，一些将领便跑去问韩信："兵法上明明写的是，要右边背靠山，前面和左边临水，而将军您竟然让我们背水布阵，这可是兵家大忌啊，而我们竟然胜了，这是什么战术呀？"

韩信笑道："这战术兵法上也有，只不过你们没有留意罢了。兵法上不是说'陷之死地而后生，置之亡地而后存'吗？我今天率领的并不是平时训练有素的士兵，就像驱赶街上的平民百姓去作战，必须把他们置于无路可退的死地，倘若给他们留下活路，他们就会逃跑，不会像这样冲锋陷阵，拼死力战！"将领们听了，个个心悦诚服。

## 成语学习[1]

# 置之死地而后生

比喻事先断绝退路，就能下决心，取得成功。

| | |
|---|---|
| 造　句： | 挫折可以把人置于死地，也可能置之死地而后生，他决定背水一战。 |
| 近义词： | 决一死战 |
| 反义词： | 苟且偷生 |

---

[1] "背水一战"也是成语，比喻没有退路，与敌人决一死战。

# 分一杯羹

### 《资治通鉴·汉纪二》

数月，楚军食少。项王患之，乃为俎，置太公其上，告汉王曰："今不急下，吾烹太公！"汉王曰："吾与羽俱北面受命怀王，约为兄弟，吾翁即若翁；必欲烹而翁，幸分我一杯羹！"

### 译文

这样过了几个月，楚军粮食短缺。项羽很是担忧，便架设肉案，把刘邦的父亲放到上面，通告汉王说："今日你如不赶快投降，我就煮杀了太公！"汉王道："我曾与你一起面向北作为臣子接受楚怀王的命令，盟誓结为兄弟，因此我的父亲就犹如你的父亲。倘若你一定要煮杀你的父亲，那么望你也分给我一杯肉羹！"

# 项羽要煮刘邦的爹

得知赵国也被韩信拿下,刘邦心里高兴极了,为了转移项羽的注意力,他让韩信继续东进,攻打齐国。但项羽的谋士范增看出荥阳地势险要,乃兵家必争之地,反复向项羽进言,陈说利害,必须不顾一切,拿下荥阳。项羽采纳了范增的建议,发兵加紧攻打荥阳。

刘邦见项羽非但没有北上,反而日夜攻城,眼看荥阳不保,他急得像热锅上的蚂蚁。这一日,刘邦召集手下将领,商量如何破局,但将领们也无计可施,都默不作声。刘邦长叹了一声,说道:"难道我们败局已定?"

突然一个声音从营帐之外传进来:"大王,不要灰心,我们还没到山穷水尽的地步。"众人顺着声音的方向望去,只见一人缓步走了进来,正是前不久从楚军阵营投奔过来的陈平。

刘邦听到陈平的声音,紧皱的眉头不由得舒展开了,忙问:"你有什么法子?"

陈平微笑道:"项羽的左膀右臂不过是范增、钟离昧那几个人。而项羽为人多疑,爱猜忌,轻信谗言。大王如果能给我几万斤黄金,让我去施反间计,离间他们的君臣关系,项羽一定会上当,这样他们内部互相猜忌,自相残杀,我们趁机发兵,一定能打败楚军。"

刘邦听了,连声叫好,当即拨给陈平黄金四万斤,说:"你看着用啊,不必向我报告具体开支。"

陈平便用这些黄金雇了不少间谍,让他们到楚军中散播流言,说什么"钟将军为项王领兵打仗，功勋卓著，却终究连一块土地也没分到，私下里愤愤不平呢，想和汉军联手，灭掉项王，然后自己称王"。谣言一传十、十传百，说得有鼻子有眼。

项羽听说后，一开始表示不信，对身边人说："钟将军跟了我这么长时间，我了解他的为人，他不会背叛我的。"可没过多久，项羽就犯了多疑的本性，觉得无风不起浪，想杀了钟离眜，但因为没有证据，便渐渐疏远他，有重大事情也不再跟他商量。

陈平见钟离眜已经退出了项羽的决策层，知道他翻不起什么大浪了，就放过他，转而对付范增。但范增不一样，项羽对他言听计从。在范增的督促下，项羽更加猛烈地进攻起荥阳来，而且屡战屡胜，打得汉军毫无招架之力。刘邦愁得食不知味、卧不安席，万般无奈之下，只好派人去见项羽，希望议和。

范增力劝项羽火速拿下荥阳，项羽自己也不想议和，但决定趁机派人走一趟汉营，表面上是去谈判，实则打探敌情。

这天，项羽的两个使者来到汉营，负责接待的是陈平。他命令手下杀猪宰羊，热情款待。两个使者受到如此礼遇，也很高兴，主宾推杯换盏，场面相当融洽。席间，陈平不停地打听范增的消息，两位使者被问得莫名其妙，反问道："将军为何频频问起亚父来？"

陈平假装不解："啊？您二位不是亚父范增派来商议大事的吗？"

两位使者你看我、我看你，过了一会儿，才一字一顿地答道："我们是项王派来的。"陈平一听，一下子从座席上跳起来，连声说："哎呀，怎么不早说呢？我还以为你们是亚父派来的，原来是项王的人。来人啊！"

两位使者松了一口气，心想："他们以为我们是亚父派来的，就已经这么热情款待，现在知道是项王派来的，还不得提高规格呀？"

两人正想得美滋滋的，突然跑进来一群士兵，不由分说地把眼前的一桌酒席全撤了，换上粗茶淡饭。

两位使者惊愕地望向主人席上的陈平，谁知陈平轻蔑地看了他们一眼，竟然一声不吭地走了。两位使者这才回过神来，又羞又气，却不敢发作，勉强吃了两口，把碗一放，气呼呼地回到楚营。

他们把事情一五一十地和项羽说了。项羽听了，怒火中烧，果然又怀疑起范增来："亚父呀亚父，我一直尊敬您、信任您，您怎么能背叛我啊！"

等范增再来与项羽商量抓紧进攻荥阳的事时，项羽对他爱搭不理的。范增纳闷，不知何故，后来一打听，才知道事情的原委。范增很生气，就找项羽说："天下事大局已定，大王好自为之吧。我已经老了，不中用了，想让这把老骨头葬在家乡。"

项羽听他这么说，也不挽留。范增便简单收拾了一番，启程返乡。路上，范增回想起这几年为项羽殚精竭虑，却落得如此下场，心中不免郁愤，结果没走到彭城就背上生毒疮死了。

范增一死，项羽就像罗盘少了磁针，没个准。他一会儿攻荥阳，一会儿又跑去打彭越。原来，刘邦退守荥阳后，彭越就带着人马驻守在黄河北岸，经常出动游击部队，袭击楚军后方粮道。项羽自从疏远钟离昧，就没有可信任的手下了，只得亲自率军援救。

刘邦的将领纪信就建议刘邦趁机突围。这天夜里，陈平把两千多名妇女从东门放出城，以迷惑楚军。楚军果然上当，从四面围攻这群妇女。刘邦趁乱带领几十骑人马从西门逃走。荥阳随即被项羽占领。

刘邦刚逃到成皋，楚军就追了上来，他只好往北渡过黄河，直奔赵地，接管了韩信的军队。楚军攻下成皋，继续追击。刘邦高筑营垒，不与楚军交锋，只是派人协助彭越，烧毁楚军的粮草辎重。

这天，楚军的粮食又被彭越夺了。项羽一怒之下，又带着队伍向彭越扑去。没想到，项羽前脚刚走，刘邦就领兵渡过黄河，收复了成皋。项羽不得不率军返回。这时刘邦正在荥阳东面围攻钟离昧，他听说项羽大军到了，就撤往险要的地方。项羽驻扎在荥阳城外的广武，与汉军对峙。可是，无论楚军怎么挑衅，汉军都闭营不出。

两军相持了几个月，彭越又开始在楚军后方骚扰，劫持粮草。项羽又急又怒，便命人把刘邦的父亲绑在一块杀猪的案板上，然后架起大锅，生火烧水，向对面的刘邦喊话："你再不投降，就煮了你老爹！"

没想到，刘邦竟然嬉皮笑脸回道："当初，我们一起面北，作为臣子接受楚怀王的命令，发誓结为兄弟，因此我爹就是你爹。如果你一定要煮杀你爹，那请你分一杯羹给我尝尝啊！"项羽怒不可遏，下令把刘太公扔进锅里，结果被项伯劝住了。

项羽只好又派人对刘邦说："天下乱哄哄地闹腾了好几年，全是因为我们两个人争斗不休的缘故。现在我愿意向你挑战，一决雌雄，不要叫老百姓再跟着受苦了！"

刘邦又嘻嘻哈哈地说："我这个人只斗智，不斗力。"

项羽气得浑身发抖，就派大将出阵挑战，却接连三次都被刘邦手下一个楼烦人射杀了。项羽暴跳如雷，亲自披甲持戟，杀出阵来。

楼烦人远远看见对方有人出阵，正要弯弓搭箭，突然听得来者一声大喊："谁敢暗箭伤人？"这一嗓子，声如霹雳，震耳欲聋，吓得楼烦人浑身一颤，他定睛一看，竟是项羽本人。项羽目光如炬，盯得楼烦人不敢与他对视。

项羽又怒吼了一声："是谁连伤我大将？"楼烦人一惊，手中的弓箭差点儿掉在地上，他跟跟跄跄退了回去，再也不敢出来。

项羽在阵前不停地叫骂，刘邦不好意思再缩着，只好现身。项羽一见刘邦，就咆哮着要与他决战。刘邦却不紧不慢地历数了项羽十大罪状：

"你违背怀王之约，打发我为汉中王，是第一条罪状；你假托怀王命令，杀害宋义，夺取帅位，是第二条罪状；巨鹿之战后，你不报告怀王，擅自胁迫诸侯军入关，是第三条罪状；你焚烧秦朝宫室，掘毁始皇陵墓，珍宝财物据为私有，是第四条罪状；你诛杀已经归降的秦王子婴，是第五条罪状；你用欺诈手段，活埋了已经归顺的二十万秦兵，是第六条罪状；你把好的地方封给自己的将领，却把原来的诸侯王放逐到偏远之地，是第七条罪状；你将义帝逐出彭城，自己在那里建都称霸，是第八条罪状；你派人到江南暗杀了义帝，是第九条罪状；你执政不公，不守信义，为天下所不容，实属大逆不道，是第十条罪状。如今我率领正义的军队征讨你这残暴的贼子，只需让那些受过刑罚的罪犯来攻打你就行了，又何苦要与你单独挑战呢！"

项羽听罢，气血上涌，立即搭弓射箭，只听"嗖"的一声，刘邦躲闪不及，一箭正中胸口！刘邦身体一晃，险些跌下马来。双方将士远远地见了，都发出一声惊呼。

刘邦忍住剧痛，赶紧弯腰摸脚，并大声喊道："哎哟，这小子射中了我的脚！"他一面喊着，一面跑回自己的阵营。项羽昂然傲视许久，才掉转马头，得意扬扬地返回楚营。

刘邦一回到军营，接受了张良安定军心的建议，假装没事在大营中巡视了一圈。众将士见他不像受了重伤的样子，都放下心来。

项羽虽然伤了刘邦，却没能改变自己的劣势，因为韩信在北边灭赵之后，紧接着占领了齐地，彭越则夺取了原来梁国的土地，经常截断楚军的粮道,而眼前的刘邦又一时攻不下来,眼见着自己的粮草一日少于一日,手下猛将、九江王黥布也被刘邦挖走[①],项羽平生第一次感到进退两难。

---

① 项羽攻打齐国时,黥布只派了四千人去支援。刘邦攻入彭城时,他也是袖手旁观,未派一兵一卒,招致项羽的不满。刘邦看出他与项羽有些隔阂,便派人前去游说。黥布于是叛楚归汉。

## 成语学习[1]

## 分一杯羹

羹，肉汁。比喻分享利益。

| 造　句：他什么都没干，却想分一杯羹，脸皮真厚。 |
| --- |
| 近义词：有福同享 |

---

[1] 这个故事的原文里还有成语"骨鲠之臣"（指刚正忠直的官员）、"意忌信谗"（指容易猜忌，听信谗言）、"斗智斗力"（用智谋来争胜负，凭力气分胜负）。

# 四面楚歌

**《资治通鉴·汉纪三》**

项王夜闻汉军四面皆楚歌,乃大惊曰:"汉皆已得楚乎?是何楚人之多也!"则夜起,饮帐中,悲歌慷慨,泣数行下;左右皆泣,莫能仰视。

**译文**

项羽在晚上听到汉军四面都唱起楚歌,就大惊道:"汉军已经得到楚国的全部土地了吗?是什么原因楚人这么多呀!"便连夜起身,在帐中饮酒,慷慨悲歌,泪下数行,左右侍从见状也纷纷哭泣,不忍心抬头看。

# 不肯过江东[1]

其实，被围困在荥阳的刘邦日子也不好过，这不，箭伤没好，韩信又来添堵。

韩信平定齐国之后，觉得自己功劳这么大，得向刘邦要个诸侯王当当，便派使者给刘邦送了一封信，说："我看齐国是一个反复无常的国家，南边又与楚国相邻，如果不好好管理，恐怕局势不会安定。请暂时让我当个假齐王[2]，去管理齐国。"

刘邦读了信，大发雷霆，当着使者的面骂道："我被困在这鬼地方，朝思暮想地盼你来援救，你却想要自立为王！"

张良、陈平暗中踩了一下刘邦的脚，凑近他的耳朵说："现在汉军处境不利，怎么能阻止韩信称王呢？不如趁机立他为王，好好待他，让他安心镇守齐国，否则可能发生变乱。"

刘邦猛然醒悟，改口骂道："大丈夫要做就做真齐王，做什么假齐王呢？"于是派张良前去立韩信为齐王，并征调他的部队攻打楚军。

得韩信者得天下，这个道理，刘邦明白，项羽也意识到了，便派人去游说韩信，希望他联楚反汉。

韩信拒绝了，说："当初我追随项王的时候，官职不过是个小郎中，地位不过是个持戟的卫士；我所说的话项王不听，所献的计策

---

[1] 出自宋代词人李清照的《夏日绝句》："生当作人杰，死亦为鬼雄。至今思项羽，不肯过江东。"
[2] 即代理齐王。

项王不用，所以我才离开项王，归顺汉王。而汉王授给我上将军的官印，拨给我几万人马，脱下他的衣服让我穿，把他的食物给我吃，并且对我言听计从，现在又封我为齐王。人家如此亲近、信任我，我背叛人家是不吉利的。我即使死了也不会改变跟定汉王的主意！只能对项王说抱歉了。"

韩信的谋士蒯（kuǎi）彻也敏锐地看出当时的局势，便劝韩信自立为王，与楚、汉三分天下。韩信刚被封为齐王，对刘邦感恩戴德，不忍心背叛。于是，韩信率领军队帮着刘邦攻打楚军。

这时，楚军的粮食也吃完了，恰好刘邦派人前来劝说项羽，放他父亲刘太公回去，项羽考虑到自己三面受敌，便答应了，并与刘邦约定：二人平分天下，以战国时魏惠王所开的名为"鸿沟"①的运河为界，鸿沟以西归汉，鸿沟以东归楚。刘邦同意了。

项羽放了人后，便带着兵马回彭城去了。刘邦也准备西行返回汉中，张良、陈平等人劝阻道："我们已经得到了大半个天下，项羽却是兵士疲惫，粮草告罄（qìng），这正是上天让我们灭掉楚国的大好时机啊。今天如果放走他们，就是养虎遗患啊，请大王三思。"

刘邦沉思了很久，最终打消了撤回汉中的念头，命令部队追杀项羽，同时派人联络韩信、彭越，让他们率领部下前来合击楚军。

然而，韩信和彭越都各怀心思，这次竟然没有听刘邦的命令率军前来，刘邦的军队在固陵②追上了项羽，却被项羽一个反扑，打得落荒而逃。

刘邦好不容易才扎下阵脚，修营筑垒，严防项羽攻来。这一日，他闷闷不乐，在帐中踱来踱去。张良走了进来。

刘邦苦着一张脸对张良说："韩信、彭越这些人现在都不听我的

---

① 故道自今河南荥阳市北引黄河水东流，至周口市淮阳区东南入颍水。
② 在今河南太康南。

命令了，这可怎么办啊？"

张良微微笑道："大王不必发愁。他们不来是有道理的。之前项羽派人游说韩信，韩信没有答应，却还是犹豫过，而且他这个齐王是自己索要的，并非您主动给他的，所以他疑惑不定。彭越平定了梁地，也想自己称王，可是您却迟迟不做决定。您如果能正式封他们为王，赐给他们确定的土地，让他们各自为自己的利益而战，那么楚军就很容易打败了。"

刘邦虽然心里不高兴，但还是听从了张良的建议，正式颁布了封王的诏书。韩信、彭越一接到诏书，果然立刻率领各自的军队赶来。三支军队联合作战，把项羽逼到垓（gāi）下①，将楚军的军营重重包围了起来。

这天夜里，楚军营中，静寂无声，将士们都已经睡下，只有值勤的士卒手持长戈，警惕地观察着对面汉军的动静。连日的战斗让项羽疲惫不堪，但他不敢躺下，仍在冥思苦想突围的法子。突然，他隐隐约约听到远处飘来的歌声，不禁一愣，再侧耳一听，歌声越来越响，竟然是楚地的民歌。歌声低回凄婉，如泣如诉，听得项羽都愣怔了，但他随即一惊，失声喊道："难道汉军已经完全占领了楚地？为什么这么多人唱楚地民歌啊？"然后跑出了营帐。

睡梦中的楚军将士也被四面楚歌惊醒，以为汉军已经占领了整个楚国，纷纷走出营帐，遥望故乡的方向，眼含热泪，神情悲恸。项羽看着眼前的情景，不禁黯然神伤，转身进了自己的营帐，唤人摆上酒席。他回想起当初自己和叔叔项梁率领八千江东子弟起兵反秦，南征北战，战无不胜，如今却陷入如此境地，忍不住慷慨悲歌。他身边的人见状也纷纷落泪，不忍直视。其实这是张良设下的攻心

---

① 在今安徽灵璧东南。

计，目的是动摇楚军的军心。

五更的时候，天黑得伸手不见五指，项羽骑上他的乌骓（zhuī）马，带领八百将士，像一股黑色旋风朝南突围。刘邦接到报告，立即命令将军灌婴率领五千骑兵急速追赶。

项羽和将士们一路飞奔，不久被一条大河拦住了去路。项羽知道他们已经来到了淮河岸边。凛冽的寒风从河面上吹来，刮得脸生疼，河水的刺骨可想而知。

望着眼前的滔滔河水，听着远处若隐若现的马蹄声，项羽二话不说，拍马向河里走去。八百将士跟在他后面，也下了水。原本跑得大汗淋漓的战马让冷水突然一激，都像筛糠似的发起抖来，于是连人带马栽进河里。等到了对岸，项羽一数，八百将士只剩一百多了，他叹了口气，却不敢耽搁，继续向彭城方向策马奔去。

不料，项羽等人没跑多远，就见眼前的大路分成了两条，大家顿时蒙了，不知道该走哪一条。这时，一个老头正在不远处拾柴，项羽便派了个士兵上前问路。那个老头先是看了看那名士兵，然后抬眼望了望项羽等人，嘴巴动了动："往左。"

项羽一声号令，百十匹战马向左而去。跑着跑着，路越来越窄，忽然，一片广袤的沼泽地出现在众人面前。项羽意识到上了那个老头的当，暗暗叫苦。

"撤！"项羽立即下令，众人纷纷调转马头，向来路折回。当他们来到刚才的岔路口时，不觉愣住了，只见大路上黑压压的全是汉军的追兵。项羽并未惊慌，立刻拍马冲了上去，一百多名将士紧跟着也跃入敌阵，兵器撞击的清脆声顿时响起。

项羽所到之处，惨叫声不断，但他不敢恋战，渐渐向东撤去。等打到东城，一百多人只剩二十八人了，但追兵却像潮水一样，疯狂拥来。

项羽料想自己可能无法脱身了,便勒住马,对手下二十八名将士说:"我从起兵到现在,已经八年了,身经七十多次战斗,从来没有败过,因此才成了天下的霸主。不想今天竟然困在这里,这是上天要亡我,不是我打不过人家的缘故。今天反正要死,我要为你们痛快地打一仗,好教你们知道,的确是天要亡我,而不是我打不过他们。"说完,他双腿一夹,策马跃入敌阵,接着手起刀落,一员汉将被斩下马来。那二十八名将士见状,齐声欢呼。

项羽在汉军中往来奔突,待几百个汉兵在自己眼前倒下后,他才回到自己将士身边,骄傲地问他们:"怎么样?"

众人对项羽佩服得五体投地,齐声高喊:"大王威武!"

汉军见识了项羽的神勇,不敢再上前,只是远远地围成一圈。项羽于是带着手下将士突破汉军的包围圈,继续往东奔逃。他们跑到乌江边,只见乌江浊浪翻滚,江上一条船都没有。就在众人茫然之际,一个声音传来:

"大王,莫慌,船来了!"

众人循着声音望去,只见江边芦苇之间摇出来一条船,一个头戴竹笠、身穿短衫的汉子立在船头,手里撑着长篙。

项羽定睛一看,此人似曾相识,"你是——乌江亭长?"他边问边跳下马来。

那个汉子一边嘴上应着,一边跳上岸来,对项羽说:"江东虽小,方圆也有千里,几十万人口,够您称王的了。请您快过江吧!"

项羽听了,不禁凄然一笑,环顾众人,说:"天要亡我,我还过江干什么?当年我率领江东八千子弟渡江西征,而今没有一人生还,就算江东父老还爱怜我,仍然尊我为王,我又有何面目再见他们啊?即便他们不说什么,难道我就不感到心中有愧吗?"众人听了,都低下头,不住地抹泪。

项羽抚摸着身边的乌骓马，泪光闪动，动情地又说："它追随我这么多年，征战沙场，我实在不忍心让它死在敌人的手上，就送给你吧！"说完将手里的缰绳递给乌江亭长，催他牵马上船。

乌江亭长见项羽如此决绝，知道再劝无益，只好含泪牵过乌骓马，上船向江中驶去。乌骓马似乎通晓人情，竟昂首长嘶，悲鸣不已。项羽不忍再看，回过身来，对将士们说："下马，操短兵器！"

此时，汉军已经追了上来，项羽大踏步冲上去，左砍右杀，如

入无人之境,又一口气砍杀了几百汉兵。汉军被项羽的英雄气概吓得魂飞胆破,又只是远远地围着,不敢靠前。

项羽手持短剑,仰天大笑。忽然,他在汉军中发现一张熟悉的面孔,便大声问道:"你,不是我的老朋友吗?"

大汉雄风·不肯过江东

那人名叫吕马童，担任汉军的骑司马。此时的他却不敢看项羽，而是侧过脸，对身边的中郎骑王翳说："这就是项王！"

项羽哈哈大笑了两声，认真地说道："我听说汉王悬赏千金和万户侯来买我的头，我就把这功劳给你吧！"说完，他扬起手中的短剑，向颈上一抹，自刎而死。

王翳一个箭步抢先蹿了上去，割下了项羽的头颅。吕马童见状，也赶紧冲上去，砍下项羽的胳膊。其他人纷纷跟着拥了上去，抢夺项羽的尸体。可怜一代霸王的尸体最终被五个人分成了五块。历时四年的楚汉战争就此以项羽失败告终。

## 成语学习[①]

## 四面楚歌

比喻陷入四面受敌、孤立无援的境地。

| | |
|---|---|
| 造　句： | 他虽然已经四面楚歌了，却依然斗志昂扬，不肯认输。 |
| 近义词： | 山穷水尽、腹背受敌 |
| 反义词： | 安然无恙、平安无事 |

---

[①] 这个故事的原文里还有成语"解衣推食"（把穿着的衣服脱下给别人穿，把正在吃的食物让别人吃。形容对人热情关怀）、"言听计用"（形容对某人十分信任）、"肝胆涂地"（形容惨死。也形容竭尽忠诚，任何牺牲都在所不惜）、"鼎足而居"（像鼎的三足分立那样。比喻三方面对立的局势）、"养虎遗患"（留着老虎不除掉，就会成为后患。比喻纵容坏人坏事，留下后患）、"悲歌慷慨"（情绪激昂地唱歌，以抒发悲壮的胸怀）。

## 运筹帷幄

**《资治通鉴·汉纪三》**

夫运筹帷幄之中，决胜千里之外，吾不如子房；填国家，抚百姓，给饷馈，不绝粮道，吾不如萧何；连百万之众，战必胜，攻必取，吾不如韩信。三者皆人杰，吾能用之，此吾所以取天下者也。项羽有一范增而不能用，此所以为我禽也。

**译　文**

说到在小小的军帐中拟定作战策略、指挥千里之外的战局，我不如张良；镇守国家，安抚百姓，供给粮饷，保持运粮道路畅通无阻，我不如萧何；统率百万大军，战必胜，攻必克，我不如韩信。这三位都是人中英杰，而我能够任用他们，这就是我所以能取得天下的原因。项羽虽然有一个范增，却不能信任使用他，这便是项羽所以被我打败的原因了。

# 田横五百士

经过三年抗秦、四年与项羽的楚汉之争后,刘邦终于夺得天下,于公元前202年登上皇帝的宝座,建立了汉朝,史称西汉。刘邦即汉高祖。

这一天,洛阳的皇宫里,鼓乐喧天,人声鼎沸,刘邦正大摆酒宴,款待众功臣。觥(gōng)筹交错间,刘邦突然问大家:"你们都说说看,为什么是朕,而不是项羽得了这天下?"

众人一听,嚷嚷开了,这个说"因为陛下有功就赏,不像项羽那么小气家家的",那个说"陛下心胸开阔,项羽却嫉贤妒能"……趁着酒兴,大家畅所欲言,酒宴越发热闹起来。

刘邦听完,微微笑道:"你们都没说到点子上。说到运筹帷幄之中,决胜千里之外,朕不如张良;坐镇后方,安抚百姓,供给粮饷,保证运粮道路畅通无阻,朕不如萧何;统率百万大军,战无不胜,攻无不克,朕不如韩信。这三位都是人中英杰,却都能为朕所用,这就是朕能得天下的原因。项羽只有一个范增,还不能信任他,怎么可能不失败呢?"群臣听了,无不心悦诚服。

"当然,能取得天下,除了张良、萧何、韩信,你们的功劳也不小,朕都要封赏,从彻侯①开始!"刘邦笑眯眯地说。此话一出,群臣顿时沸腾了,个个喜笑颜开。

---

① 秦、汉二十级爵的第二十级,为最高一级,后因避汉武帝刘彻讳,改为通侯或列侯。有征收封邑租税之权。

"既然是封赏，就要按照功劳的大小来排位次。朕认为萧何第一，你们说呢？"刘邦问。

这时却有人表示不服，嘟囔说："我们身披铠甲，手持利器，多的身经百战，少的也交锋了几十回合。萧何只是弄弄文墨，发发议论，功劳却在我们之上，这是为什么啊？"

没等刘邦说话，有个叫鄂（è）千秋的就站出来反驳说："陛下与项羽对峙多年，好几次差点儿全军覆没，却最终反败为胜，根本原因就是萧何在后方源源不断地为陛下提供兵员、粮草和其他物资。这些都是不可替代的功勋。"

听到这里，刘邦微微一笑："没错！你们知道打猎是怎么回事吗？打猎，追杀野兽的是猎狗，但放开系狗绳，指示野兽所在地方的是猎人。你们的功劳就如猎狗一样，而萧何的功劳则像猎人啊。"大家这才不敢说三道四。

而张良作为第一谋士，许多重大战略都是他提出的，可谓功勋卓著，大家都没意见，刘邦就让张良自己选择齐地三万户作为封地。张良却婉言推辞，只要了当初他和刘邦相遇的留地[①]。

剩下的人可就不客气了，争功夺利，吵闹不休，有的喝高了，还胡喊狂呼，拔剑乱砍殿柱。这让刘邦十分反感。此后，关于封赏的事，持续了整整一年才尘埃落定。

有个叫叔孙通就主动请缨，表示愿意征召一批儒生，制定臣子朝见君主的礼仪规则。刘邦讨厌烦琐的礼仪，但一想到群臣没大没小的样子，就同意了叔孙通的请求，但他要求礼仪规则简单易行。

于是，叔孙通前往鲁地，征召了三十多名儒生，又邀请刘邦身边有学术修养的近臣和自己的弟子，共一百多人，用绳索拦出演习

---

[①] 此后，张良就很少过问朝政，开始静居行气，不吃粮食，表示自己要"抛开人间俗事，追随仙人赤松子云游"。其实，张良不过是借与神仙交游相推脱，遗弃人间凡事，抛却功名利禄，以免功高震主，引来杀身之祸。

场所，插立茅草表示出尊卑位次，在野外演习礼仪。一个多月后，叔孙通举行了礼仪演练，刘邦看后说："朕能做这些。"就命令群臣进行练习。

不久，长乐宫落成，诸侯、群臣都前来参加朝贺典礼。仪式是在天亮之前举行，谒者主持典礼，按次序将所有人员引导入大殿门，排列在东、西两方，侍卫官员有的在殿下台阶两旁站立，有的排列在廷中，都持握兵器，竖立旗帜。这时，刘邦乘坐辇（niǎn）车出房，众官员举旗传呼警戒，引导官员依次序朝拜皇帝。典礼仪式结束后，又置备正式酒宴。群臣都俯伏垂首，按官位的高低次序起身向刘邦敬酒祝福。整个过程，没有一个人敢大声喧哗。刘邦不禁感慨："朕今天才知道身为皇帝的尊贵啊！"

连着几天，刘邦都大宴群臣，体会这种至尊享受。然而，这天，大家正开怀畅饮，却听到刘邦发出长长的一声叹息。群臣疑惑地望向他，不解地问道："陛下怎么叹起气来了？"

刘邦正色道："朕这天下坐得并不踏实啊。前几天朕得到消息，说田横率领部下逃到了海岛上。如不招抚，日后恐怕会作乱。"

众人一听，原来是这么回事，不由得轻蔑道："区区一个田横，哪里就值得陛下如此忧心？只消派千把人前去剿灭，谅他也翻不起什么浪来！"

"你们太小看他了，"刘邦说，"田氏兄弟以前曾平定齐地，那里的百姓都拥护他们。一旦田横潜回齐地，召集旧部，危害可不小啊。"

原来，彭城之战后，刘邦和项羽交锋不断，都无暇顾及齐国，田横趁机收复了之前被楚军占领的各地城邑。他立田荣的儿子田广为齐王，自己担任丞相。

当时刘邦正被项羽围困在荥阳，为了转移项羽的注意力，他让刚刚灭了魏、赵两国的韩信继续东进，攻打齐国，之后又派郦食其前去游说齐王归顺。郦食其凭借出众的口才很快说服了齐王。齐王就把之前安排在险要关隘，防备韩信的重兵撤回了，从此天天与郦食其宴饮畅谈。

而韩信听说齐王愿意归降，就打算停止前进，谋士蒯彻却劝他："您奉汉王之命攻打齐国，汉王只不过是另派密使去劝降齐国，难道又命令将军您停止进攻了吗？您怎么能不继续前进呢？况且郦食其凭着他的三寸不烂之舌，便降服了齐国七十多座城池；而您统率着几万人马，历时一年多才攻下赵国的五十余座城池。这样看来，您做大将军几年，反倒不如一个书呆子的功劳大了！"

韩信被蒯彻这么一激，立即率军渡过黄河，攻陷齐都临淄。齐王大怒，觉得自己被郦食其欺骗了，就将他扔进锅里烹杀了。韩信占领齐地后，杀死齐王。田横便自立为齐王，继续与汉军对抗。不久，田横兵败，逃到梁地，投奔了彭越。彭越被刘邦封为梁王后，田横自知梁地是待不下去了，便带领部下五百余人逃到一座海岛上。

这时，群臣听了刘邦的话，都觉得有道理，忙问："那陛下打算如何对付田横呢？派大军围剿，还是招抚？"

刘邦沉思半晌后，缓慢开口道："百姓饱受战乱之苦，士兵们也累了，朕不想再起战事，打算招抚他。"

群臣听了，都点头称赞："陛下仁心，万民之福啊！"

第二天，刘邦果然派出使者来到田横隐居的荒岛上。田横闻报，心中一惊，思忖再三，召见了使者。

使者一见到田横，忙上前行礼说："陛下请您返回故土。"

田横想了想，推辞道："当年，陛下曾派使者郦食其来齐国游说，齐国本想归顺，不料遭到大将军韩信的围攻，故而一怒之下煮杀了郦食其。我听说郦食其的弟弟郦商现在是汉朝的将军，我怕他报复，所以不敢奉诏，只求在这小岛上做一个平民百姓。"

使者无奈，只好回报刘邦。刘邦听了，倒也不感到意外，只是田横不来，他总觉得不放心。为了打消田横的顾虑，他亲自下诏，警告郦商："田横要是回来，有谁敢动他的人马随从，满门抄斩！"然后再次派使者前去劝田横归顺。

使者第二次来到小岛上，把刘邦下诏给郦商的事告诉了田横，并转达了刘邦的意思：只要他归顺，高可以封王，低也是个侯，否则便发兵诛灭。

田横知道自己没有选择的余地，只好答应返回中原。他把手下人召集在一起，说了自己的打算。大家听了，黯然神伤，许久没人说话。

田横长长地叹了一口气说："我一日不归顺，刘邦便一日不踏实。他已经发出了最后通牒，我若不归顺，他便派兵来围剿。我们区区五百人，哪里能抵挡得住？与其大家坐以待毙，不如我一个人去洛阳。各位可以留在小岛保全性命。"

原来，田横自觉此行凶多吉少，打算独自前往洛阳。众人听了，更加伤感，都表示要和田横共进退。田横执意一个人去，但最后拗不过大家，只好带了两名壮士一同前往。

不消几日，田横一行人便到了离洛阳不到三十里的尸乡。一到驿站，田横便对使者说："这几日风尘仆仆，我想先洗个澡，换身衣服，明日一早再去见陛下，否则太失礼了。"使者见天色已晚，就同意了田横的请求。

一番沐浴后，田横叫来随行的两位壮士，对他们说："当初，我和刘邦都是南面称孤的王，现在他做了天子，我却要北面称臣侍奉他，这本来就是莫大的耻辱。更何况我们杀了郦商的哥哥，如今再与他同朝为官，就算他不动我，我难免感到羞愧。刘邦召我进京，无非是想看看我的容貌罢了。现在我割下我的头颅，你们快马加鞭送去，走三十里地的工夫，我的容貌还不至于改变太大。"说完，他面向齐国的方向，遥拜三次，然后拔出剑来往脖子上一抹，顿时血如泉涌，倒地身亡。

随行的两位壮士并未出手阻拦，他们神色凛然，朝田横的尸体拜了拜，接着割下他的头颅，装进盒子里，然后通知使者。使者大惊，连夜带着他们风驰电掣般赶至洛阳，进宫报告刘邦。

此时的刘邦刚准备就寝，他一见田横的头颅，不禁流下泪来，说道："田氏三兄弟从平民百姓起家，后来相继为王，真是了不起呀！"然后下令以诸侯王的礼仪安葬田横。

奇怪的是，人们为田横挖墓穴的时候，那两位壮士也在旁边挖坑。众人迷惑不解，但也没有多问。待田横的灵柩（jiù）下葬后，那两人先是在田横的墓前拜了三拜，然后走到坑边，拔出利剑，就往自己脖子上抹去，只听"嘭嘭"两声，他俩的尸体倒在自己挖好的坑内。

刘邦听说后惊呼道："真是壮士啊！"他立刻想到海岛上那五百人肯定也非等闲之辈，便想派使者前往海岛，把那些人全都召回来。

临行前，刘邦特别叮嘱使者："务必好言相劝。这些人都是不怕死的好汉，我想重用他们。"

使者带着随从第三次驾船前往那座海岛。然而，他们上岛后，却没有看到一个人影。众人狐疑地分散开去，四处寻找。突然，有人发出惊呼声，众人连忙循着声音跑过去。没跑几步，大家猛地都站定了，他们被眼前恐怖的场景吓得七魂丢了六魄，只见那五百人横七竖八地躺在地上，每个人手里都握着一把利剑，脖子处流出的血把沙滩都染成了紫黑色。原来他们听说田横死了，决定追随田横而去，全都自刎身亡了。

刘邦听了使者的奏报，无比震惊，半天说不出话来。

## 成语学习[①]

# 运筹帷幄

筹，计谋；帷幄，古代军中帐幕。在小小的军帐之内做出正确的部署。

| | |
|---|---|
| 造　句 | 说到"运筹帷幄"，除了张良，还有一个人——诸葛亮，他们都能在小小的军帐之内做出正确的部署，决定千里之外战场上的胜负。 |
| 近义词 | 运筹出奇 |
| 反义词 | 无计可施 |

---

[①] 这个故事的原文里还有成语"南面称孤"（指统治一方，称帝称王）。古代以坐北朝南为尊位，故天子、诸侯见群臣，或卿大夫见僚属，皆面南而坐。"孤"是皇帝、王侯的谦称。

# 六出奇计

## 《资治通鉴·汉纪三》

乃更封陈平为曲逆侯,尽食之。平从帝征伐,凡六出奇计,辄益封邑焉。

## 译文

高祖就改封陈平为曲逆侯,享用曲逆全县民户的赋税收入。陈平跟随高祖南征北战,共六次进献妙计,每次都增加了封邑。

# 陈平一画退匈奴

当初,秦将蒙恬率领三十万大军北击匈奴,匈奴不敌,向北迁徙。秦朝灭亡后,匈奴又逐渐南下,渡过黄河,骚扰中原。

此时匈奴的单于叫头曼,他的太子叫冒顿(mò dú)。后来,头曼单于续娶的阏氏(yān zhī)[①]生了个小儿子,阏氏就想立自己的儿子为太子。她天天在头曼单于耳边吹枕边风,头曼单于禁不住年轻美貌的阏氏的央求,便答应废掉冒顿,改立小儿子为太子。

但此时的冒顿已经成年,轻易废掉恐生事端,头曼单于就把他派到西域的月氏部落当人质。冒顿前脚刚走,头曼单于后脚就发兵攻打月氏,想借月氏人之手杀掉冒顿。果然,月氏王恼怒不已,就想杀掉冒顿,没想到冒顿提前知道了消息,偷了一匹好马逃回了匈奴。

看到儿子竟然平安回来,头曼单于又惊又喜,惊的是自己借刀杀人的计划落空,喜的是儿子冒顿有勇有谋。几经考虑后,头曼单于决定好好培养冒顿,就让他统率一万骑兵。

捡回了一条命的冒顿知道事有蹊跷,一番调查后知道了事情的原委,决心向父亲复仇。他制造了一种响箭,然后对手下的骑兵说:"我的响箭射向什么地方,你们要跟着一齐射向那里,不这样做的,立即斩首!"话音未落,冒顿立刻举弓搭箭,向自己的宝马射去。众

---

① 匈奴单于的正妻,相当于汉族的皇后。

人先是一愣，但很快回过神来，赶紧也射向那匹马，几个不敢射的人被冒顿当场斩杀。

过了几天，冒顿又拔出一支响箭，射向自己心爱的妻子。众人虽然吃惊，却不敢不跟着射，但还是有几个人慢了一拍，也立刻被冒顿斩杀了。大家这才意识到冒顿是来真的，所以当冒顿的响箭第三次射向头曼单于的宝马时，所有人都毫不犹豫地照做了。于是，冒顿知道，这些部下已经训练好，可以用了。

这天，冒顿随同头曼单于外出狩猎。正当一行人满载着猎物准备返回部落时，冒顿突然拔出响箭瞄准了队伍中间的头曼单于，他的部下见状立即也瞄准了头曼单于。只听"嗖"的一声，紧接着"嗖嗖嗖嗖"，几十支利箭齐刷刷射向了头曼单于。头曼单于惨叫了一声，一头从马上栽了下来，就此一命呜呼。冒顿接着又杀了后母和弟弟，自立为单于。

东边的东胡王听说冒顿弑父自立，欺负他根基不稳，就派使者去索要头曼单于生前拥有的一匹千里马。冒顿询问群臣，众人都义愤填膺："东胡王欺人太甚，应当给他点儿厉害瞧瞧！"

谁知冒顿淡淡地说："东胡是我们的友好邻国，我们不必吝啬区区一匹马。"随即把那匹千里马给了东胡王。

东胡王得了马，以为冒顿怕他，又派使者去索要冒顿的阏氏。冒顿再次询问左右侍臣。大家都说："东胡王实在太过分了，上次索要千里马，这次竟然敢打大王阏氏的主意，必须发兵灭了他。"

谁知冒顿还是不痛不痒地说："既然是邻国，何必舍不得一个女子呢？"他把自己最宠爱的阏氏送给了东胡王。

东胡王越发骄横起来。当时，东胡与匈奴之间有一片方圆千里的荒凉地带，双方各据一边，各自设立了哨所防卫。东胡王再次派人去向冒顿索要："这些无人居住的荒地，我想得到它。"

冒顿依旧征求臣子的意见。有人就说："这是块荒地，没什么用，给他们也行。"

谁知冒顿勃然大怒，大声呵斥："土地是国家的根本，怎么能随便给人？！"当即命人把说这话的臣子杀了，接着下令："立刻攻打东胡，谁动作慢，我就杀谁！"毫无防备的东胡就这样被冒顿的一次奇袭给灭了。

从此，冒顿声威大震，他东攻西伐，向西赶跑了月氏，向南兼并了楼烦，收复了当年被蒙恬夺走的全部匈奴旧地，并夺取了河套①以南的各要塞。此时，中原地区正陷入楚汉战争，无力阻止匈奴南下，冒顿得以强大起来。

公元前201年，冒顿率领匈奴大军南下，将汉朝的马邑②重重包围了起来。马邑是刘邦得天下后分封的韩国的国都，韩王信原是韩襄王的孙子，因战功被封在此地抵御匈奴。

韩王信一边派人向汉朝求救，一边遣使者向匈奴求和。刘邦派出救兵后，听说韩王信向匈奴求和，怀疑他有二心，就打发人去指责他。韩王信见刘邦不信任自己，害怕被杀，就献城投降了匈奴。冒顿得到马邑后，继续向南推进，乘势攻打太原。

公元前200年，刘邦亲自率军北上，攻打韩王信。两军在铜鞮（dī）县相遇，韩王信不敌，逃往匈奴。冒顿派左、右贤王③统率一万多名骑兵先行抵达晋阳，与刘邦的汉军交锋了两次，结果都吃了败仗。

汉军节节胜利，刘邦不免有点儿轻敌，他听说冒顿的大军驻扎在代谷④，决定发动全面进攻。出兵前，他派人前往代谷侦察匈奴的

---

① 在今内蒙古和宁夏境内。
② 治所在今山西朔州市。
③ 匈奴贵族的封号。
④ 在今山西代县西北。

情况。冒顿得到情报后，就把精锐部队和肥壮牛羊全都藏了起来。

刘邦先后派了十批人去侦查，这些人看到的全是老弱残兵和瘦小的牲畜，回来都报告说匈奴人不堪一击，可以出兵攻打。但刘邦还是有些不放心，又派刘敬前去侦查。

这个刘敬，原名娄敬，因为建议刘邦把都城从洛阳迁至长安①，被赐刘姓。然而，刘邦没等刘敬侦查回来，就迫不及待地出动全部兵力，一共三十二万大军，浩浩荡荡地向北推进。

大军刚越过句注山②，遇到正往回赶的刘敬。刘邦急忙召他来问情况。

刘敬说："臣下的确只看到一些老弱的士兵和瘦小的牲畜……"

没等刘敬说完，刘邦就兴奋地大喊："好极了！好极了！传令下去……"

刘敬见状，赶紧接着说："但臣下以为这是违背常理的。两国交锋，理应展示自己的武力，可他们却显得虚弱不堪，必定是埋伏了奇兵，想诱惑我们上钩，再来个一网打尽。请陛下千万不可冒进啊！"

没想到刘邦一听，勃然大怒："你这个家伙，不过是靠着耍嘴皮子得了一官半职，竟敢扰乱军心！"立即命人把刘敬拘禁起来，押到广武。

刘邦认定匈奴不行，便亲率一支精锐部队快速推进，让主力随后跟进。他们抵达平城③时，主力远远落在后面。

就在汉军准备安营扎寨时，突然隐隐传来隆隆的铁蹄声。只一会儿，四十万匈奴精锐骑兵就从四面八方飞驰而来，将汉军团团围

---

① 在今陕西西安市西北。
② 在今山西代县西北。
③ 治所在今山西大同市东北。

住。刘邦大惊，指挥汉军边战边退到白登山①上。匈奴大军又把白登山围得跟铁桶一般，连一只鸟也飞不过去。

七天过去了，汉军断粮断水，十分危困，却始终不见汉军主力的踪影。刘邦意识到，汉军主力遭到匈奴人阻截，无法前来救援。

听着帐外呼号的北风，刘邦心中一阵冰凉，他抱着脑袋，恨自己没听刘敬的忠告。这时，一向足智多谋的陈平走了进来，说："眼下虽难，却也并非无计可施。"

刘邦一听，眉头顿时舒展开来，忙问："你有何良策？快说！"

陈平微微一笑："我们深陷重围，且与匈奴兵力悬殊，硬拼是不行的。如今之计，只有买通冒顿的身边人，让他们帮我们说话，才有可能求得一线生机。我听说冒顿十分宠爱新娶的阏氏，而这位阏氏又很爱财，我们就从她身上下手……"说到这儿，陈平顿住了，上前耳语了一阵，听得刘邦直呼"妙啊，妙啊"。

夜幕降临，白登山笼罩在一片雾气之中，从汉军大营里出来几个人，全都夜行衣打扮，每个人身上都背着一个鼓鼓囊囊的包裹。他们悄无声息地抄了一条小路朝山下奔去。而山下匈奴人的营地里，一位绝色女子正在一顶宽大的帐篷内来回走动，她仿佛在等什么人。

没错，这些黑衣人是陈平派出的准备贿赂阏氏的使者，而那位美貌的女子正是冒顿单于最宠爱的阏氏。早些时候，她收到陈平捎来的书信，约定今夜见面。

忽然，阏氏的帐篷一角被掀开，汉军使者悄悄地走进来。他们解下背上的包裹，露出一大堆光彩夺目的珠宝。瞬间，原本昏暗的帐内变得跟白昼一般明亮。阏氏不禁目眩心迷，放下这个，又拿起那个，反复摩挲，爱不释手。

---

① 在今山西大同市东北。

这时，一位黑衣人走到她身边，恭敬地说："我们陛下希望两国能罢兵言和。这些是他送给您的礼物，请您在单于面前多多美言。"阏氏笑得眼睛都眯成了一条缝。

这位汉使接着又拿出一幅画，说："这是江南第一美女，是我们陛下献给单于的礼物。待两国言和后，我们立刻把她送到单于身边。"

阏氏听到这儿，脸一沉："这个就不用了吧。回去转告你们的陛下，请他放心。"

这天夜里，阏氏劝冒顿："汉、匈两位君主不应该互相逼迫得太厉害，现在汉朝皇帝被困在山上，汉人怎么肯就此罢休？到时候他们来救，一场大战在所难免。就算我们胜利了，夺了汉朝的土地，您终究也不会去居住。而且我们围了汉朝皇帝那么久，他们没有半点儿损伤，肯定有神灵在保佑。望您明察！"

冒顿单于觉得阏氏的话有道理，加上他听说汉军主力快要突破他们的阻截了，一旦汉军主力到来，和山上的汉军精锐前后夹击，自己也无必胜的把握。他决定放刘邦走，便下令让包围圈露出一个缺口来。

这时，白登山上的大雾越来越浓，五步之外不见人影。阏氏派人悄悄上山，把这个消息告诉了汉军。汉军得知生还有望，个个振奋精神，从露出缺口的一角直冲出去。

一回到广武，刘邦就赦免了刘敬，并封他为建信侯。陈平献计有功，改封为曲逆侯，享用曲逆全县民户的赋税收入。陈平跟随刘邦南征北战，六出奇计，每次都增加了封邑。

此后，冒顿单于屡次侵扰汉朝的北部边境。刘邦只好采纳刘敬的和亲建议，从民间找了个女子，代替长公主，嫁给冒顿做阏氏。汉匈之间于是罢兵休战，边境上老百姓的生活暂时得以恢复安宁。

## 成语学习

## 六出奇计

原指陈平所出的六条妙计。后泛指出奇制胜的谋略。

| |
|---|
| 造　句：陈平"六出奇计"，帮助刘邦统一了天下。这六条计谋是：花钱搞反间计，离间项羽和大将钟离昧；用粗茶淡饭招待项羽的使者，让项羽怀疑范增背叛自己，最终赶走了范增；夜里派出两千女子迷惑项羽，让刘邦逃出荥阳；踩刘邦的脚，提醒他封韩信为齐王，以稳住韩信；让刘邦假装游云梦，捉了韩信；巧说阏氏解白登之围。 |
| 近义词：锦囊妙计 |
| 反义词：无计可施 |

# 无出其右

**《资治通鉴·汉纪四》**

上贤田叔、孟舒等。召见,与语,汉廷臣无能出其右者。上尽拜为郡守、诸侯相。

**译文**

高祖称许田叔、孟舒的为人,下令召见,与他们交谈,发现没有一个大臣的才干超过他们。高祖任命两人为郡守、诸侯国相国。

## 该死的贯高

　　白登之围解除后,刘邦带着几十万大军灰溜溜地返回长安,途经赵国时,受到赵王张敖的隆重接待。张敖是张耳的儿子。韩信攻打赵国时,张耳立了不少战功,被刘邦封为赵王。张耳死后,张敖就承袭了父亲的爵位。张敖除了是臣子,还是刘邦的女婿,鲁元公主的丈夫,所以他对刘邦的态度一直十分恭敬。

　　这次大概因为打了败仗的缘故,刘邦窝了一肚子的气,他见张敖穿着光鲜的衣服,红光满面地站在自己面前,莫名地发起火来:"哼!你的日子倒是过得挺滋润的嘛。"

　　张敖一听,吓得"扑通"跪倒在地上,忙说:"陛下受苦了,我等未能为陛下分忧,实在罪该万死!"

　　刘邦叉开两腿坐着,态度十分轻慢。他见张敖浑身发抖,更加瞧不起这个女婿,继续责骂道:"像你这样没用的人,怎么可能为朕分忧?"张敖诚惶诚恐,伏在地上不敢起身。

　　见刘邦如此辱骂自己的大王,赵国的相国贯高、赵午等人恼怒不已,恼的是自己的大王太懦弱,怒的是刘邦对待臣子的态度太恶劣。他们聚在一起商量,决定杀了刘邦,替张敖出气。

　　他们跑去请示张敖:"大王,您对陛下那么恭谨,可他对您太无礼了,我们这些做臣子的也觉得脸上无光。像他这样的人根本不配拥有天下,请让我们替您把他杀了吧!"

　　赵王张敖听了,羞愧得直咬手指,咬得血都出来了才说:"你们不应该说这种犯上作乱的话。先人亡国后,仰赖陛下的力量才得以复国,陛下对我们可以说是德泽丰厚,我们应该世代感恩。希望你们不要再说这种话!"

贯高、赵午等人离开赵王后,又聚在一起商量:"我们大王是忠厚之人,不愿背弃恩德,而我们也蒙大王厚爱,到了该报答他的时候了。刺杀皇帝的事,我们找机会悄悄进行,不要让大王知道。事情成功了,就说是大王派我们去的,提高大王的声誉;一旦失败,我们就把所有责任都揽在自己身上,不能连累大王。"

不料,无论贯高等人如何筹划,却始终找不到下手的机会,只好眼睁睁地看着刘邦领兵离去。

刘邦回到长安后没多久,又亲自领兵前往东垣①攻打韩王信的余党,中途经过赵国的柏人县②。贯高等人得到消息,推测刘邦会在柏人县过夜,觉得是个机会,便提前派人藏在他可能下榻的行馆的厕所夹墙内,准备行刺。

刘邦到达柏人县后,确实想在城中住一夜再走,但不知何故,他忽然感到心中不安,便问身边的人:"这个县叫什么名字?"

身边人回答:"柏人县。"

"柏人,柏人,"刘邦反复念叨这两个字,猛地心中一惊,"柏人,就是受迫于人呀,此地不可久留!"然后连夜离开了柏人县。贯高等人的刺杀计划又一次流产了。

然而,这项未遂的刺杀计划被贯高的仇家知道了,仇家如获至宝,立刻向朝廷告发了贯高等人。刘邦大怒,下令逮捕赵王张敖及其臣僚。

得知消息后,赵午等十几人都争相表示要自杀,以免遭受屈辱,

---

① 治所在今河北石家庄市东北。
② 治所在今河北隆尧西北。

只有贯高怒骂道："我们都死了，谁来为我们的大王洗脱罪名？我们原本是想替大王出一口气，报答他的恩情，如今却让大王受连累，可他确实不曾参与此事啊。只有我们认罪，才能保住大王性命。"众人这才放弃自杀的念头，被关进囚车，与赵王一起押往长安。

贯高是众臣僚中级别最高的，所以最先被审。

"贯高，你可知罪？"廷尉厉声问道。

"罪臣伏法。"贯高答道。

"哦？那你说说你犯了什么罪？"

"意图刺杀陛下。"

廷尉一愣，自己还没动刑，贯高竟然就这么快就招了，莫非是要替人开脱罪责？他接着问："刺杀陛下可是死罪，你是否受人指使？"

"罪臣便是主谋，背后无人指使。"贯高始终不松口。

廷尉见贯高咬定自己是罪魁，只好直接问："如果没有赵王张敖的指使，谅你也不敢做下这大逆不道的事。"

"赵王对此完全不知情，是我等自作主张行事。"

"胡说！看来不动大刑，你是不肯如实招供！来呀，大刑伺候！"

一阵雨点般的棍棒落在贯高的身上，不一会儿就把他打得皮开肉绽。但贯高死死咬住牙关，始终不哼一声。

"贯高！是不是赵王让你们刺杀陛下的？"廷尉的声音传来，但在贯高听来，似乎很遥远。他已经气若游丝，好不容易才从牙缝里挤出两个字："不是。"

廷尉见贯高如此顽固，又让人拿刀刺他身上的肉。贯高的身体被利刀刺得更加血肉模糊，他惨叫了一声，昏死了过去。

廷尉只好审问其他案犯。没想到他们一口咬死，说贯高是主谋，赵王张敖与本案无关。廷尉无奈，只好将审问经过及结果报告给刘邦。

刘邦听了，叹道："是条汉子！"

吕后一心想为自己的女婿开脱，便在一旁劝道："赵王是鲁元的丈夫、陛下的女婿，应该不会做出这等弑君之事。"

没想到刘邦狠狠地瞪了她一眼，说："张敖若是夺了天下，难道还会怕缺少你女儿吗？"吕后便不敢再开口。

既然贯高吃软不吃硬，刘邦决定打感情牌，他问身边的臣子，有谁平时跟贯高要好的。大臣泄公说："臣与贯高是同乡，交情甚笃，很了解他的为人，他是一个重情重义的人，严刑拷打对他的确不起作用。"刘邦便让他以探监为名，设法从贯高嘴里套出实情。

泄公来到囚牢。贯高见到老朋友，心里十分高兴，挣扎着起身。泄公见他浑身上下血迹斑斑，痛惜不已，落泪劝道："行刺陛下是死罪，你何苦为了赵王，连自己的性命都不要了啊？"

贯高正色道："以人之常情而论，有谁不爱自己的父母、妻子、儿女？我对赵王的感情，难道会超过我对亲人的感情吗？弑君是要灭三族的，我怎么可能为了代人受过，而眼睁睁地看着自己的亲人被杀？实在是因为赵王不曾参与行刺陛下的计划，他甚至都不知道这件事，是我们几个私下里商定进行的。"

泄公听了，将信将疑："赵王真的没有参与谋反？"

"真的没有。"贯高轻轻地叹了一口气，一字一顿地说。

"那你们为什么要行刺陛下啊？"泄公接着又问。

"唉，说来话长。"贯高将事情的前后经过详详细细地说给泄公听。

听完贯高的讲述，泄公确信这就是实情，离开监牢后，他立刻向刘邦汇报。刘邦对贯高一心护主的忠心很是钦佩，便下令释放赵王，但贬为宣平侯，并赦免贯高的弑君之罪。

泄公高高兴兴地来到监牢，把赵王被放的消息告诉了贯高。贯高不敢相信自己的耳朵，拉住泄公的手，问道："赵王真的被放了？"

看到泄公使劲儿地点头，贯高十分激动地说："太好了！我之所以没有轻易死去，为的就是要澄清事实，证明赵王的清白。"

泄公笑呵呵地说："还有一个好消息呢，正因为你的高义，陛下赦免了你的死罪。"

"啊？"贯高听了泄公的话，低下了头，叹息道，"弑君之罪，罪不可赦，这是我应得的。如今赵王无罪，我的心愿已了，不敢苟活于世！"说完，他伸手抓向颈部，掐断了血管，鲜血一下子喷了出来，溅了泄公一身。

泄公大惊，连忙喊人来救，无奈为时已晚，贯高很快就气绝身亡。刘邦听说后，连声叹息，命人用隆重的礼节安葬了贯高。

还有两个人，和贯高一样硬气，一个叫田叔，一个孟舒。刘邦下令拘捕赵王时，还颁布了一份诏书：凡是敢跟随赵王的满门抄斩。田叔和孟舒却都剃去头发，脖子上戴着铁圈，作为赵王的家奴随从进京。赵王被免罪后，汉高祖很欣赏他们的为人，下令召见，交谈后发现朝中所有大臣的才干无出其右，于是分别任命二人为郡守、诸侯国相国。

## 成语学习

# 无出其右

出，超出；右，上，古代以右为尊。没有能超过他的。

| 造　句： | 近代以来，鲁迅在中国文学界的影响力可以说是无出其右。 |
|---|---|
| 近义词： | 盖世无双 |
| 反义词： | 比比皆是 |

# 十四

# 〖 多多益善 〗

### 《资治通鉴·汉纪三》

上问曰："如我能将几何？"信曰："陛下不过能将十万。"上曰："于君何如？"曰："臣多多而益善耳。"上笑曰："多多益善，何为为我禽？"信曰："陛下不能将兵而善将将，此乃信之所以为陛下禽也。且陛下，所谓'天授，非人力'也。"

### 译 文

高祖问道："像我这个样能率领多少兵呀？"韩信说："陛下不过能带十万兵。"高祖说："对您来说怎样呢？"韩信道："我是越多越好啊。"高祖笑着说："越多越好，为什么却被我捉住了呀？"韩信说："陛下虽不能带兵却善于驾驭将领，这就是我所以被陛下逮住的原因了。何况陛下的才能，是人们所说的'此为上天赐予的，而不是人力能够取得的'啊。"

# 成也萧何，败也萧何

当初，垓下之战结束后，项羽的人头被送到刘邦面前。刘邦看了又看，终于放下心来，说道："这小子总算死了！"他闭上眼睛，沉浸在胜利的喜悦之中。过了好一会儿，他又想："哎，这事儿多亏了韩信啊！韩信真是太能干了。可是，韩信就是太能干了啊！"刘邦脸色凝重起来。

几天后，刘邦以迅雷不及掩耳之势，闯入韩信的齐王大营，抢过他的印信，接管了他的部队。韩信目瞪口呆："汉王，您……这是……"

刘邦笑眯眯地说："你治理齐国很有水平，现在楚地刚刚平定，人心不稳，正需要你这样的人才去管理，你就去当楚王吧。楚地比齐国的地盘大，又是你的故乡，你回去也算衣锦还乡呀！"

韩信虽然感到苗头不对，可是刘邦的一番话让他无从反驳，只得乖乖接受。

就这样，韩信回到阔别多年的淮阴。他寻访到当年分给他饭食的漂母，赠给她一千金，又召见曾经叫自己从其胯下爬过去的那个人，任命为中尉，并告诉楚国的将相们："这是位壮士啊。当初他羞辱我时，我难道就不能杀了他吗？只是杀他没有什么意义，所以忍了下来，才有了今天这样的成就。"

刘邦称帝后，项羽原来的将领纷纷离散，钟离眛就前来投奔韩信。韩信与钟离眛关系不错，便毫不犹豫地收留了他。刘邦很怨恨钟离昧，听说他在楚国，就要韩信交人。韩信推说自己正在各县巡视，以拖延此事。

韩信确实忙于巡视各县，因为刚到楚地不久，所以他每次出行都带着许多全副武装的将士。有人便向刘邦打小报告，说韩信培植亲信，准备反叛。刘邦恼怒极了，便召集众臣商议。

大家都义愤填膺，嚷嚷着："陛下赶快发兵，把韩信这小子活埋了！"

刘邦默然不语。他注意到陈平一直没说话，便问陈平的意见。

陈平问："韩信知道有人上书告他谋反吗？"

刘邦想了想："应该不知道。"

陈平又问："陛下的精锐部队与韩信的相比，哪个更厉害？"

刘邦顿了顿："他的更厉害。"

陈平再问："陛下的将领们中，有谁比韩信更懂得用兵？"

刘邦直摇头："没有比他更懂的。"

陈平捻了捻胡须，不紧不慢地说道："陛下的将领比不上韩信，军队也不如韩信的精锐，却要发兵攻打他，这不是逼他造反是什么呀？"

刘邦听了，脸上露出焦虑的神情，追问道："那该怎么办呢？"

陈平脸上露出狡猾的笑容："古时候天子会巡视诸侯镇守的地方，并会见诸侯。陛下假装出去视察，巡游云梦，在陈地会见诸侯。而陈地在楚国的西部边界，韩信听说天子出游，友好地会见诸侯，肯定会放松警惕，前来谒见陛下。陛下就可以趁机捉住他，不费一兵一卒。"

刘邦觉得陈平的主意不错，便派出使者去通知诸侯到陈地聚会，说自己要南游云梦，随即就起程南行了。

韩信听到这个消息，颇为忐忑，他担心刘邦这次南巡是冲着自己来的。去，恐怕会灾祸临头；不去，又实在说不过去。就在韩信左右为难时，有人劝他："陛下一直怨恨您不交出钟离昧，如果您能提着他的头去见陛下，陛下必定欢喜，如此您就不会有祸患了。"

韩信犹豫了很久，最后还是派人去找钟离昧。钟离昧得知来者的意图后，惨然笑道："看来你韩信也不是什么忠厚重义的人！刘邦猜忌你，不是因为我藏在你这里，而是因为你功高震主。如果你杀了我去讨好刘邦，我今天死，明天亡的就是你！"说完就自刎了。

不久，刘邦果然来到陈地，韩信便提着钟离昧的头去见他。谁知韩信刚把钟离昧的头献上，就听刘邦大喝一声："来人啊！"一群如狼似虎的武士便冲了出来，将韩信捆了个结实。

韩信惊慌不已，连问："陛下这是何意？陛下这是何意啊？"

刘邦定定地看着他："有人说你要谋反。"

韩信连连喊冤，刘邦却充耳不闻，命人给他披枷带锁，押到随驾出行的副车上，带回京城仔细审问。

韩信望着渐渐远去的封国，一种悲凉之情油然而生，他重重地叹息了一声，喃喃自语："古人说得没错，兔子死了，猎狗就没用了，不如煮了吃；鸟打完了，良弓就被扔到一边；敌国破了，功臣不但没用了，还是个威胁。如今天下已经平定，我自然逃不过一死啊！"

一到洛阳，韩信就被关进了大牢。望着监牢冰冷的四壁，韩信痛苦地回想起自己以前的谋士蒯彻的劝谏。当时刘邦和项羽在荥阳相持不下，天下大势取决于韩信，蒯彻就劝韩信自立为王。

蒯彻说："现在的形势是，您帮谁，谁就能赢得这天下，但我希望您能采纳我的建议，与楚、汉三分天下，鼎足而立。这是上天赐予您的大好机会，您若不接受，会受到上天的惩罚，灾祸不知道什么时候就会降临啊。"

韩信犹疑道："汉王待我不薄，我怎么能忘恩负义啊！"

蒯彻继续劝说："张耳和陈馀早年是生死之交，感情是天下最深厚的，后来反目成仇，陈馀最后落了个身首分家的结局。大夫文种帮助勾践①灭了吴国，称霸诸侯，最后惨遭勾践杀害。您与汉王的交情不如张耳和陈馀的交情深，您对汉王的忠信又比不过文种对勾践的忠信。这两点足够供您反思的了。何况您现在功高震主，无论是楚，还是汉，都不会是您的安身之处啊！"

韩信还是下不了决心，推辞道："您别再说了，容我好好考虑一下。"

过了几天，蒯彻见韩信没有动静，又跑去劝他。韩信却说："我为汉王立下汗马功劳，他不会亏待我的。"

蒯彻无奈地叹了一口气，扔下一句"时机啊时机，失去了就不会再回来"，随即离开了韩信。

想到这些，韩信肠子都要悔青了。不过，因为缺乏确凿的证据，刘邦还是把韩信给放了，降级让他当了个淮阴侯。韩信觉得耻辱，就多次声称有病，不参加朝见。

但韩信倒也没闲着，经常与张良一起整理兵书。刘邦听说后，也时不时找韩信聊带兵打仗的事情。有一次，他们议论将领们能带多少兵。

刘邦问韩信："你觉得我能率领多少兵呀？"

韩信回答："陛下不过能带十万兵。"

刘邦"哦"了一声，反问道："那你呢？"

韩信笑道："我是多多益善啊。"

刘邦脸色一沉，嘲讽道："多多益善？那为什么你被我捉住

---

① 春秋时越国君主。

了呀？"

韩信说："陛下虽不能带兵却善于驾驭将领，这就是我所以被陛下逮住的原因。何况陛下您的才能，是人们所说的'上天赐予的，而不是人力能够取得的'啊。"

刘邦听了，心病更重了："韩信这小子，太有能耐了。现在不反，不代表他以后不反呀！"

偏偏韩信虽然被贬，却丝毫没有收敛自己的狂傲个性，觉得自己功高盖世，竟然与绛侯周勃、将军灌婴这样的人平起平坐，实在令人羞耻。

有一次，韩信去将军樊哙家。樊哙用跪拜的礼节送迎，口称臣子，欢天喜地说道："哎呀，大王竟肯光临我这里！"韩信却不买账，出门后，讪笑着对身边人说："我活着竟然要和樊哙这种屠夫为伍了！"

要知道，樊哙和韩信一样，都是汉朝的开国元勋，同时他还是刘邦的发小、连襟，皇后吕氏的亲妹夫。这种身份、地位，其实并不比韩信低了。所以刘邦得知韩信还那么狂妄，更加厌憎他了。

就在此时，韩信过去的一个部将，叫陈豨（xī）的，被刘邦派去做赵国的相国。临行前，陈豨向韩信辞行。韩信屏退左右，握着他的手说："你所处的地位，集中了天下精兵；而你，又是陛下信任的大臣。但陛下生性多疑，将来若有一天你被逼反叛，请让我在京城做你的内应，那么天下就可以谋取了。"

果不其然，陈豨手握重权几年后，刘邦开始怀疑他，派人追查。陈豨害怕，于是起兵造反。刘邦亲自率兵去攻打他。这年是公元前197年。

临行前，吕后问："陛下您率兵亲征，万一京城发生祸乱怎么办？"

刘邦脱口而出："要反也只有韩信一人。"说完，他又交代吕后："一旦发生这种事，你一定要找萧何商量。当初韩信是他追回来的，他有办法应对。"

刘邦走后，韩信暗中派人与陈豨接洽，又打算伪造诏书，赦免有罪的工匠及奴隶，发动他们袭击吕后和太子刘盈，不料被他自己的家臣举报。

吕后想把韩信召来，又担心他不服从，便与相国萧何商议，假装有人从刘邦那里回来，说陈豨已经被抓住处死。于是，文武大臣都来朝中道贺。结果韩信还是不去。吕后就让萧何亲自上门去请。

萧何知道韩信难逃一死，可是他也没办法，只好骗韩信说："你虽然病了，也应当强撑着身体上朝道贺。"韩信无奈，只得随萧何进宫。

韩信刚走进长乐宫，就被事先埋伏的武士捆绑起来，随即在钟室里被斩首。临死前，韩信叹息说："我真后悔没用蒯彻的计策，竟上了妇人的当。天意啊！"吕后大怒，下令将韩信三族都杀死。

刘邦回到洛阳，得知韩信被杀，心里既欣喜又怜惜。他听说了韩信临死前说的话后，就派人将蒯彻捉来，质问他："是你教韩信造反的吗？"

蒯彻回答道："我确实教过。那家伙不听我的，所以才自取灭亡，落到今天这个地步；如果用我的计策，陛下怎么可能杀他呢？"

刘邦勃然大怒，喝道："煮死他！"

蒯彻大叫："哎呀！煮我实在冤枉！"

刘邦狠狠地瞪着他："你教韩信造反，有什么冤枉的？"

蒯彻说："当时，我作为臣子只知道有韩信，不知道有陛下啊！何况，天下磨刀霍霍，想做陛下这般大业的人很多，只是力量达不到罢了，您能全煮死吗？"

刘邦听罢，手一挥："放了他。"

天下磨刀霍霍的不能都煮死，但是那几个异姓王是不能留了，刘邦心想。当初打天下时，迫于形势，刘邦封了几个异姓诸侯王，如梁王彭越、淮南王黥布等。他们虽是臣子，但其封地实为朝廷不能控制的独立王国，对刘邦来说，他们是刘氏政权的巨大隐患，虽然他们曾经为刘邦取得天下立下汗马功劳。

于是，韩信之后，刘邦把磨刀转向了彭越和黥布。

## 成语学习 ①

# 多多益善

比喻越多越好。

| | |
|---|---|
| 造　句： | 坏习惯越少越好，但知识则多多益善。 |
| 近义词： | 韩信将兵、贪多务得 |
| 反义词： | 适可而止 |

---

① "成也萧何，败也萧何"也是成语，比喻事情的成功和失败都是由这一个人造成的。这个故事的原文里还有成语"兔死狗烹，鸟尽弓藏"（兔子死了，猎狗就被人烹食；鸟打完了，就把弓收藏起来。比喻大功告成之后，就把曾经出过力的人一脚踢开）、"秦失其鹿"（比喻失去帝位。鹿，指被围捕的对象，指代帝位、政权）、"跖犬吠尧"（跖的狗向尧狂吠，比喻各为其主）。

# 使羊将狼

**《资治通鉴·汉纪四》**

黥布，天下猛将也，善用兵。今诸将皆陛下故等夷，乃令太子将此属，无异使羊将狼，莫肯为用；且使布闻之，则鼓行而西耳。上虽病，强载辎车，卧而护之，诸将不敢不尽力，上虽苦，为妻子自强！

## 译文

黥布是天下闻名的猛将，擅长用兵。而我方众将领又都是过去与陛下平起平坐的旧人，要是让太子指挥这些人，无异于让羊去驱使狼，无人听命于他。而且如果黥布知道，便会击鼓向西，长驱直入了。皇上您虽然有病，也要勉强上帏车，躺着指挥，众将领就不敢不尽力。皇上虽然生病困苦，为了妻子儿女还是要自己振作一下！

## 高祖还乡

刘邦进攻陈豨时，向梁王彭越征兵。彭越称病，只派了手下将军率兵前去。刘邦大怒，派人去斥责他。彭越很恐惧，就想亲自入朝谢罪，部将扈辄就劝他："您当初不去，受到斥责后才去，一定会被抓起来，不如反了吧。"彭越没有听进去。后来，彭越的太仆①犯了罪，逃到长安，告发梁王彭越与扈辄谋反。刘邦于是派人突袭彭越，彭越没有发觉，被俘后押送到洛阳审讯，有关部门判处他斩首之刑。刘邦一时不忍，赦免了彭越的死刑，贬为平民，流放到蜀地居住。路过郑地时，彭越遇到了从长安来的吕后，便向她哭泣，说自己并没有反叛之心，希望吕后搭救，允许自己回故乡昌邑居住。吕后满口答应，带他返回了洛阳。不料，一到洛阳，吕后却对刘邦说："彭越是个壮士，把他流放到蜀地，就是自留后患，不如杀了他。"然后又指使人控告彭越谋反。廷尉奏请灭彭越三族，刘邦批准了，并将彭越的头颅悬挂示众，还下诏说："有来收尸的，一律逮捕。"

梁国大夫栾（luán）布出使齐国回来，在彭越的头颅下奏报出使情况，一番祭祀后又大哭了一场。官吏将他逮捕，报告给刘邦。刘邦召来栾布，痛骂了一番，想煮死他。正当栾布被提起投入滚水中时，他回头对刘邦说："请让我说句话再死。"

---

① 掌管皇帝专用车马，有时亲自为皇帝驾车，地位亲近重要，兼管官府畜牧业。

刘邦恼怒地喝问："还有什么话？"

栾布说："当年陛下您受困于彭城，战败于荥阳、成皋之间，而项羽却不能西进，正是因为彭越守住梁地，牵制住楚军的缘故。当时，若彭越倒向项羽，您一定会失败。而且垓下会战，若没有彭越，项羽也不可能灭亡。如今天下已经平定，彭越被封为王，也想传给子孙后代。但您向梁国征一次兵，彭越因病不能前来，您就疑心他造反。没有见到反叛迹象，便因为一件小事诛杀了他，功臣会人人自危。"刘邦默然许久，最后赦免了栾布。不过，刘邦还是痛恨彭越，把他的肉制成肉酱，分赐给各地诸侯王。

之前，韩信被杀，淮南王黥布已经感到心惊肉跳了，等他收到彭越的肉酱，更是惊恐不已，便暗中派人部署军队，准备反叛，不料也被自己的臣属告发。起因是黥布的一个宠姬，因病去就医。这名医生与中大夫贲赫住对门，贲赫便备下厚礼，陪同宠姬在医生家饮酒。黥布知道后，却怀疑贲赫与宠姬私通，就想治贲赫的罪。贲赫觉察后，跑到长安向刘邦告发黥布谋反。刘邦问萧何的看法。

萧何却摇头说："黥布不至于做这种事，恐怕是仇人诬告他。不妨派人前去查验一下。"

而黥布见贲赫逃了，本就疑心他会说出自己的谋划，刘邦派来的使者又查出不少证据，于是在公元前196年正式发兵反叛。

刘邦召集众将询问对策，大家都说："发兵征讨，坑杀这个家伙，他有什么能耐！"

滕公夏侯婴召来原楚国的令尹薛公，向他征求意见。薛公说："黥布当然要反。"夏侯婴问他："皇上把偌大的淮南封给了他，让他称王，他还有什么理由造反啊？"薛公回答说："皇上前不久杀了彭越，再早些还杀了韩信，他们三人功劳相等，他担心自己也会大祸降临，所以就造反了。"夏侯婴将他的话转告了刘邦。刘邦召来薛公,向他咨询对策。

薛公说:"黥布如果采用上策,崤山之东便不再是陛下的了;如果他采用中策,谁胜谁负还很难预料;但如果他采用下策,那么陛下就可以高枕无忧了。"

刘邦忙问:"他的上策、中策、下策分别是什么呢?"

薛公回答道:"上策就是向东攻取吴地,向西夺占楚地,吞并齐地,占据鲁地,传令给燕、赵两地,让他们固守本土;向东攻取吴地,向西夺占楚地,吞并韩地,占据魏地,掌握敖仓的储粮,阻塞成皋通道,这是中策;向东攻取吴地,向西夺占下蔡,然后把辎重送回越地,自己回到长沙,这就是下策。"

刘邦又问:"那您认为他会使用哪种计策呢?"

薛公笑道:"必使下策。"

刘邦心中一喜,忙问:"为什么他会舍弃上策和中策而采用下策呢?"

薛公答道:"黥布原本是骊山的刑徒,努力爬到王的高位,这些都使他只顾自身,不顾以后,更不会为百姓做长远打算,所以说他必然采用下策。"

刘邦大喜,但这时,他正有病,就想让太子刘盈前去平叛。太子的宾客跑去劝吕后的哥哥吕释之:"此次领军平叛对太子没有任何帮助,有了功劳,他的地位也不会再增高,没有功劳,就会遭受灾祸。你赶快去请求吕后,让她逮着机会在皇上面前哭求,就说:'黥布是天下闻名的猛将,擅长用兵。而我方将领又都是过去与陛下平起平坐的旧人,要是让太子指挥这些人,就是使羊将狼,他们不会听太子的命令。而且,如果黥布知道了,就会击鼓向西,长驱直入。皇上您虽然有病,也要勉强上阵,哪怕躺着指挥,将领们都不敢不尽力。请您为了妻儿振作一下!'"

吕释之立刻连夜求见吕后。吕后也担心太子会有个三长两短，就找了个机会哭着哀求刘邦。刘邦没办法，只好亲自统领大军向东进发。

黥布曾对部将们说："皇上老了，讨厌兵事，肯定不会来。要是派大将前来，我只怕韩信、彭越，但他们现在都死了。其他人全都不值得担心。"所以他决心反叛。果然，如薛公说的那样，他向东攻击吴地的荆王刘贾，刘贾败逃死在富陵。黥布胁迫刘贾的全部兵士，渡过淮河攻打楚王刘交。刘交发兵在徐县、僮县一带迎战，也被黥布攻破。黥布引兵西进，直逼关中而来。

十月，刘邦率领的朝廷军队与黥布的军队在蕲西对阵。刘邦与黥布遥遥相望，他远远地质问黥布："你为什么要造反？"

黥布眉毛一挑，笑道："我也想尝尝当皇帝的滋味！"

刘邦大怒，连声斥骂他。双方大战起来。没想到，黥布的军队竟然很快败退而逃，渡过淮河后，虽然几次停住阵脚再战，却仍然不能取胜。黥布只好带着一百多人逃到长江南岸。交战中，刘邦被流箭射中，只好命一员将领继续追击，自己返回京城。

路过沛县时，刘邦留了下来，他把亲朋故友全部召来陪同饮酒，共叙旧情。喝到畅快时，刘邦亲自作歌："大风起兮云飞扬，威加海内兮归故乡，安得猛士兮守四方！"①他一边唱，一边起舞，唱到慷慨伤怀之时，洒下了几行热泪。

刘邦在沛县饮酒欢乐十来天后才离去。临走前，他对沛县父老说："朕以沛公名义起事诛灭秦朝，才夺取了天下。现在把沛县当作朕的汤沐邑，从此免除县中百姓的赋役，世世代代永不征收。"

刘邦回到长安不久，就传来黥布被诛杀的消息。

---

① 这就是著名的《大风歌》，意思是："大风卷起啊白云飞扬，皇威普及海内啊我衣锦还乡，从哪里得到勇猛将士啊守卫祖国的四面八方！"

## 成语学习[①]

# 使 羊 将 狼

将,统率。派羊去统率狼。比喻以弱者率领强者,也比喻让仁厚的人去驾驭强横的人。常用来描述办不成事。

| | |
|---|---|
| 造　句: | 她是一个那么文弱的女子,让她领导这帮乌合之众,无异于使羊将狼,他们肯定不会听她的。 |
| 近义词: | 小材大用 |
| 反义词: | 知人善任 |

---

[①] 这个故事的原文里还有成语"同功一体"(指功绩和地位相同)、"安枕而卧"(放好枕头睡大觉。比喻太平无事,不必担忧)、"万乘之主"(乘,四匹马拉的车。指大国的国君)。

# 【攻苦食啖】

### 《资治通鉴·汉纪四》

叔孙通谏曰:"昔者晋献公以骊姬之故,废太子,立奚齐,晋国乱者数十年,为天下笑。秦以不蚤定扶苏,令赵高得以诈立胡亥,自使灭祀,此陛下所亲见。今太子仁孝,天下皆闻之。吕后与陛下攻苦食啖(dàn),其可背哉!陛下必欲废适而立少,臣愿先伏诛,以颈血污地!"

### 译 文

叔孙通劝谏说:"从前晋献公因为宠爱骊姬,废黜太子,另立奚齐,结果造成晋国几十年内乱,被天下耻笑。秦国也因为不早定扶苏为太子,使赵高得以用奸诈手段立胡亥为皇帝,自己使宗庙灭绝。这是陛下亲眼所见。如今太子仁义孝顺,天下都知道。吕后又与陛下艰苦创业,粗茶淡饭地共过患难,怎可背弃!陛下一定要废去嫡长子而立小儿子,我愿先受诛杀,用脖颈的血涂地!"

# "人彘"事件

"陛下,此事万万不可啊,太子是国之根本,撤换太子就是动摇国本啊!"

"太子待人仁厚,有宽容之德,是未来皇帝的不二人选,怎么能随意换掉呢?"

"太子自确立以来,并无过错,若无端被废,恐怕难堵天下悠悠之口……"

刘邦刚提出要换太子,众臣就一片反对之声。他眉头紧锁地坐在御座上,脑子里浮现出戚姬那梨花带雨的娇美面容。

戚姬是刘邦做汉王时娶的妃子,相貌出众,能歌善舞,很是得宠,生下儿子刘如意。刘邦觉得刘如意很像自己,因此虽然封他为赵王①,却把他长年留在长安。刘邦出巡时,经常把戚姬带在身边。戚姬趁机日夜在刘邦面前哭泣,希望能立自己的儿子为太子。刘邦本来就有点儿嫌弃太子刘盈仁慈懦弱,而且太子的母亲吕后因为年老色衰,与刘邦的感情也日渐疏远,再经戚姬那么一哭,也就生了换太子的心思。原本他觉得这是自己的家事,跟大臣们打个招呼就行,于是在朝会上那么淡淡一说,没想到大臣们反应这么大,其中态度最强硬的要数御史大夫②周昌。

刘邦恼怒地把目光对准周昌,质问他:"你倒说说看,如意怎么

---

① 张敖被贬为宣平侯后,刘如意便被立为赵王。
② 为丞相的助手,相当于副丞相,协调处理天下政务,而以监察、执法为主要职掌,为全国最高监察、执法长官。

就做不得太子?"

周昌为人耿直,平时说话有点儿口吃,情急之下他更是结结巴巴,急得只是说:"臣口不能言,但臣知……知……知……道不能这样做,陛下要废太子,臣万……万……万……万不能奉命!"

刘邦被周昌的样子逗得哈哈大笑,就暂时搁置换太子一事。吕后听说后,十分感激周昌,便把他召过去,伏地跪谢:"要不是您,太子差点儿就废了。"

从此,刘邦便不再在公开场合说要换太子,但私下里他并没有放弃这个想法。吕后深感忧虑,有人给她出主意,说张良足智多谋,找他准有办法。吕后立刻派哥哥吕泽去找张良,请他帮忙,设法保住刘盈的太子之位。

张良一开始不愿介入此事,便推脱说:"当初天下还是乱世,陛下才用我的计谋,如今天下已经安定,陛下是因为喜欢刘如意才想立他为太子,这是陛下家庭内部骨肉之间的事情,我说也没用啊!"吕泽一听急了,"扑通"跪在地上,恳求张良一定要想个办法出来。

其实,张良也认为,太子之位事关重大,不可以轻易更改。他沉思了片刻,对吕泽说:"这件事情我的确帮不上什么忙,不过有四个人也许能做到。他们是商山四皓,都是秦朝时的博士官,现在年纪都很大了。当初,陛下听说了他们的贤名,几次想请他们出山,但他们都因为陛下不大尊重文人而拒绝了。如果能把他们请出来,陛下也许会改变想法。最好是让太子亲自给他们写封信,言辞一定要恳切、谦卑。他们来了之后,让他们随太子入朝。陛下看到他们力挺太子,就会打消改立太子的念头。"

这时,距离平定黥布叛乱已经过去了半年,但刘邦身上的箭伤却越发严重,想换太子的心思也越发强烈,于是把太子的老师叔孙通召去,想听听他的看法。

不料，叔孙通的态度十分坚决，他苦苦劝谏："从前晋献公因为宠爱骊姬，废黜太子，另立奚齐，引发晋国几十年的内乱，被天下人耻笑。秦国也因为没有早定扶苏为太子，让赵高得以用奸诈手段立胡亥为皇帝，导致秦国灭亡。这是陛下亲身经历的。太子的仁义孝顺，天下人都知道。皇后又与陛下您攻苦食啖这么多年，您怎么能背弃她呢？"

刘邦默然不语。叔孙通见刘邦不为所动，横下一条心说："如果陛下一定要废去嫡长子而立小儿子，请先把臣下杀了吧！"

刘邦讶异，勉强挤出一丝笑容说："你不要这样嘛，朕只是开开玩笑而已！"

叔孙通梗着脖子说："太子是国家的根本，根本一旦动摇，天下就会大乱，怎么能用天下来开玩笑呢？"

刘邦意识到大臣们的心都向着太子和吕后，他决定搞突然袭击，冷不丁宣布更换太子，让大臣们措手不及。

这天朝会上，刘邦坐在御座上，扫视着站立两旁的大臣。就在他准备宣布换太子时，却惊讶地看到太子身后站着四位白发苍苍的老人，忙问他们是谁。

得知他们是商山四皓后，刘邦更加吃惊，问道："朕几次请你们来，你们都拒绝了，为何今日出现在这里啊？"

商山四皓说："我们听说太子仁厚，礼贤下士，便一齐来做太子的宾客。"

刘邦久久没有说话。退朝后，他把戚姬叫过去，对她说："连商山四皓都出来辅佐太子，太子的羽翼已经长成，换不了了啊。"戚姬听了，抽泣不已。

刘邦和吕后做了几十年夫妻，知道她并不是什么仁厚之人，这次换立太子，戚姬母子算是把她得罪到底了。自己年纪这么大了，将来一旦闭眼，吕后肯定不会放过刘如意，但他又想不出什么万全之策，以保全刘如意，所以常常独自伤感。

这天，御史赵尧见刘邦闷闷不乐的样子，猜他是担心刘如意，便建议道："陛下，何不为赵王配一个地位高且有实力的相国呢？而且这个人还得是皇后、太子和诸位大臣平日里都敬畏的人。"

刘邦眼前一亮，忙问："谁合适呢？"

赵尧说："御史大夫周昌是最佳人选。"

刘邦想到那次朝会上周昌期期艾艾地与自己争辩的情景，不禁微微一笑，当即任命周昌为赵国的相国，辅佐赵王刘如意。

这天，吕后请来一位良医为刘邦诊治箭伤。医生检查后说："陛下的病可以治好。"谁知刘邦不喜反怒，破口大骂："朕以一个老百姓手提三尺剑夺取了天下，这不是天命吗！朕的生死在天，即使扁鹊再生又有什么用！"他把医生赶走了。

吕后无奈，只好问刘邦："陛下百年之后，若萧相国死了，让谁代替他呢？"刘邦说："曹参可以。"吕后又问曹参之后，刘邦想了想，说："王陵可以，但他有点儿憨，让陈平辅助他。不过，陈平智谋有余，却难以独自承担重任。周勃为人厚道，不善言辞，然而将来安定刘家天下的必定是他，可任用为太尉。"吕后再追问其后，刘邦淡淡地说："这以后的事就不是你能操心的了。"

公元前195年，刘邦驾崩。十六岁的太子刘盈登上皇帝大位，即汉惠帝，尊吕后为皇太后。

吕太后做的第一件事，便是把戚姬幽禁在永巷①，带着刑具、穿着囚服做舂米的苦活，还让人把她的头发剃光了。戚夫人悲愤不已，常常思念已经到赵国去的刘如意，就一边舂米，一边唱着《舂歌》：

---

① 皇宫中的长巷，也是幽禁失宠妃嫔的地方。

"子为王，母为虏。终日舂薄暮，常与死为伍。相离三千里，当谁使告汝？"①

吕太后听说后大怒："你还想指望你儿子吗？"于是派使者去赵国召赵王刘如意回京，准备杀掉他。没想到赵国的相国周昌拒不奉诏，使者去了三次，都无功而返。

吕太后拿周昌没办法，便想了个调虎离山之计，先把周昌召回京。等周昌到了长安，她再派人去召赵王刘如意进宫。

惠帝一向与刘如意感情深厚，担心吕太后会对弟弟下手，便亲自去霸上迎接他，与他一起入宫，带着他同吃同住，寸步不离。这让吕太后一直找不到机会下手。

公元前194年冬季的一天，惠帝一大早便出去打猎，刘如意因为年纪小起不来，便没有同去。吕太后终于逮着机会，派人给刘如意送去一壶毒酒。黎明时，惠帝打猎回来，刘如意已经死了。

吕太后还不解恨，又下令砍断戚夫人的手、脚，挖去眼珠，熏聋耳朵，灌上哑药，然后扔到厕所里，称她为"人彘（zhì）②"。

过了几天，吕太后让惠帝来看"人彘"。惠帝见后，惊惧不已，忙问这是何人。当他得知这就是戚夫人时，不禁失声痛哭起来，之后大病一场，一年多不能下床。

---

① 意思是：儿子啊，你为赵王，而你的母亲却成了奴隶，整日舂米一直到日落西山，还经常有死的危险。与你相隔三千里，该让谁去给你送信，告知你呢？
② "彘"，即猪。

## 成语学习

# 攻苦食啖

"啖"亦作"淡"。做艰苦的工作,吃清淡的食物。形容刻苦自励。

| | |
|---|---|
| 造　句: | 他们攻苦食啖几十年,终于苦尽甘来,迎来了新的局面。 |
| 近义词: | 风餐露宿、筚路蓝缕 |
| 反义词: | 衣食无忧、养尊处优 |

# 萧规曹随

**《资治通鉴·汉纪四》**

参代何为相，举事无所变更，一遵何约束。择郡国吏木讷于文辞、重厚长者，即召除为丞相史；吏之言文刻深、欲务声名者，辄斥去之。日夜饮醇酒；卿、大夫以下吏及宾客见参不事事，来者皆欲有言，参辄饮以醇酒；间欲有所言，复饮之，醉而后去，终莫得开说，以为常。

**译文**

曹参接替做了相国后，所有的条令都不做变更，一律遵照萧何当年的规定。他挑选各郡各封国中为人质朴、不善言辞的敦厚长者，召来任命为丞相的属官。对那些言谈行文苛刻、专门追逐名声的官员，都予以斥退。然后曹参日夜只顾饮香醇老酒。卿、大夫以下的官员及宾客见他不管政事，来看望时都想劝说，他却总是劝他们喝酒；喝酒间隙中再想说话，曹参又劝他们再喝，直到喝醉了回去，始终没机会开口说话。这样的情况成为常事。

# 周勃诛吕安刘

公元前193年，萧何病逝，曹参被任命为相国。曹参接替做了相国后，所有的条令都不做变更，一律遵照萧何当年的规定。他从各郡国中挑选出为人质朴、不善言辞的敦厚长者，任命为丞相的属官，斥退了那些言谈行文苛刻、专门追逐名声的官员。做完这些，曹参日夜只顾喝酒。很多官员及宾客见他不管具体事务，来看望时都想劝说一番，他却总是劝他们喝酒。直到喝醉了回去，这些人始终找不到机会开口说话。有人犯了小错误，曹参也一味包庇掩饰，以致相国府中终日无事。

曹参的儿子任中大夫之职，惠帝向他埋怨曹参不理政事，让他回家私下探问一下曹参，是不是欺负自己年轻好糊弄。不料，曹参大怒，狠狠地打了儿子一顿，呵斥他："快回宫去侍候，国家大事不是你该说的！"

第二天上朝时，惠帝责备曹参："是我让你儿子劝你的。"曹参立即脱下帽子谢罪，然后问惠帝："陛下自认为圣明威武比高祖如何？"惠帝说："朕哪里敢比高祖！"曹参又问："陛下再看臣的才能比萧何如何？"惠帝说："你好像不如他。"曹参便说："陛下说得太对了。高祖与萧何平定天下，法令已经明确。如今陛下垂手治国，我们臣下恭谨守职，大家认真遵守，不去违反旧法令，不就够了吗？"惠帝一愣，然后说："没错。"

曹参做相国，前后三年，百姓唱歌称颂："萧何制法，整齐划一；曹参接替，守而不失；做事清净，百姓安心。"他去世后，朝廷任命王陵为右丞相，陈平为左丞相，周勃为太尉[①]。

在惠帝垂衣拱手统治天下时，吕太后便以女人的身份代行皇帝的职权，她为人刚毅，协助刘邦诛杀功臣，打击割据势力，既巩固了刘氏政权，也为自己掌权打下基础。她虽然按照刘邦遗言，在萧何死后，先后任命曹参、王陵、陈平为相，周勃为太尉，但朝廷大小事情，都她说了算。

不过，吕太后虽然心狠手辣，却很有治国才能，她尊崇黄老之学[②]，实行与民休息的政策，让百姓摆脱战乱的苦难，勤于耕作，丰衣足食。她还废除了秦律中禁止携带、收藏书籍的"挟书律"，鼓励民间藏书、献书，恢复旧典，对法令中妨害官民的条目一一作了修订，因此犯罪的人很少。可谓政令不出宫门，就使天下太平。

如此过了七年，公元前188年，汉惠帝刘盈驾崩。朝廷上下都处在悲痛之中，然而吕太后似乎对儿子的死无动于衷，她虽哭得震天响，眼里却没有一滴泪水。大臣们都觉得奇怪，连智谋过人的左丞相陈平一时也猜不透其中的玄机，唯有张良的儿子、侍中[③]张辟强看出了端倪。他悄悄地对陈平说："丞相啊，你们就要大祸临头了！"

陈平心中一惊，忙问："此话怎讲？"

张辟强说："先帝是太后唯一的儿子，白发人送黑发人，太后怎么可能不伤心呢？她是不放心你们这帮老臣，神经紧绷着，怎么能哭出眼泪来呢？"

---

[①] 西汉初为武将最高称号之一，担任临时性的高级军事统帅，或为皇帝的军事顾问，但并无发兵、领兵的实际职权。
[②] 其思想渊源于《老子》，托名黄帝，尊黄帝、老子为创始人，故称黄老之学。秦汉之际的黄老学者，继承先秦道家的思想，发展其积极因素，打破门户之见，吸收儒、墨、法、名、阴阳家的思想精华，并顺应时代发展需要，克服了先秦道家思想的消极因素。在政治上，肯定新的封建大一统的统治秩序，承认君臣关系不可改变，主张宽刑简政，无为而治，与民休息，并主张名副其实，不听假言空话。
[③] 跟随在皇帝左右，侍奉生活起居，多授予外戚、亲信、功臣子弟等。

陈平心里"咯噔"了一下,又问:"依你看,该怎么办呢?"

张辟强说:"你们不如主动请求太后给吕家人加官晋爵,这样太后就不会怀疑你们了。"陈平听了,若有所思。

之前,吕太后为了亲上加亲,把女儿鲁元公主的女儿嫁给儿子惠帝做皇后。然而不知何故,这位张皇后一直未能怀孕。吕太后就悄悄地把一位妃子的儿子抢过来,对外宣称是张皇后的亲生子,并立为太子。安葬了惠帝后,吕太后便把这位太子扶上皇帝之位,因其年幼,仍由吕太后行使天子的职权。

这天,吕太后在朝议时,迫不及待提出准备册封几位吕氏外戚[①]为诸侯王,征询大臣们的意见。

右丞相王陵首先站出来反对:"当初,高祖曾与群臣杀白马饮血盟誓:'非刘姓的人称王,天下人可以讨伐他。'[②]现在分封吕氏为王,是违背高祖遗愿的。"

太后很恼怒,又问左丞相陈平和太尉周勃。两人都回答说:"高祖统一天下,分封刘氏子弟为王;现在太后临朝管理国家,分封几位吕氏为王,没有什么不可以的。"太后听了很高兴,放下了对陈平这批老臣的戒心。

朝议结束后,王陵责备陈平、周勃:"当初与高祖饮血盟誓时,你们两位不在场吗?你们为了逢迎太后,背弃盟约,将来有何脸面去见高祖呢?"

陈平、周勃对王陵说:"现在,在朝堂之上当面谏阻太后,我二人确实不如您;可将来安定国家,确保高祖子孙的刘氏天下,您却不如我二人。"

王陵无言以对,气呼呼地走了。不久,王陵被免职,陈平则升

---

[①] 帝王的母族、妻族,即太后、皇后、嫔妃的娘家人。
[②] 刘邦称帝后,在剪除异姓王的同时,又大量分封刘氏子侄为王,并杀白马与群臣歃血盟誓:"非刘氏而王,天下共击之"。这就是著名的"白马之盟",其目的是巩固汉家天下。

为右丞相。

没过几天，吕太后就追尊其去世的父亲吕公为宣王，其兄吕泽为悼武王，打算以此作为分封吕氏为王的开端。于是，朝臣们识相地奏请太后立吕泽的儿子吕台为吕王，把原本属于刘氏宗室的封国——齐国最富饶的郡，即济南郡，分割出来，另立为吕国。吕太后自然不会客气，一连封了吕家好几个人为王侯，连她妹妹也被封为临光侯。不仅如此，为了控制刘姓王族，她还把吕家的几个女儿嫁给刘姓诸王为妻。

眼见吕家的势力在朝廷上越来越大，以陈平为首的一批对刘姓宗室忠心耿耿的老臣深感忧虑，担心将来诸吕把持朝政，老臣们无力制止，恐怕大祸临头。

这天深夜，陈平双眉紧锁，独自关在书房里，回想不久前发生的一件事：少帝渐渐长大后，得知自己并非张皇后的亲生儿子，而自己的生母则被吕太后杀害，就对身边人表示将来一定要复仇。不料这话传到吕太后耳朵里，她先是说少帝病了，将他幽禁宫中，不让任何人见，接着废掉少帝，然后暗中杀害了他，再另立了一位少帝。

想到这里，陈平更加忧心忡忡。就在他苦思对策之时，耳边突然传来一声询问："丞相在想什么呀，竟然这么专注，连我进来了都不知道？"

陈平一惊，抬头一看，原来是陆贾。陆贾能言善辩，曾被派去出使南越[①]，成功游说南越王赵佗归附汉朝，很得刘邦器重。吕后专权后，他虽称病辞官，却一直关心朝廷大事。

陈平回过神来，笑着反问道："你猜我在想什么？"

---

[①] 在今湖南南部、两广及越南北部一带，秦朝在那里设置了南海郡、象郡、桂林郡。秦末，龙川令赵佗兼并三郡，建立南越国。

陆贾说:"您身居高位,一人之下,万人之上,富贵无比,不会为个人欲望而烦忧了,我猜您是在忧虑诸吕和年幼的皇上。"

陈平点头笑道:"你猜对了我的心事。我该怎么办呢?"陈平指着身边的座席,示意陆贾坐下。

陆贾挨着陈平坐下后,对他说:"天下安定时,应注意发挥丞相的作用;天下危难时,就要注意发挥大将的作用。将与相的关系和谐,群臣才能团结一致,即使天下出现重大变故,大权也不会旁落。如今安定国家的根本大计,就在您和太尉周勃手中。您何不主动与太尉交好,加深你们之间的关系呢?"接着陆贾又为陈平谋划了将来平定诸吕时的几个关键问题。两人一直谈到东方的天边露出了鱼肚白。

不久,周勃过生日,陈平为他举办了丰盛的宴席,并送了五百斤黄金作为寿礼,周勃也以同样的礼节回报。从此,两人经常往来,关系越来越亲密。吕氏集团的人见朝中一文一武两位重臣交情深厚,便有所忌惮,嚣张的气焰大有收敛。

公元前180年,吕太后参加完一次除灾去邪的祭祀仪式后,在回宫的路上撞见一种类似灰狗的动物,猛扑向她的腋窝,转眼间就消失了。吕太后命人占卜此事,卜师回答说:"这是赵王刘如意在闹鬼。"吕太后听了心惊胆战。从那天起,她的腋窝就疼痛不止。

过了几个月,吕太后就病逝了。临终前,她任命赵王吕禄为上将军,统领北军,梁王吕产统领南军,并告诫他们说:"我封吕家人为王,大臣们虽然表面上不反对,但心中多有不服。我担心我死之后,他们会趁机向吕氏发难。你们务必要统率好禁军,严守宫廷,千万不要为我送葬而轻易离开重地,以免被人所制!"

吕太后一死,吕氏集团就准备篡权夺位,但他们内惧朝中的陈平、周勃等人,外怕齐国、楚国等刘姓诸王,又恐手握兵权的灌婴不与吕氏合作，所以一时不敢贸然动手。

吕氏集团不动手，刘姓宗室却打算先发制人，最先跳出来的是朱虚侯刘章。

刘章[①]是吕禄的女婿，也是刘姓宗室中一位颇有胆识的王侯。有一次，吕太后举办酒宴，让他做监酒官。刘章说："我本是将门之后，请太后允许我按军法监酒。"太后答应了。

酒酣之时，刘章吟唱了一首《耕田歌》："深耕播种，株距要疏；不是同种，挥锄铲除！"表达了自己对吕氏专权的不满。

席间，吕氏家族中有一个人喝醉了酒，离开酒席。刘章追上去，拔剑斩了此人，说："逃酒而走，应以军法处斩！"太后及左右人等都大吃一惊。从此吕氏家族的人看到刘章都绕着走，生怕招惹他。

刘章从妻子处得知诸吕打算作乱，赶忙派人通知哥哥——齐王刘襄，让他统兵西征，自己在京城做内应。刘章打算诛除诸吕后，立哥哥为皇帝。刘襄得到弟弟的密报，立刻出兵向西攻打济南。

吕产等人闻讯，就派灌婴统兵征伐，打算趁灌婴的军队与齐军交战之后再发动政变。谁知灌婴早就想铲除吕氏，就与部下商议，决定在荥阳屯兵据守，并派人联络刘襄和各诸侯，约定静待吕氏发起变乱，到时联合诛灭吕氏集团。刘襄于是退兵到齐国的西部边界，伺机而动。

灌婴那边按兵不动，在京城的周勃与陈平就谋划开了：怎么从吕氏手中把兵权夺过来呢？几番考虑后，他们想到曲周侯郦商的儿子郦寄与吕禄关系很好，便派人劫持了郦商，胁迫郦寄骗吕禄交出兵权。孝顺的郦寄没有办法，只好去找吕禄，对他说："现在太后驾崩，皇帝年幼，你身为赵王，却不回自己的封国，还率兵留在京师，

---

① 汉高祖刘邦的孙子。

必然会受到大臣和诸侯王的猜忌。你不如交出兵权,回到你的封国去,高枕无忧地去做一国之王,多好啊!"

吕禄是一个头脑简单的人,郦寄又是他的好朋友,便信以为真,把将印交了出来。周勃一拿到将印,立刻来到北军大营,下令:"拥护吕氏的,袒露右臂;拥护刘氏的,袒露左臂!"军中将士全都袒露左臂。周勃就这样取得了北军的指挥权。

此时,统领南军的吕产并不知道北军落入周勃手中,还是按原计划带兵来到未央宫,准备作乱,却被陈平安排的卫兵拦在了宫门外。就在双方僵持不下时,刘章率领一千多名士兵冲杀过来。一番激战后,吕产不敌,向刘章讨饶。

刘章咬牙切齿地说:"你们这些图谋篡位,夺我刘氏天下的恶贼,我岂能饶恕!"说完一剑刺杀了吕产。

吕产一死,吕氏集团最大的威胁就解除了,周勃派人分头逮捕所有吕氏男女,不论老小一律处斩。齐王刘襄获知吕氏已被诛灭,便罢兵回国。灌婴也带着军队从荥阳撤回长安。

吕氏集团就这样被彻底铲除,统治大权又回到刘氏集团手里。

## 成语学习[①]

## 萧规曹随

萧何创立了规章制度，在他死后，曹参做了相国，仍照着实行。比喻按照前任的成规办事。

| | |
|---|---|
| 造　句 | "好的政策我们要实行萧规曹随，不好的就要破旧立新，有所建树。"新领导在大会上这样表态。 |
| 近义词 | 一如既往、因循守旧 |
| 反义词 | 破旧立新、兴利除弊 |

---

① 这个故事的原文里还有成语"面折廷争"（面折，当面指责别人的过失；廷争，在朝廷上争论。形容直言敢谏）。

# 虎而冠

## 《资治通鉴·汉纪五》

大臣皆曰:"吕氏以外家恶而几危宗庙,乱功臣。今齐王舅驷钧,虎而冠;即立齐王,复为吕氏矣。代王方今刘邦见子最长,仁孝宽厚;太后家薄氏谨良。且立长固顺,况以仁孝闻天下乎!"

## 译文

大臣们都说:"吕氏正因为外戚强横,几乎危及皇帝宗庙,摧残功臣,现在齐王的舅舅驷钧,为人残暴,好像戴着冠帽的老虎,假若立齐王为帝,驷钧一族就会成为第二个吕氏。代王是高祖皇帝在世诸子中年龄最大的一位,为人仁孝宽厚,太后薄氏一家谨慎温良。立年长的本来就名正言顺,更何况代王又以仁孝而闻名于天下呢!"

# "捡漏"当皇帝

诸吕之乱平息后，摆在元老大臣们面前的一个问题是，继续拥护少帝，还是另立新皇帝。

有人说："少帝和其他几个皇子都不是孝惠帝①的儿子，当年吕太后设计把别人的儿子抢来收养在后宫，让孝惠帝认作儿子，立为继承人，来加强吕氏的力量。现在，吕氏虽然被灭族，但将来吕氏所立的人长大后，恐怕就要灭我们的族了，不如另立贤者为皇帝。"

于是有人提议立齐王刘襄为新皇帝："他是高祖的长孙，能力出众，果敢有为，而且是第一个发兵讨伐吕氏的诸侯王，功劳很大。"

但这个方案立刻遭到很多人的反对，他们认为诸吕之乱正是因为外戚太强横："齐王的舅舅驷钧，为人暴恶，就像穿衣戴帽的老虎，假若立齐王为帝，驷钧一族就会成为第二个吕氏集团。"众人听了，纷纷点头称是。

这时又有人建议说："代王刘恒是高祖在世的儿子中年龄最大的一位，为人仁孝宽厚，王太后薄氏一家谨慎温良。立年长的本来就名正言顺，更何况代王又以仁孝闻名天下！"

代王刘恒是高祖刘邦的第四个儿子，生母薄姬早年嫁给魏王豹，魏王豹死后又被刘邦纳入后宫，生下刘恒。由于一直不受宠，薄姬因祸得福，躲过吕后的毒手，在刘邦驾崩后，跟随刘恒前往代国。

---

① 西汉皇帝的谥号里都有一个"孝"字。

刘恒在母亲的影响下，养成了谨慎沉静的性格。

比起强悍的齐王刘襄，仁厚低调的刘恒显然更受欢迎，所以，元老大臣们一致赞成拥立代王刘恒为帝，于是悄悄派人前往代国，召他入京即位。

收到诏书的刘恒感到十分意外，不敢相信这是真的，因为他从来没有想过自己有一天能当皇帝。他从生下来开始就不受刘邦喜欢，年仅八岁便被分封到偏僻荒凉的代地为王。十五年里，朝廷没有人关心他，他的父亲也从来没有召他回过长安，他就像被人遗忘了一般。

所以当皇位像天上掉下的馅饼一样砸在刘恒头上时，他内心的感受可谓五味杂陈，有欢喜，有忐忑，有不解，有期待。毕竟他也是一个不甘平凡的人，在代地的十五年里，他采用"与民休息"的政策，轻徭薄赋，发展生产。在他的治理下，代地已然是一片繁荣之地，而当皇帝可以让他在更广阔的天地里施展自己的才华和抱负。可是，他也了解政治的复杂、宫廷的险恶，突如其来的皇位究竟是福是祸，他并无把握。

于是，刘恒把大臣们召集到一起，征询他们的意见。一听到代王被召入京即皇帝位，大家也很震惊，但很快他们就冷静下来，开始分析：

"孝惠帝是吕太后的亲儿子，孝惠帝的儿子是吕太后的亲孙子，他们如果继续做皇帝，长大后肯定不会放过铲除吕氏一族的人，只有通过不承认他们是孝惠帝的亲生儿子，才能废掉他们，另立新皇帝。

"如果要从刘氏其他子弟中选一位新皇帝，齐王刘襄无论是从身份，还是实力，以及这次诛吕的表现看，他都是合适的人选。然而，正如老话说的，福兮祸所伏，正是因为他太强大了，让元老们不放心。这些人在吕后的铁腕统治下，战战兢兢了那么多年，好不容易拨云见日，再选个厉害的人当皇帝，这以后的日子能好过吗？

"高祖在世的儿子，除了我们大王，还有淮南王刘长。淮南王自幼丧母，一直由吕太后抚养长大，和吕太后肯定是有感情的，光这一点，元老们就不会考虑他。

"这些元老大臣一定是觉得我们大王为人宽厚，在朝廷中没有任何政治根基，背后又没有强大的外戚家族支持，所以才选大王出来做皇帝。"

他们虽然分析得头头是道，但刘恒内心总觉得这件事来得太突然，怀疑其中有诈，恐怕招来杀身之祸。郎中令张武等人也说："陈平、周勃等人多诡计，善用兵，不可信。大王最好是自称有病，暂时不要去长安，静观政局变化。"刘恒听了，更加犹豫不决。

唯独中尉宋昌不这样认为："你们这些人都错了！当初秦朝暴政，豪杰群起，个个自以为可以取得天下，但最后登上天子之位的却是刘氏。这是一。高祖分封子弟为诸侯王，封地犬牙交错，遍布全国，刘氏江山稳如磐石。这是二。汉朝建立之后，废除秦朝的苛政，推行德政，百姓安居乐业，民心所向。这是三。以吕太后的威严，独掌大权这么多年，太尉周勃振臂一呼，禁军将士全都袒露左臂，拥护刘氏，背弃吕氏，这说明刘氏的帝位，来源于天授，而非人力可以争夺的。现在，即便大臣们想拥立他姓，百姓也不会答应。而高祖的诸子里，只有淮南王与我们大王健在，大王又年长，天下人都知道大王的贤圣仁孝，所以大臣们顺应天下人之心，要迎立大王为皇帝。大王不必猜疑！"

刘恒还是下定不了决心，最后叫来卜师，命他占卜，看是凶是吉，结果得到一个"大横"的征兆。

刘恒问卜师："卜卦上说什么？"

卜师说:"卜辞说,占卜的人将要即位做天王。"

刘恒不解地问:"我本来就是王,还做什么王呢?"

卜师解释说:"所谓天王,是指天子,而非一般的诸侯王。"

刘恒听了略感安慰,但他还是不放心,就派舅舅薄昭入京拜见周勃,探听虚实。周勃向薄昭详细说明迎立代王为帝的本意。薄昭回来报告说:"迎立之事是真的,没有什么可疑之处。"刘恒这才带着宋昌、张武等人进京。

来到离长安城还有五十里的地方时,谨慎的刘恒让宋昌先行入城,观察动静。宋昌走到渭桥①,见丞相陈平和太尉周勃带领文武百官都来迎接,便回来报告了刘恒。刘恒于是放下最后的戒心,下令继续前行。

刘恒等人一到渭桥,群臣立即跪拜,俯首称臣,刘恒下车还礼。这时,太尉周勃走上前来,低声对宋昌说:"我希望能与大王单独说几句话。"他想仗着自己在平诸吕之乱中的功劳,和未来的皇帝套套近乎。

宋昌朗声道:"如果太尉要说的是公事,就请当着众臣的面公开说;如果说的是私事,王者是无私的。"

周勃脸上火辣辣的,不敢再多说什么,赶紧呈上天子专用的玉玺和符印。没想到刘恒推辞道:"到代国官邸再商量此事吧。"

群臣前呼后拥把刘恒护送到代国官邸后,陈平等人再次跪拜启奏:"少帝刘弘并非孝惠帝的儿子,不应侍奉宗庙做天子。大王您是高祖的年长之子,理应继承皇统!"

刘恒谦逊地按宾主的礼仪,面向西辞谢了三次,又按君臣之仪,面向南辞谢了两次,才同意即皇帝位。

---

① 长安渭水上的三座桥梁之一,秦始皇建,本名横桥,为通渭水南北离宫而造,汉时名渭桥。

这时，刘章的弟弟刘兴居站出来说："诛除吕氏，臣下没有立功，请允许臣下前去清理皇宫。"

刘恒之所以没有直接进入皇宫，正是出于安全考虑，担心在皇宫内遭遇危险，刘兴居的话正合他意。

得到新帝的许可后，刘兴居和夏侯婴来到皇宫，逼近少帝说："您不是刘氏后代，不应做皇帝！"随即命人将少帝送出了宫。之后，他们排列天子法驾①，回到代国官邸，恭迎刘恒入宫。

不料刘恒来到未央宫②时，却被十几位持戟的卫兵拦住了，他们喝道："天子住在宫殿中，你是干什么的，竟要入宫！"刘恒只好派人去通知周勃。周勃急忙赶来，向卫兵们谕告有关废立皇帝的事。卫兵们吓得赶紧跪拜新皇帝。刘恒这才得以进入未央宫。

当晚，刘恒就任命宋昌为卫将军，指挥南军和北军，任命张武为郎中令，负责宫中事务，从根本上保证了自己的人身安全。紧接着，他颁布诏书，大赦天下。大汉王朝由此进入一个新的时代——汉文帝时代。

---

① 天子车驾的一种。天子的卤簿（古代帝王驾出时扈从的仪仗队）分大驾、法驾、小驾三种，其仪仗与卫士规模各有不同，其中大驾的仪仗队规模最大，在法驾、小驾之上。
② 汉帝国的政令中心，文武朝见之地，在后世人的诗词中，未央宫成为汉宫的代名词。"未央"的意思是"未尽"，与长乐宫的宫名"长乐"，合为"长乐未央"，寄以"繁荣兴盛，不尽不衰"的美好愿望。

## 成语学习

### 虎而冠

穿衣戴帽的老虎。比喻凶残如虎之人。

| | |
|---|---|
| 造　句：中国历史上，有很多残暴的君主，他们都是虎而冠者。 | |
| 近义词：凶残成性 | |
| 反义词：宅心仁厚 | |

# 寝不安席，食不甘味

### 《资治通鉴·汉纪五》

然夙兴夜寐，寝不安席，食不甘味，目不视靡曼之色，耳不听钟鼓之音者，以不得事汉也。今陛下幸哀怜，复故号，通使汉如故；老夫死，骨不腐。改号，不敢为帝矣！

### 译 文

但我早起晚睡，睡觉难安枕席，吃饭也品尝不出味道，目不视美女之色，耳不听钟鼓演奏的音律，就是因为不能侍奉汉廷天子。现在，有幸得到陛下哀怜，恢复我原来的封号，允许我像过去一样派人出使汉廷；老夫即是死去，尸骨也不朽灭。改号为王，不敢再称帝了！

## 千古仁君

汉朝建立伊始,制度上都是模仿秦朝,从高祖初年到文帝刘恒登基,法律方面基本上采用的是秦律。秦朝的刑法十分严酷,光死刑就有砍头、腰斩、活埋、车裂等多种,还有斩脚、割鼻等摧残人体的肉刑,以及"一人犯法,族人同罪"的连坐制。

汉文帝登基后下的第一道诏令就是废除刑法中最残酷的连坐制："对违法者做了处罚之后，还要株连到他没有犯罪的父母、妻子、兄弟，朕认为这样的法律十分不可取！自今日起，废除此法！"

齐国的太仓县令淳于意犯了罪，要处以肉刑。他有五个女儿，但没有男孩，被带走时，女儿们都跟在囚车后哭。淳于意就骂她们："出了事，一点儿忙都帮不上！"他的小女儿缇萦听了，十分悲伤，就跟着父亲到了京城，给文帝上书：

"我父亲在齐国做官，当地人都称赞他公正廉洁。现在他犯了罪，按律应判处肉刑。我感到悲痛的是，受刑者即使以后改过自新了，残肢也不能再接。我愿意到官府做奴婢，以抵赎我父亲该受的刑罚。"

文帝被缇萦的孝心感动，下诏说："人们犯了错，没有教育就处以刑罚，以致有的人将来想向善，也无路可走了！切断人的肢体，摧残人的皮肉，是多么残酷和不道德的！应废除肉刑，以别的惩罚代替！"于是，割鼻子的改成打三百板子，斩左脚的则改成打五百板子，等等。这个法令颁布后，有人担心刑罚太轻，犯罪成本太低，犯人会越来越多。然而，恰恰相反，犯罪率竟然大幅度减少，有一年全国只判了四百起案件。

对待犯罪的人，文帝尚且如此仁厚，对那些鳏（guān）寡孤独者[1]，以及贫困的人，他更是体恤有加，下令由国家供养八十岁以上的老人，每月发给他们米、肉、酒，对九十岁以上的老人，还要再发一些绸缎和丝绵，给他们做衣服，并要求各县县令亲自核对，由县丞或县尉送米上门，而赐给九十岁老人的东西，则由啬（sè）夫[2]、令史给他们送去，各郡国还必须派人检查所属各县，发现不按

---

[1] 鳏，年老无妻；寡，年老无夫；孤，年幼无父；独，老年无子。泛指没有劳动力而又无依无靠的人。
[2] 汉代小吏的一种。

诏书执行的要给以责罚。

然而，文帝自己却过得十分简朴，穿粗丝的衣服，也很少添置新物。有一次，他打算建造一个露台，用来欣赏风景，让工匠们算一下需要花多少钱。工匠们仔细计算之后，对他说："不算太多，一百斤金子足够了。"

文帝一听，大吃一惊，忙问："这一百斤金子大约相当于多少户中等人家的财产？"

工匠们估算后说："大约十户。"

文帝连连摆手说："太奢侈了，还是把这些钱省下来吧。"

的确，大汉建国虽然二十多年了，却因为连年的战事，经济凋敝，物质匮乏到连皇帝也弄不到四匹毛色一样的马来拉车，将相只能坐牛车，底层人民更是穷困潦倒，遇到自然灾害，收成不好，老百姓就得卖儿卖女，换粮度日。

太中大夫[①]贾谊针对国库空虚、百姓困难的现状，向文帝上书，请求重视农业生产，增加国库积贮："管子曾经说过，粮仓充实，丰衣足食，人们才会讲究礼节，懂得荣辱。百姓的温饱问题没有解决，却乐意听命于君主的统治，这种事情，从古到今，臣都没有听说过。古人说：'一个农夫不耕作，就有人要挨饿；一个女子不织布，就有人要受冻。'可眼下，国家和私人的积贮都少得让人心痛，一旦战争和灾害同时发生，国家财力无法应付，就会导致天下大乱！"

文帝被贾谊的话深深地打动了，下诏说："农业是天下的根本！百姓依靠它而生存。但现在，有的百姓不从事农耕的本业，却去从事工商末业，所以百姓生活艰难。朕对此甚为担忧！"于是，他亲自带着大臣们下地耕种，为天下人做表率。

---

[①] 秦、西汉初，位居诸大夫之首，侍从皇帝左右，掌顾问应对，参谋议政，奉诏出使，多以宠臣贵戚充任。

为了勉励人们从事农业生产，文帝还对繁重的赋税进行了改革，他曾两次把租税减少一半，后来干脆全部取消："那些勤劳的农民已经够辛苦了，还要缴纳租税，这样做使从事农耕和从事工商的人没有区别，应当免除农田的租税！"这在中国历史上是独一无二的。

除了赋税，当时的徭役也非常繁重，成人每年要为官府无偿劳动一个月，还要服兵役。文帝就把每年一次的徭役改为每三年一次，并取消了兵役，让一个家庭的青壮劳力再也不用远去边关服役，安心在家从事农业生产。几年后，国库里的粮食与钱财堆积成山，老百姓的日子越来越好过，人口每年都大量增加。

这时，有人给文帝进献了一匹能日行千里、飞驰如电的宝马。文帝看到这样漂亮的千里马，十分喜爱，却说："朕出行的时候，前有仪仗队的旗子引导，后又跟着负责保卫的车队，平时出去巡视，一天最多走个五十里。朕骑着这样的千里马，独自一人跑在前面做什么呢？"他拒绝接受这匹珍贵的千里马，并下诏："朕不接受进贡，全国各地不要再进贡东西了。"[①]

有一年，天下大旱，还闹起了蝗灾，老百姓叫苦连天。文帝就把皇家的山林河流全部开放，允许老百姓上山砍柴、下河摸鱼。他还下令减少御用的衣物、车马等开销，打开官仓救济百姓，普施恩惠。

为了建设国内，赢得安定的和平环境，文帝对待四夷部族也很友好，哪怕是对强硬的匈奴，也一直采取克制忍让的态度，继续执行和亲政策，避免大动干戈。而在对待南越王赵佗时，文帝更是放下帝王的架子，诚意感召。

南越国在高祖刘邦时成为汉朝的藩属国，双方经常互派使者，

---

[①] 这道诏书被誉为中国历史上反腐倡廉第一诏。

互相通商。吕后临朝执政后，歧视和隔绝蛮夷之地，下令："不得给蛮夷南越金铁、农具、马、牛、羊；如果给牲畜，也只能给雄性的，不给雌性的。"赵佗先后派了三批人来汉朝交涉都无果，后来又听说自己父母的坟墓被平毁，族人被处死，愤而发兵攻打长沙国，并自称南越武帝，与汉朝对抗。

吕后针锋相对，派兵攻打南越国。文帝登基后，就命人重修了赵佗先人的墓地，安排了守墓人每年按时祭祀，给赵佗的堂兄弟们赏赐了官职和财物，又派陆贾出使南越国，并带去写给赵佗的一封书信。

文帝在信中说："朕是高祖皇帝侧室所生的儿子，早先被安置在北方代地做藩王。因路途遥远，加上眼界不开阔，朴实愚鲁，所以那时没有与您通信问候。朕前几日听说大王在边境一带发兵。战事一起，必定使无数将士丧生，造成许多寡妇、孤儿和无人赡养的老人，朕不忍心做这种得一亡十的事情，愿与大王共弃前嫌，自今以后，互通使者，恢复原有的良好关系。"

赵佗看了文帝的信，十分感动，当即回信说："我在越地生活了四十九年，现在已抱孙子，享受天伦之乐了，却寝不安席，食不甘味，目不视美女之色，耳不听钟鼓演奏的音律，就是因为不能侍奉汉廷天子。现在，有幸得到陛下哀怜，允许我像过去一样派人出使汉廷；我即便死去，尸骨也不朽灭。"他表示不敢再称帝了，愿意遵奉皇帝明诏，永为大汉藩臣，定时贡纳。

即便如此，文帝依然觉得自己做得不够好。公元前178年发生了日食，这种异常的天文现象在当时被认为是上天的警告。一旦出现这种情况，代替皇帝负责祈祝的官员就会找"替罪羊"，把责任从皇帝身上推到臣子身上。然而文帝却认为所有过失应该由他一个人承担，并下诏书说："大家都要认真思考朕的过失，朕做得不好的地方，你们一定要告诉朕。你们要向朝廷推荐贤良方正、能言敢谏的人，帮助朕改正错误。可是现在的法律中，有'诽谤罪'和'妖言罪'，把忠心进谏的人说成诽谤朝政，把为国家深谋远虑的人说成妖言惑众，这样怎能招揽到天下的贤良之士呢？即日起废除这些罪名！"

于是，臣子们得以畅所欲言地批评朝政，文帝对于他们的意见，如时机不成熟就暂时放在一边，如可用，便立刻采纳。他的从善如流，让朝政越来越清明。

## 成语学习

# 寝不安席，食不甘味

睡觉不踏实，吃饭没滋味。形容心事重重，十分忧虑。

| | |
|---|---|
| 造　句： | 考试没考好，小明寝不安席，食不甘味，生怕爸爸骂他。 |
| 近义词： | 寝食难安 |
| 反义词： | 无忧无虑 |

# 随风而靡

### 《资治通鉴·汉纪六》

今陛下以啬夫口辨而超迁之，臣恐天下随风而靡，争为口辩而无其实。

### 译 文

现在陛下因啬夫善于辞令而破格升官，我只怕天下人争相效仿，都去练习口辩之术而无真才实能。

## 张释之秉公执法

南阳人张释之家中很有钱，捐官①做了一名骑郎②，干了十年也没有升迁，心灰意冷之下打算辞官回家。中郎将③袁盎知道张释之是个有德才的人，不希望他就这样离开，便向汉文帝推荐。

文帝召见张释之，向他询问治国的方针。张释之就从秦亡汉兴的角度说了自己的看法。文帝听后很满意，就任命他做了谒者仆射（yè）④。这个职位虽然不高，却是皇帝的近臣，张释之得以跟随文帝左右。

有一天，张释之随同文帝到禁苑散心。禁苑是皇家园林，供皇帝游玩、打猎的场所，里面除了花草树木，亭台楼阁，还养了各种各样的禽兽。文帝兴致勃勃地走走逛逛，不知不觉来到养老虎的虎圈。圈中的老虎或侧卧而眠，或昂首踱步，虽不是林中狂啸之态，却也威风凛凛，尽显王者霸气。

文帝看得高兴，命人叫来主管禁苑的上林尉，问他："这园里一共养了多少只老虎？都有哪些品种？"上林尉跪在地上，不知是答不上来，还是被吓蒙了，支支吾吾地说不出一句话来。

文帝见他瑟瑟发抖的样子，不忍责备，便换了个问题："朕刚刚看到白鹿，它们又有多少只？产自哪里？"上林尉头上的汗大颗大颗

---

① 为弥补财政困难，允许士民向国家捐纳钱物以取得爵位官职的一种方式。
② 平时在宫中轮值宿卫，皇帝出行时则充当车骑侍从。
③ 负责统领皇帝的侍卫。
④ 统领诸谒者，职掌朝会司仪，传达策书，皇帝出行时在前奉引。

往下掉，仍一个字都说不出来。

文帝不高兴了，又问了十几种鸟兽的数量，上林尉全都答不上来。这时，站在一旁的虎圈啬夫跪在文帝面前说："请允许臣下回答陛下的问题。"说完就把文帝刚才问的几个问题回答得清楚明白。

文帝十分赞赏，又问了几个问题。啬夫滔滔不绝，随问随答。文帝高兴地连声说："好啊！好啊！这才像样嘛！"又指着跪在一旁的上林尉对张释之说："像他这样做官，实在让人不放心，免了吧。把那名虎圈啬夫升为上林令。"

等文帝离开虎圈，继续往前逛时，张释之突然问文帝："陛下，您觉得绛侯周勃是个怎样的人呢？"

文帝一愣，虽然不明白张释之为什么突然问这个问题，但还是认认真真地回答道："他是一个忠厚的长者。"

张释之又问："那陛下觉得张相如又是怎样一个人呢？"张相如曾随刘邦南征北战，立下不少战功，被封东阳侯。文帝即位后，欣赏他的重厚少文[①]，让他当了太子刘启的老师。

文帝不知道张释之葫芦里卖的什么药，但他还是作了回答："他也是忠厚的长者啊！"

张释之说："陛下圣明！可是这两位忠厚的长者都不太擅长说话，有时在朝上议事都结结巴巴的，和这个口若悬河的啬夫根本没法比。秦朝就专用这种能说会道的人，他们耍起嘴皮子来功夫一流，却不干实事，以致皇帝听不到对朝政过失的批评，使国家走上土崩瓦解的末路。现在陛下以啬夫能言善辩而破格升官，臣恐怕天下人随风而靡，都去练习口辩之术而不肯踏实提高自己的才干。"

文帝听了连连点头："你说得好啊！"于是撤回召命，不给啬夫

---

[①] 意思是持重敦厚，缺少文才。

升官了。回宫时,文帝让张释之与自己同车而行。一路上,文帝询问了秦朝政治的弊端,张释之一一作了回答。文帝听了很受启发,一回到宫中,他就下了一道诏书,提升张释之为公车令。

公车令的级别虽不高,但作用很大。上任不久,张释之就遇到难题。有一天,太子刘启和弟弟梁王刘揖(yī)乘车经过司马门①时,没有停车,直接就跑过去了,恰好被张释之看见。按照规定,任何人经过司马门,必须下车步行穿过,才能登车继续前行。违令者,轻则罚金,重则削爵,而公车令就是管这事的。

张释之立刻率领众卫士追上太子和梁王,要求他们退回去,重新步行经过司马门。太子与梁王都是文帝的爱子,又是薄太后的掌上明珠,哪里会把小小的公车令放在眼里,双方便争吵了起来。张释之将他们扣押在宫外,然后向文帝劾奏太子和梁王"大不敬"之罪。这样一来,把薄太后也惊动了。文帝只得来到太后宫中,摘下皇冠,跪下身来,检讨自己教子不严。薄太后于是派专使传诏,赦免了太子和梁王,准许他们入宫。

众人都为张释之捏了一把汗,没想到文帝非但没有责怪他,反而欣赏他的胆识,第二天就提升他为中大夫,不久又任命为中郎将。

一次,张释之随从文帝巡视霸陵②。文帝对左右近侍说:"朕的陵墓如果用北山坚硬的岩石做棺椁(guǒ),再让人把麻絮切碎填充在缝隙里,用漆将它们黏合为一体,肯定无比坚固,谁还能打开呢?"

大家纷纷附和:"陛下这个办法好!皇陵就应当修得牢固!"

唯独张释之说:"假若陵墓里面有能勾起人们贪欲的珍宝,即便熔化金属把整个南山封起来,也会有间隙;假若里面没有珍宝,即

---

① 汉代皇宫的外门。
② 汉文帝的陵墓。秦汉时期的丧制规定,皇帝不管年龄大小,即位一年后,就要开始营造自己的陵墓。

便是没有石椁，又有什么可忧虑的呢！"文帝听后，觉得很有道理，认定以后要实行薄葬。

从此，文帝更加器重张释之，没过两年，又将他提升为廷尉，主管全国的刑狱。

这天，文帝出行经过渭桥时，突然有个人从桥下窜出来，惊吓到驾车的马。马儿长嘶一声，撒蹄就跑，差点儿把文帝颠出车外。文帝又惊又怒，命令卫兵将惊驾的人逮捕起来，送交诏狱治罪。

张释之亲自审问惊驾的人。那人战战兢兢地说："我是长安县的乡下人，走到这里突然听到要清道戒严，就急忙躲到桥下。过了好久，我以为皇上已经过去了，便从桥下出来，没想到……"

张释之见他吓得面如土色，断定他说的是真话，便进宫向文帝报告。张释之还没开口，文帝就急切地问："审得怎么样？"

张释之不紧不慢地说："此人惊了圣驾，按律应处罚金四两。"

文帝一听急了，生气地说："他冲撞了朕的马车，好在这匹马性子温和，若是别的马，朕恐怕非死即伤，你竟然只是罚他黄金四两？"

张释之解释道："法律应该是天子和百姓共同遵守的，不应偏私。罚他四两金子是现在的法律规定的，如果加重处罚，如何取信于民？廷尉是天下公正执法的带头人，如果廷尉不公正，地方上也会不公；地方上不公，百姓就会惶恐不安。请陛下深思。"

文帝思虑半晌，勉强说道："好吧，你是对的。"

还有一次，有人偷了高祖庙里的玉环，文帝大怒，责令廷尉严惩盗贼。张释之依照相关法律，奏请文帝判处斩首。

文帝气得瞪圆了眼睛："这个犯人简直罪大恶极，竟敢偷先帝的东西！朕把他交给你处置，是要你将他满门抄斩。"

张释之毫无惧色，据理力争："依照法律，砍头已是最高处罚了。盗窃宗庙器物就诛灭全族，如果以后有人偷挖高祖长陵上的一抔土，又该如何处罚？"

文帝沉默良久，最后还是批准了张释之的判决。

司马门弹劾太子，张释之毫无惧色，坚持"王子犯法与庶民同罪"，在"冒犯圣驾"案和"玉环盗窃"案中，他又坚持依法量刑，因此被人们称赞"释之为廷尉，天下无冤民"。而这一切也离不开文帝的从谏如流，否则就算张释之再怎么刚正不阿，也无法与强大的皇权抗衡。

## 成语学习

## 随风而靡

靡，倒下。顺风倒下。比喻没有主见。

| 造　句： | 他是个随风而靡的人，别人说 |
| --- | --- |
| | 什么就是什么，完全没有自己 |
| | 的想法和判断。 |
| 近义词： | 人云亦云、随声趋和 |
| 反义词： | 行不苟合、人涉卬否 |

# 为虎添翼

### 《资治通鉴·汉纪六》

夫擅仇人足以危汉之资,于策不便。予之众,积之财,此非有子胥、白公报于广都之中,即疑有专诸、荆轲起于两柱之间,所谓假贼兵,为虎翼者也。

### 译文

给予仇人足以危害朝廷的资本,这个决策并不高明。给予他们大量积蓄的资财,他们不是像伍子胥、白公胜那样在广阔的都市复仇,就可能像专诸、荆轲那样在朝廷之上行刺。这就是所说的给盗贼送上兵器,给猛虎添上翅膀。

# 被"宠杀"的淮南王

汉文帝是中国历史上少有的仁君，被认为是后世皇帝学习的楷模。可是，人非圣贤，要说文帝一点儿缺点也没有是不可能的。比如文帝十分宠幸太中大夫邓通，为了让邓通成为巨富，就把蜀郡严道县的铜山赏赐给他，让他采铜铸钱。而在处理淮南王刘长叛乱一事上，文帝的做法尤其遭到世人的非议。

刘长与文帝一样，都是高祖刘邦的儿子。当年，刘邦攻打韩王信，途中经过赵国，赵王张敖为了讨好自己的老丈人，就把府中的美人赵姬献给了刘邦。赵姬得到刘邦的临幸，怀了身孕。张敖知道后，不敢让她继续住在自己宫中，而是在宫外为她另外建造宫殿居住。一年后，张敖的家臣贯高等人试图在柏人县暗杀刘邦，被告发后，张敖和赵姬等妃嫔都受到牵连，被拘押在狱中。

赵姬害怕，便对狱吏说："我曾受到陛下宠幸，已有身孕。"狱吏一听，不敢怠慢，赶紧向刘邦禀报。刘邦正在气恼中，以为赵姬是在找借口脱罪，便没有理睬。

赵姬的弟弟就去找辟阳侯审食其帮忙，请他将赵姬怀孕的事告诉吕后，希望吕后搭救。审食其在刘邦南征北战时一直照顾吕后及其儿女，是吕后身边的大红人。然而吕后对赵姬心怀忌妒，不肯向刘邦进言求情，审食其也就抱着多一事不如少一事的心态，索性不管了。

不久，赵姬在监狱生下刘长后，怀着怨恨自杀而死。狱吏抱着刘长送到刘邦面前，刘邦追悔莫及，便让吕后收养刘长。平定了淮南王黥布的谋反后，刘邦就封刘长为淮南王，让他掌管昔日黥布领属的四郡封地。

刘长一直由吕后抚养长大，因此在吕后执政时没有受到迫害，但他心里一直怨恨审食其当初没有尽力帮助生母赵姬，以致她含恨死去，只是迫于形势，不敢发作。

等到文帝即位后，刘长自认为与文帝最亲近，在封国骄傲蛮横，一再违反法纪。文帝对这个同父异母的弟弟很是疼爱，总是从宽处置，不予追究。

公元前177年，刘长从封国进京拜见文帝。在跟文帝去苑囿打猎时，刘长与文帝同乘一辆车，还不住地称文帝为大哥，文帝只是笑笑，也不跟他计较。

刘长见文帝对自己亲善，便想趁这次进京实施复仇计划。这天，他将一把铁椎藏在袖子里，去见辟阳侯审食其。

审食其一听淮南王刘长来访，赶紧放下手头的事务，出门迎接。见到刘长，审食其躬身行礼。就在他低头之时，刘长突然取出袖中的铁椎，猛地向审食其砸去。审食其应声倒下，刘长又命随从砍下了他的脑袋。接着，刘长骑马飞奔到皇宫门前，袒露上身，向文帝请罪：

"我母亲无辜受赵国谋反一事的连累而下狱，那时辟阳侯若肯全力相救，一定能说服太后搭救我母亲，但他并未力争，这是第一桩罪；赵王刘如意母子没有过错，太后蓄意杀害他们，而辟阳侯不尽力劝阻，这是第二桩罪；太后封吕家亲戚为王，想夺我们刘氏的天下，辟阳侯不挺身抗争，这是第三桩罪。我为天下人杀死危害社稷的贼臣辟阳侯，为母亲报了仇，特来请罪。"文帝感念他为母复仇之心，又顾及兄弟之情，赦免了他的罪。

刘长返回封国后，更加骄横恣肆，不按朝廷法令行事，出入都要像皇帝出行那样由侍卫戒严清道，还称自己发布的命令为"制①"，模仿天子的声威。

有人将此事报告给朝廷，袁盎就向文帝进谏："诸侯王过于骄傲，必生祸患。"但文帝没有听进去。

不久，刘长在封国内推行自己设置的法令，还驱逐了朝廷任命的官员，请求允许他自己任命相国和郡守一级的官员。文帝心中虽然不高兴，却还是同意了他的请求。

于是刘长变本加厉，不但擅自给人封爵，而且随意杀人，藏匿犯了死罪的逃犯。有人向文帝报告。然而，文帝不忍心责备刘长，就让舅舅薄昭给刘长写了封信，以前不久济北王刘兴居因骄横不法最终被杀②的例子，委婉地规劝刘长，让他引以为戒。

刘长接到薄昭的书信，心中老大不高兴，于公元前174年指派因罪丢官的开章等七十人，用四十辆辎重车在谷口县③发动叛乱。他还派使者前往闽（mǐn）越、匈奴，请他们发兵响应。

可是，只会胡作非为的刘长，哪里懂得怎么指挥造反啊。很快，事情就败露了。文帝当即派使臣召刘长进京。以丞相张苍为首的大臣们都向文帝上书，将刘长的罪一宗一宗列出，请求将他处死。

文帝不忍心，让大臣们再商议商议。众臣再次上书请求依法制裁刘长，文帝还是不肯。等到大臣们第三次上书时，文帝才让步，下诏废去刘长的王位，用囚车流放到蜀郡偏远的地方，沿途所过各县依次押送。

刘长被押解出发后，过了几天，袁盎向文帝进谏："皇上一直娇

---

① 古代帝王的命令。
② 铲除诸吕时，朱虚侯刘章功劳很大，大臣们曾许诺把全部赵地封给他，全部梁地封给他弟弟刘兴居。汉文帝即位后，得知刘章、刘兴居当初打算拥立他们的哥哥齐王刘襄为帝，就有意贬抑二人的功劳，直到分封皇子时，才从齐地划出城阳、济北二郡，立刘章为城阳王、刘兴居为济北王。刘兴居为此不满，发兵造反，结果兵败，被迫自杀。
③ 治所在今陕西礼泉东北。

宠淮南王，不为他安排严厉的太傅和相国，才使他落到这般田地。淮南王秉性刚烈，现在突然如此粗暴地折磨他，我担心他会发生意外，死于途中，到时候陛下就会背上杀弟的恶名，这可如何是好啊？"

文帝不以为然："你放心，朕只是想让他尝尝苦头罢了，过段时间就派人召他回来。"

没想到，事情真的被袁盎说中。刘长坐在四周有木栏、门上贴有封条的囚车里，一路颠簸着向南而去。沿途各县押送的人听说刘长气力过人，都不敢打开封门，让他出来透透气，活动一下筋骨。一向自由骄横的刘长哪里受过这样的苦和屈辱？他对随行的仆人说："人生在世，怎能忍受如此郁闷？"于是开始绝食。

当囚车来到雍县时，县令打开封门，发现淮南王刘长已经死了，吓得赶紧向朝廷报告。

文帝闻讯，哭得十分伤心，对袁盎说："朕没听你的话，终于害死了淮南王！"

袁盎安慰文帝："事情已经发生了，望陛下不要太难过。"

文帝止住哭泣，问道："那现在该怎么办？"

袁盎想了想，说："把沿途各县负责押送的官员杀了，向天下谢罪。"

文帝立刻命令丞相、御史大夫把沿途各县负责押送淮南王而不开封门送食物的官员全部抓起来处死，然后按照列侯的礼仪把淮南王安葬在雍县。

过了几年，有人根据淮南王刘长的遭遇，编了一首歌谣，在百姓中传唱："一尺布，尚可缝；一斗粟，尚可舂；兄弟二人不相容！"①

---

① 歌谣的意思是：只有一尺布，也可以缝成衣服，兄弟两个一起穿；只有一斗粟，也可以做成饭，兄弟两个一起吃；但是汉文帝富有天下，却容不下自己的兄弟。"尺布斗粟"也是成语，形容数量很少，也比喻兄弟间因利害冲突而不和。

歌谣传到宫中后，文帝很不安，叹息道："尧舜放逐自己的家人，周公杀死管叔和蔡叔，天下人都称赞他们贤明。而朕呢？难道天下人以为朕是贪图淮南王的封地吗？"于是下诏封刘长的儿子刘安等四人为列侯。

贾谊上疏进谏说："淮南王刘长悖逆无道，天下人谁不知道他的罪恶？陛下免其死罪而流放他，这已是他的幸运了，他自己得病而死，天下人谁不说他该死？现在陛下封他的儿子为王，将来等刘安他们长大后，不但不会感恩，很可能想给自己的父亲报仇。陛下这样做就像给盗贼送上兵器，为虎添翼，后患无穷啊，望陛下三思！"

文帝最终没有听贾谊的话。多年后，刘安果然造反，不过这是后话。

## 成语学习

# 为虎添翼

替老虎加上翅膀。比喻帮助坏人,增加恶人的势力。

| | |
|---|---|
| 造　句： | 与中性成语"如虎添翼"不同,"为虎添翼"是资助本来已经很强大的坏人,属于贬义成语。 |
| 近义词： | 助纣为虐、为虎作伥 |
| 反义词： | 为民除害、除暴安良 |

# 【 视同儿戏 】

### 《资治通鉴·汉纪七》

既出军门,群臣皆惊。上曰:"嗟乎,此真将军矣!曩者霸上、棘门军若儿戏耳,其将固可袭而虏也。至于亚夫,可得而犯耶!"称善者久之。

### 译 文

一出营门,群臣都为细柳军队军纪严明表示惊讶。文帝说:"呀!周亚夫才是真正的将军呢!前面所经过的霸上和棘门的军队,如同儿童游戏一般,那些将军很容易受到袭击而被人俘虏。至于周亚夫,谁能冒犯他呢!"文帝对周亚夫称赞了很久。

# 真将军周亚夫

白登之围后,汉朝与匈奴的和亲政策果然带来了边境的安宁。冒顿单于死后,他的儿子继位,称为老上单于。汉文帝又指派了一位宗室的女儿给老上单于做阏氏,并派宦官中行说(yuè)去辅佐她。

中行说不愿意去匈奴,朝廷逼他去。中行说十分恼怒,发誓说:"我一定要让朝廷不得安宁!"他到匈奴后,就归降了老上单于。老上单于很宠信他。

匈奴人喜欢汉朝的丝绵绸缎,中行说就劝老上单于:"匈奴的人口,还不如汉朝一个郡的人口多,然而却是汉朝的强敌,原因就在于匈奴的衣食与汉朝不同。如果匈奴人改变习俗,爱上汉朝的东西,汉朝只要拿出不到十分之二的东西,就能把匈奴收买过去。最好的办法是,让人穿着汉朝的丝绸衣裳,冲过草丛荆棘,衣服裤子都撕烂了,证明它们不如用兽毛制成的衣服实用,再把汉朝的食物扔掉,以示它们不如乳酪味美可口。"中行说又教单于的左右侍从学习文字,用以统计匈奴的人口和牲畜数量。

有汉朝使者讥笑匈奴习俗不讲礼义,中行说总是驳斥说:"匈奴的制度简单明确,国家政务像一个人的身体那样容易统一协调,君臣之间又坦诚相见,可以维持长久。所以,匈奴的伦常虽乱,却必定拥立宗族的子孙为首领。现在中原汉人虽自称有礼义,但随着亲属关系的日益疏远,就相互仇杀争夺,以至于改姓,都是由于这个原因！你们这些居住于土室中的人，竟然还喋喋不休，沾沾自喜！你们还是乖乖地送来上等的好米好酒，否则等到秋熟时，小心我们匈奴的铁骑去践踏你们的庄稼！"

老上单于因此越发傲慢不逊，在给汉朝的书信中自称"天地所生、日月所置的匈奴大单于"，并开始发兵骚扰汉朝的边境，抢夺财物，掳掠人民。

公元前166年，老上单于率领十四万铁骑攻破汉朝西北重要关隘——萧关，杀了北地都尉孙卬。

萧关是关中四大关隘之一，屏护关中西北的安全。边报传来，朝廷震惊。文帝大怒，决定御驾亲征，群臣以高祖刘邦曾被匈奴围困在白登山七天七夜为例劝阻。然而，文帝执意要亲自统兵征讨匈奴。无奈之下，大臣们只好奏请薄太后，请她出面，这才打消文帝亲征的念头。他改派张相如为大将军，董赤、栾布为将军，率大军迎击匈奴。

可是，当时汉军的机动能力与匈奴的骑兵部队还存在一定的差距，以致汉军在塞内追击了一个多月，直到匈奴大军撤退，都没能对其有所杀伤。本想痛击匈奴的文帝很失望，感慨朝廷缺乏良将。

这天，文帝乘车经过中郎①官署，想着很久没来了，便停车走了进去。郎署长冯唐见皇上驾到，赶忙跪下参拜。文帝见他满头白发，便亲切问道："老人家是哪里人呀？"

冯唐回答说："臣的祖父是赵国人，到父亲这一辈迁居到了代地。"

文帝一听是代地来的，倍感亲切："朕在代地做诸侯王时，管膳食的高祛常常跟朕提起赵国将军李齐，说他很贤能，在巨鹿与秦军

---

① 宿卫官禁，出充车骑，常侍皇帝左右，拾遗补阙，参议政事，在郎官中与皇帝最亲近。

交战时无比英勇。现在，朕每次吃饭，都会想起这些事。老人家听说过李齐这个人吗？"

冯唐淡淡地说："论带兵打仗，李齐远远比不上廉颇和李牧，这两位才叫本事大。"

汉文帝感慨道："唉！可惜啊，朕偏偏得不到廉颇、李牧那样的人！倘若有这样的将军，还担心什么匈奴呢？"

冯唐脱口而出："陛下即使得到了像廉颇、李牧这样的人，恐怕也不会重用他们。"这话的意思是说文帝不能知人善用，所以文帝听了很不高兴，哼了一声，拂袖而去。

回到宫后的文帝平静了许多，他仔细想了想冯唐的话，不禁纳闷起来："朕自问还是一个不错的皇帝，可为什么冯唐说即使有了廉颇、李牧这样的人，朕也不会重用呢？"他越想越困惑，就命人把冯唐召来，打算问个明白。

一见面，文帝还是有点儿不快，质问冯唐："你为什么当着那么多人的面责备朕不懂用人，难道不能找合适的机会说吗？"

冯唐磕头谢罪："臣本是乡野之人，不懂得这么多忌讳，还请皇上恕罪。"

此时文帝的脑子里想的全是如何抗击匈奴，也就不再怪罪冯唐，问他："你怎么知道朕不能用廉颇、李牧那样的人呢？"

冯唐缓缓说道："臣听说古代的明君派遣将军出征时，跪着推将军的车前行，而且说：'国门之内的事，由寡人处理，国门以外的事，请将军裁决。'一切论功、封爵、奖赏的事都由将军在外面决定，回国后再报告给君主听。这可不是假的。臣听祖父说过，李牧驻守边疆时，可以自由支配税收，用于犒劳将领，赏赐士卒也不用向朝廷请示。朝廷用他，关键是看他能否打胜仗，其他的都是次要的。所以李牧才能充分发挥他的才干，北逐匈奴，大破东胡，消灭澹（dàn）林，西压强秦，南制韩、魏两国。倚仗着军事上的强大，赵国差点儿成了当时的霸主。后来，赵迁继承了王位，听信郭开的谗言，诛杀了李牧，让颜聚统兵，才导致赵国最后被秦国消灭。"

见文帝没有说话，冯唐继续说下去："我们大汉现在就有一个像李牧这样的将军，他叫魏尚，担任云中郡郡守时，把军中税收全都用来犒劳士卒，还自己出钱每五天宰一头牛，慰劳官兵和幕僚。部下都很拥戴他，全军士气很高。有一次，匈奴人入侵云中郡，魏尚率领车骑部队出击，杀了很多匈奴人。从此匈奴人怕他，不敢靠近云中关塞。然而，那些士兵都是平民百姓的子弟，从田间招来当兵的，没什么文化，在向幕府报军功的时候，只要一个字有出入，那些舞文弄墨的官员就用军法来惩罚他们，取消他们应得的赏赐。有一次，魏尚也因为上报的敌军首级数量与实际差了六个，陛下就命官吏将他治罪，削了他的爵位，判了一年徒刑。臣认为，陛下的赏赐太轻，惩罚却太重，不利于发挥将士的战斗力。所以，臣才说陛下即使得了廉颇、李牧这样的将领，也不能重用啊。"

文帝高兴地接受了冯唐的批评，当天就命他持皇帝的信节去云中赦免魏尚，重新任命魏尚做云中郡守。魏尚复任后，努力整顿云中郡的军事，匈奴人非常忌惮，不敢轻易南下。

然而没消停几年，公元前158年，六万匈奴铁骑兵分两路，再次进犯汉朝边境：一路入侵上郡，一路践踏云中。从边关送到京城的告急文书一日数封。文帝当即调兵遣将，准备迎击匈奴。

布置妥当后，文帝亲自到拱卫京城安全的霸上、棘门、细柳军营慰问士兵。一行人首先来到霸上，到军营门口时，见没人阻拦，便长驱直入，驶进军中。

将军们听说皇帝来了，都恭恭敬敬地出来迎接。文帝站在车上，说了一通勉励将士的话，然后让人把带来的美酒和牛羊留下，犒劳将士。将士们跪在地上齐呼"万岁"。文帝非常高兴,下令前往棘门。将军们又恭恭敬敬地把文帝送出军营。

文帝的车驾来到棘门时,棘门的将军和霸上的将军一样,先迎后送,十分恭敬。

最后,文帝来到此次慰问的第三站——细柳军营。领兵驻扎在这里的是名将周勃的次子、河内太守周亚夫。

远远望去,细柳营中军旗高扬,利刃闪闪。走近后,只见将士们身披铠甲,手执锋利的武器,个个神情肃穆。

文帝的侍卫先来到军营门口,大声宣布:"天子车驾马上就到,准备迎接。"谁知守门的都尉却说:"将军有令:军中只听将军的号令,不听天子的诏命。"

过了一会儿,文帝到了,被拦在外面,不让进去。侍卫把刚刚的事报告文帝。文帝难以置信,立刻让人传诏,命令打开军门,迎接圣驾。结果,守门的都尉依然朗声回答:"将军有令:军中只听将军的号令,不听天子的诏命。"

这回文帝也听到了。他想了想,让特使手执皇帝的信节进去告诉周亚夫:"朕想进入军营慰问军队。"

周亚夫看到皇帝的信节,这才传下命令:"打开营门,放他们进来。"

文帝的车驾刚入营门,守卫营门的军官就对他们说:"将军有令:军中不允许骑马驾车。"

众人都看向文帝。文帝点点头,从车上下来,其他人也下了马,徒步而入。

到了营中,只见周亚夫身披铠甲,手持兵器,站在大帐门口,他对着文帝拱手作揖说:"身着盔甲,不能跪拜,请允许臣下以军礼参见陛下。"

文帝听了，十分感动，神情变得庄重肃穆，他俯下身，把手放在车前的横木上，以示对将士们的敬意。劳军的仪式结束后，文帝等人又步行出了军营。

一走出营门，随驾的大臣就开始议论纷纷，他们对周亚夫的做法十分惊讶，文帝却说："周亚夫才是真正的将军啊！霸上和棘门的军队，简直如同儿戏，如果敌人来袭，恐怕他们的将军也要被俘虏了。你们再看看周亚夫，谁敢偷袭他呢？"

一路上，文帝对周亚夫赞不绝口。不久，汉军抵达边境，匈奴大军便撤退了。文帝提拔周亚夫为中尉，负责京城的警卫。

一年后，文帝病重去世，临终时还交代太子刘启："将来一旦国家出现什么乱子，你一定要重用周亚夫。"

## 成语学习

## 视同儿戏

把事情当成小孩玩耍一样来对待。比喻不当一回事,极不重视。

| | |
|---|---|
| 造　句: | 这件事至关重要,他却视同儿戏,以致造成不可弥补的损失。 |
| 近义词: | 草率从事、掉以轻心 |
| 反义词: | 郑重其事、一丝不苟 |

# 二十三

# 【 钳口不言 】

### 《资治通鉴·汉纪八》

上问曰:"道军所来,闻晁(cháo)错死,吴、楚罢不?"邓公曰:"吴为反数十岁矣;发怒削地,以诛错为名,其意不在错也。且臣恐天下之士钳口不敢复言矣。"

### 译 文

景帝问道:"你从军中而来,听到晁错被杀,吴国和楚国撤兵了没有?"邓公说:"吴王准备叛乱已有几十年了;他是因朝廷削夺了他的封地发怒,杀晁错只是他的借口,他的本意不在晁错啊。再说,朝廷杀晁错,我担心天下的士大夫都不敢再向朝廷进忠言了!"

# 晁错有没有杀错

当年，汉高祖刘邦消灭了几乎所有异姓诸侯王后，无力直接控制全国，因为自己的儿子都还年幼，兄弟又少，便分封了九个同姓的人做王，让他们效忠汉朝，拱卫朝廷。可是，随着时间的流逝，诸侯国的势力越来越大，直接威胁到中央的威权。尤其是吴国，国内资源丰富，可以开矿采铜铸钱，熬煮海水制盐，富庶到不需要向老百姓征税。吴国百姓应当服兵役时，吴王刘濞（bì）便出钱雇人应役。这样的情况持续了四十多年。

太中大夫贾谊和太子家令[①]晁错就曾多次建议汉文帝削藩，减少诸侯王对朝廷的威胁。但文帝当时正用心于稳定政局、发展生产，所以对同姓诸侯王基本上采取姑息的政策。

有一次，吴王的太子进京朝见文帝，之后来东宫找皇太子刘启玩。两人一块下棋时，因为棋路争了起来，吴太子态度很恶劣，刘启一怒之下，拿起棋盘砸向吴太子，结果把吴太子打死了。朝廷送吴太子的灵柩回吴国安葬，吴王却愤怒地说："天下都是刘家的，死在长安就葬在长安，何必送回吴国来安葬呢！"然后命人将吴太子的灵柩送回长安安葬。从此，怀恨在心的吴王更加不遵守藩臣的礼节，他声称身体有病，不来朝见皇帝。相关机构知道吴王是为了儿子的缘故，就拘留、审问吴国的使者。吴王恐惧，萌生了谋反的念头。

---

[①] 管理太子汤沐邑（周朝时，诸侯朝见天子时，天子在王城周围千里之内赐其封邑，供其膳宿和斋戒沐浴之用，故称汤沐邑。汉朝皇帝、皇后、公主以及诸侯王、列侯收取赋税以供其私人奉养的封邑，也称汤沐邑），掌东宫刑狱、饮食、仓库等。

后来，文帝得知吴王不来朝见的原因，就下令释放吴国的使者，还赏赐给吴王几案和拐杖，说："吴王年纪大了，不必前来朝见，若来了可以手拄拐杖，坐在凳子上。"吴王见文帝宽厚，才渐渐地放下谋反的念头。

文帝去世后，刘启继位，即汉景帝。晁错被提拔为御史大夫，他又劝景帝削藩，并多次上书陈述吴王的罪过："吴王因为吴太子之死，假称有病不来朝见，按律应当处死。先帝不忍心，还赐他几案手杖，可谓恩德深厚，他本应改过自新，却反而更加骄横无法，官吏到吴国捕捉流亡的人，他竟公然阻止，不把罪犯交出去。这明显就是招诱天下的亡命之徒，与朝廷作对，叛乱之心昭然若揭。如今，削减他的封地，他会叛乱；不削减他的封地，他也会叛乱。现在削，他反得快，祸害小些；以后削，他反得慢，祸害反而更大。"

景帝听进去了，连着两年削减了三个诸侯王的封地：楚王刘戊在为薄太后服丧期间，行为不检点，被削去一个郡；赵王刘遂犯法，也被削去一个郡；胶西王刘卬因为卖官受贿，被削了六个县。

削藩引发了轩然大波，各诸侯王都非常恐惧和不满，吴王刘濞也担心朝廷会对自己下手，心里沉寂多年的反意重新泛了上来。

打架要帮手，造反要同伙，吴王首先想到的是胶西王刘卬，他听说此人勇武好斗，便派人前去游说，并许诺将来得了江山，共享天下。胶西王因为被削了六个县正不爽，立刻答应一起叛乱，还派人去联系自己的几个兄弟——齐王、淄川王、胶东王、济南王，让他们共同举事。楚王刘戊和赵王刘遂因为被削夺了封地，怨恨朝廷，也同意起兵。

公元前154年，景帝在登基的第三年，决定对吴国下手，要削吴王的两个郡。文书到达那天，吴王刘濞就把朝廷任命的官员杀死，然后向全国下令："我今年六十二岁了，亲自担任统帅；我的小儿子十四岁,也身先士卒。所有年龄上与我一样,下与我的小儿子一样的人,都要从军!"这样征发了二十多万人,打着"诛晁错,清君侧"的名义,浩浩荡荡向西杀去。

紧接着,胶西王、胶东王、淄川王、济南王、楚王、赵王也举兵反叛。齐王后悔答应,所以没有起兵。胶西王和胶东王便联合淄川王、济南王一起攻打齐国,围攻齐国都城临淄。赵王则把军队调往赵国西部边境,准备等吴、楚联军到了,一起进攻长安。

很快,吴、楚联军聚集,大军经过梁国。梁王刘武率军顽强抵抗,却被叛军攻破了棘壁城①,死伤数万人。叛军又轮番急攻,梁王只得退守梁国都城睢阳②,同时向朝廷告急。

景帝得到奏报,心急如焚,问众臣:"谁可带兵平叛?"

"臣愿领兵!"景帝一看,是周亚夫,不禁想起先帝临终前对自己说的话:"将来一旦出现什么乱子,你一定要重用周亚夫。"

景帝决定按照父亲的话去做,便对周亚夫说:"朕任命你为太尉,统帅三十六位将军,前去平叛,其中曲周侯郦寄攻打赵国,将军栾布援救齐国。另外,任命窦婴为大将军,率军驻守荥阳,监督齐、赵境内的作战。"

周亚夫立即领兵向东北到达昌邑,发现荥阳还没有被叛军占领,非常高兴,因为荥阳有号称"天下粮仓"的敖仓。考虑到吴、楚叛军剽悍勇猛,周亚夫决定采取非正面交锋的战略,派轻骑兵奔袭吴、楚军队的后方,堵塞吴、楚叛军的粮道。

在此期间,梁王多次派使者向周亚夫求救,周亚夫就是不出兵。梁王很生气,向景帝告状,说周亚夫见死不救。景帝派使者命令周亚夫援救梁国,周亚夫却不执行诏令。梁王无奈,只得率将士据城

---

① 在今河南柘城西北。
② 在今河南商丘市南。

死守。吴、楚联军见睢阳久攻不下，转而进攻周亚夫的军队。粮道断绝的吴、楚联军急于求战，但周亚夫坚守壁垒，始终不应战。

未央宫里，左等右等等不来捷报的景帝把晁错召去商量。晁错也有点儿焦虑，就劝景帝率兵亲征，并建议把叛军没有攻占的两个地方送给吴国，争取他们退兵。

正在这时，袁盎求见景帝，称自己有平息叛乱的计策。景帝召他进去后，问："你做过吴国的相国，你觉得局势会如何发展？"

袁盎回答说："臣以为不值得担忧！"

景帝"哦"了一声，疑惑地问道："吴王富可敌国，还四处招揽豪杰，头发都白了才谋反，如果没有十足的把握，他怎么可能起兵？"

袁盎语带轻蔑地回答说："吴王确实有钱，但哪有什么豪杰被他招揽去呢？如果有，他们就会劝他不要谋反。他招揽的都是些无赖子弟、流民、坏人，所以才会怂恿他叛乱。"

晁错听到这里，也附和道："袁盎分析得很好！"

景帝追问："那你有什么妙计？"

袁盎一脸严肃地说："请陛下让左右回避。"景帝让侍从都退下。

袁盎见晁错没走，又说："臣要说的话，其他臣子都不能听到。"景帝只好让晁错也回避。

等晁错走了，袁盎低声对景帝说："吴王打出的旗号是'诛晁错，清君侧'，只有斩晁错，赦免吴、楚等七国的罪，并恢复他们原有的封地，七国的军队才会撤走。"

景帝听了，沉默了很久才说："还有别的办法吗？"

袁盎摇头："臣只有这条计策，请陛下认真考虑！"

景帝又沉默了，过了好久，才摊摊手，无奈地说："不这样做，还有什么办法？为了天下，我不会爱惜他一个人的。"

原来，袁盎与晁错一直不和，有晁错在，袁盎总是避开，袁盎在的地方，晁错也总是躲得远远的，两人从来没在同一个室内说过话。等到晁错升任御史大夫，他就派人审查袁盎任吴相时接受吴王贿赂的事，景帝因此将袁盎贬为平民。七国叛乱发生后，晁错认定袁盎一定知道吴王的密谋，就想奏请景帝严惩袁盎。结果，有人把晁错的打算告诉了袁盎。袁盎很害怕，连夜去见窦婴，希望能面见景帝，亲口说明原委。窦婴帮他奏报景帝，景帝同意见他。于是，袁盎就利用这次机会置晁错于死地。

过了十多天，景帝授意丞相等人上疏弹劾晁错，说他辜负皇恩，使皇上与群臣、百姓疏远，又想把城邑送给吴国，毫无臣子的礼节，犯下大逆不道之罪，应判处腰斩。然而，晁错对此一无所知。又过了两天，景帝派人召晁错，骗他说坐车巡察街市。就这样，穿着上朝官服的晁错被骗到东市腰斩了。

谒者仆射邓公正担任校尉[①]，他向景帝上书分析战争情况。景帝召见他时，问道："你从军中来，听到晁错被杀，七国撤兵了没有？"

邓公说："吴王准备叛乱已有几十年了，他是因为朝廷削夺了他的封地发怒，杀晁错只是借口，他的本意不在晁错啊。再说，朝廷杀晁错，臣担心天下的士大夫以后都会钳口不言了！"

景帝心一沉，忙问："为什么？"

邓公说："晁错忧虑诸侯国势力过于强大，朝廷不能制服，所以请求削减诸侯封地，让他们尊崇朝廷，这本是造福万世的好事。结果，计划刚刚实行，他本人突然被杀。这样做，对内堵塞了忠臣的口，对外替诸侯王报了仇，臣私下认为陛下不应该如此。"

---

① 战争时临时任命的武官，地位略次于将军，高于都尉。

景帝听了，好半天说不出话来，过了很久才感叹说："朕现在也很后悔杀了晁错啊！"

果然，七国的叛军并没有因为晁错被杀而退兵，吴王反而派人去联络闽和东越部落，闽和东越也发兵响应。好在周亚夫的战略开始起作用。不久，吴、楚军队中有许多士卒饿死或背叛，吴王只好领兵撤退。周亚夫趁机派出精锐军队追击，大败吴、楚联军。吴王丢下军队连夜逃跑，想投靠东越，却被汉朝收买的东越首领杀了，楚王刘戊则自杀身亡。

围攻齐国的诸侯军队也被栾布打败，几个诸侯王或自杀，或被杀。栾布率军返回途中与久攻赵国不下的郦寄的军队会合，引河水淹灌赵国都城邯郸，赵王刘遂也自杀了。持续了三个月的七国之乱，就这样被平定了。

成语说 资治通鉴

## 成语学习①

# 钳口不言

钳口，闭口。闭着嘴不说话。

| 造　句： | 他明明知道这件事是谁干的， |
| --- | --- |
|  | 却钳口不言，不愿告诉我们。 |
| 近义词： | 缄（jiān）口结舌 |
| 反义词： | 口若悬河 |

---

① 这个故事的原文里还有成语"胁肩累足"（缩着肩膀，重叠着脚，不敢正立，形容恐惧的样子）、"万世一时"（万世才有这么一个机会。形容机会难得）。

# 忽忽不乐

**《资治通鉴·汉纪八》**

冬，十月，梁王来朝，上疏欲留；上弗许。王归国，意忽忽不乐。

**译文**

冬季，十月，梁王来京朝见，给景帝上书想留居长安；景帝不同意。梁王返回封国，心情郁郁不乐。

# 天子也有戏言

七国之乱虽然平定了，来自藩王的威胁却并没有完全解除，而且景帝还面临着一个强大的对手的威胁，这个人就是他一母所生的弟弟、梁王刘武。

虽然景帝是长子，但窦太后更疼爱小儿子梁王。梁王的封国内有四十多座城，而且是全国最肥沃的土地。他得到的赏赐多得数不清，珠玉宝器比皇宫里的还要多。每当他入朝时，景帝都会派使者拿着皇帝的符节，用四匹马拉的皇帝专用的车辆，到函谷关前迎接他。他到长安后，出入都和景帝同乘一辆车。

有一年，梁王来长安朝见景帝，想在京城多住些日子，景帝同意了。结果梁王这一住，住了将近大半年。一天，窦太后举行家宴，正喝得高兴时，景帝突然悠悠地对梁王说："等朕百年之后，就把帝位传给你。"

当时，景帝还没有立太子。梁王听了，虽然知道这并不是真心话，心里却十分高兴。一旁的窦太后听了，也很欢喜，因为她一直希望最宠爱的小儿子也能过把皇帝瘾。

这时，窦太后的侄子窦婴向景帝敬酒，并说："这个天下，是高祖打下来的，帝位由父亲传给儿子，这是汉朝的规定，陛下怎么能传给弟弟呢？"

景帝也自觉失言，于是沉默不语，窦太后却狠狠地瞪了窦婴一眼，从此不许他随意出入皇宫，还禁止他参加春秋两季的盛大朝会。

有了窦太后的支持，加上皇帝哥哥在宴会上也松了口，梁王觉得自己应该朝着继承帝位的方向努力。所以，当七国之乱爆发时，梁王坚定地站在景帝一边，率领梁国臣民固守都城，阻止了吴、楚叛军的西进，立下了大功。

　　可是，七国之乱平定后第二年，景帝似乎忘记了要传位给弟弟的话，立皇子刘荣为太子。不过，似乎为了补偿梁王，景帝赐给他天子才能使用的旌旗，允许出入时清道戒严，随行车马成千上万。一时间，梁王的权势无两，许多豪杰跑来投奔他，如吴地人枚乘、严忌，齐地人羊胜、公孙诡，蜀地人司马相如等，梁国因此迅速壮大起来。

　　几年后，景帝因为太子生母栗姬的缘故，将太子贬为临江王。梁王又看到了希望，他最宠信的羊胜、公孙诡二人也不断怂恿他，借着太后的支持，向皇位发起最后的进攻。

　　梁王于是又入京朝见。这天，宫中举办宴会，窦太后见景帝喝得高兴，趁机说："你出入乘坐大驾和安车①，要让梁王在你身旁。"窦太后的意思很明白，就是要景帝把梁王当作继承人。

　　孝顺的景帝跪坐在席上，挺直了身体，恭恭敬敬地回答说："好的。"宴席散了以后，景帝头脑清醒了一点儿，就此征询大臣们的意见。

　　袁盎等大臣都反对："过去宋宣公②没传位给儿子，却让位给了弟弟，祸乱持续了五代人。小处不忍心，会伤害大义的。"

　　窦太后听说大臣们都反对传位给梁王，生怕引起变乱，也就不再提让梁王继承帝位的事了。可梁王却不死心，希望多见太后，找机会说服她继续支持自己，于是上书说："我想修一条甬道，直达太

---

① 帝王乘坐的两种车型。
② 春秋时宋国国君，公元前747年至前729年在位。

后居住的长乐宫，方便经常朝见太后。"袁盎等人都反对，景帝便拒绝了梁王的请求。梁王只好悻悻地回到封国。

公元前150年，景帝立胶东王刘彻为太子，这意味着梁王彻底失去了继承皇位的机会，他恨透了袁盎等人，认为都是他们在搞鬼，就和羊胜、公孙诡商量，暗中派人刺杀了袁盎和其他十几名大臣。

这件事轰动了京城，景帝震怒，下令追捕刺客。等到刺客抓到后，一审问，发现是梁王派去的，出主意的是他的两个门客。景帝犯难了，杀害朝廷重臣是死罪，哪怕凶手是诸侯王，也要伏法，但梁王不是一般的诸侯王，他可是太后最疼爱的小儿子。

"真是吃了熊心豹子胆啊！"景帝又怒又气，"怎么办？不查他，无法向天下交代；查他，母后那边肯定不答应……"

权衡再三后，景帝先派人前往梁国逮捕羊胜、公孙诡二人。然而，这两人老早就被梁王藏起来了。朝廷派去的十多批使臣无论怎么查，都查不出他们的藏身处。

梁国的内史[①]韩安国打听到公孙诡和羊胜藏匿在梁王的宫中，就去见梁王，哭着说："君主蒙受耻辱，做臣子的真是罪该万死。大王身边没有好的臣子辅佐，所以才闹到今天这个地步。现在既然抓不到羊胜、公孙诡，我请求与您诀别，赐我自杀！"

梁王吃惊地问道："你为什么要这样啊？"

韩安国反问梁王："您估计自己与皇上的关系，比起皇上和临江王来，哪一个更亲？"

梁王不解地回答道："肯定是临江王跟皇上更亲近啊。"

韩安国说："临江王是皇上的亲儿子，被封为太子，却因为他的生母栗姬，被废去了太子之位，改封临江王。最近他又因为修建宫

---

[①] 西周、春秋、战国时为史官之一。战国时掌治京师之官也称内史。秦至西汉初沿置。汉景帝分置左、右。汉武帝太初元年（前104年），右内史更名为京兆尹，左内史更名为左冯翊。

室，侵占了太宗①庙前空地上的围墙，被征去接受审问，最终自杀。为什么会这样？因为治理天下终究不能因为私情而损害公事。现在大王身为诸侯，受奸臣胡言乱语的引诱，违犯皇上的禁令，扰乱尊严的法律。皇上因为太后疼爱您的缘故，才不忍心按国法来惩办您。太后日夜哭泣，希望大王能改过自新，大王却始终不觉悟。假若太后突然去世，大王还能依靠谁呢？……"

韩安国的话还没说完，梁王就已经泪流满面，哭着说："我现在就交出羊胜和公孙诡。"他立刻命令羊胜、公孙诡自杀，然后向朝廷上交了他们的尸体。

长乐宫里的窦太后因为担心梁王的事情，日夜哭泣，不愿进食。景帝知道后，很忧虑，却无计可施。正在这时，被派去梁国的几个使臣查清案子后，返回京城向景帝汇报。在离长安还有三十里路的地方，有个叫田叔的使臣一把火将所有的证据都烧了，空着手去见景帝。

景帝一见众使臣，立刻就问："梁王有罪吗？"

田叔站出来，回答说："犯死罪的事是有的。"

景帝忙问："罪证在哪里？"

田叔缓缓地说："陛下就不要过问梁王的罪证了。"

景帝纳闷地问："为什么？"

田叔悠悠地说："有了罪证，如果不杀梁王，就是罔（wǎng）顾汉朝律法，如果处死梁王，太后会吃不好，睡不香，陛下也会因此忧闷不已。"

景帝听了，龙颜大悦，非常欣赏田叔的做法，让他亲自把这些话说给窦太后听。窦太后听说梁王对刺杀大臣一事并不知情，是他

---

① 指汉文帝刘恒。

的两位宾客干的，那两人已经按国法被处死，而梁王并未受到牵连，心情一下子就好了起来，立即从床榻上起来，吃了一碗饭。

梁王得知景帝的怒气有所消释，便上书请求朝见。到达函谷关后，梁王在随从的建议下，改乘普通的布车，只带了两名骑兵入关，然后躲在姐姐长公主刘嫖（piáo）的园中。而景帝派去函谷关迎接梁王的人，却发现梁王的随从和车马还在关外，但他本人不见了踪影。找了一圈没找着，他们只好回来报告景帝。

窦太后听说梁王失踪了，以为他被景帝杀了，哭得上气不接下气："一定是皇帝杀了我的儿子啊！"景帝听了，既难过又害怕，难过的是太后误会他，害怕的是梁王真的遭遇不测。

梁王得知后，背着刑具，伏跪在皇宫门外请罪。窦太后和景帝见梁王安然无恙，哪还顾得上追究他的责任，三人抱头痛哭。然而，从此景帝便渐渐疏远梁王，不再和他同乘一辆车了。

过了几年，梁王再次来京朝见，想留居长安，不回封国，但景帝不同意，他只好返回封国，从此忽忽不乐，没过几个月就死了。

窦太后听到小儿子去世的消息，悲痛欲绝，不吃不喝，说："皇帝果然杀了我儿子！"景帝既悲哀又恐惧，不知怎么办才好，便与长公主商议，最后把梁国分为五国，梁王的五个儿子全都封为诸侯王，五个女儿也都赐给汤沐邑。窦太后这才高兴起来，很欢喜地吃了一碗饭。

## 成语学习

## 忽忽不乐

忽忽，心中空虚恍惚的情态。形容若有所失而不高兴的样子。

| 造　句 | 期末考试没考好，小明有点儿忽忽不乐。 |
| --- | --- |
| 近义词 | 闷闷不乐、垂头丧气 |
| 反义词 | 喜不自胜、欣喜若狂 |

## 侧目而视

**《资治通鉴·汉纪八》**

都为人,勇悍公廉,不发私书,问遗无所受,请谒无所听。及为中尉,先严酷,行法不避贵戚;列侯、宗室见都,侧目而视,号曰"苍鹰"。

### 译 文

郅(zhì)都为人勇猛有力,公正廉洁,不拆阅私人给他的书信,不接受问候馈赠的礼品,不理睬托人情、拉关系的要求。等到做了中尉,倡导严厉酷苛的作风,执行法律进行赏罚,不避开皇亲国戚。列侯和宗室皇族见到郅都,都斜着眼睛看他,给他起了个"苍鹰"的绰号。

## 储君之争

公元前153年，汉景帝立皇长子刘荣为皇太子。景帝的姐姐、馆陶长公主刘嫖，希望自己的女儿以后可以当皇后，就想把她嫁给太子，但太子的生母栗姬对馆陶长公主经常给景帝推荐美女十分恼火，所以不同意这门亲事。

馆陶长公主碰了一鼻子灰，非常恼怒，转而去找景帝的另一位姬妾——王夫人，想把女儿嫁给她的儿子刘彻。

这位王夫人可不简单。入宫前，她嫁给了一个叫金王孙的人为妻。后来她母亲找人占卜，得知自己的女儿是极尊贵的命，便强行把她从金王孙家中夺回，送到当时还是太子的刘启宫中。得到宠幸后，王夫人生下了儿子刘彻。据说，她怀刘彻的时候，曾梦见太阳进入自己的怀中。

和母亲一样投机的王夫人，见尊贵无比的馆陶长公主竟然主动提亲，自然大喜过望，立即答应了这门亲事。而馆陶长公主自从和王夫人定下儿女亲事后，便每天都在景帝面前说栗姬的坏话，称赞王夫人的美德，希望改立刘彻为太子。

景帝之前很宠幸栗姬。有一次，他和栗姬在上林苑游玩。栗姬去上厕所时，一头野猪突然闯了进去。景帝大惊，忙看向身边的中郎将郅都。郅都是个硬心肠的人，皇亲国戚见到他，都侧目而视，不敢招惹。他知道景帝的意思，却站着不动。景帝急了，拿起兵器就要冲进去救贾姬。郅都一把拦着景帝说："失去一个姬妾，会有另一个姬妾进宫,请陛下爱惜自己!"幸好这时,野猪离去了,不一会儿,栗姬也出来了,景帝这才松了口气。

然而,栗姬心胸狭隘,尤其恼恨景帝宠爱其他妃子,渐渐地景帝越来越不喜欢她。如今,馆陶公主又在吹风,景帝更加讨厌栗姬,觉得王夫人贤惠,又有梦日入怀的祥瑞符兆,也倾向于让刘彻当太子,但考虑到改立太子是大事,且刘荣并无过错,轻易废掉,恐生事端,所以景帝一直犹疑不定。

当时,景帝已经废了不受宠的皇后薄氏,皇后的位置就空了出来。而栗姬对儿子已是太子,自己却迟迟未能封后,颇有怨念。王夫人知道后,心生一计,暗中让人去向景帝请求立栗姬为皇后。景帝本来就很不喜欢栗姬爱吃醋的毛病,现在又见她觊觎(jì yú)皇后的宝座,勃然大怒,把说话那人直接处死了。第二年,景帝就废掉了太子刘荣,改封为临江王,栗姬因此愤恨而死。最后,王夫人被立为皇后,儿子刘彻被立为太子。

其实,改立太子这件事最初是遭到大臣们反对的,已经当上丞相的周亚夫态度尤其激烈,他质问景帝:"太子刘荣温良谦恭,自身并无过错,怎么说废就废?而且废长立幼,不符合祖制!"

景帝本来很器重周亚夫,希望他关键时刻能够站在自己这边,哪知他不但不支持自己,态度还如此强硬,完全没有做臣子的谦卑样。这让景帝很不高兴,硬邦邦地甩了一句:"这是朕的家事,外人不要插手!"从此,景帝开始疏远周亚夫。

不久,周亚夫又把窦太后给得罪了。有一天,窦太后对景帝说:"皇后端庄贤淑,她哥哥王信也差不到哪儿去,可以封他个侯。"原来,当上皇后的王夫人对窦太后百般讨好,让窦太后很受用,就想帮她哥哥弄个侯爵。

谁知景帝却委婉地说:"当初,母后您的侄子和您的弟弟,先帝都没有封他们为侯,等到儿子即位后才封。所以,现在就封皇后的哥哥为侯,恐怕时机不合适。"

窦太后不悦地说:"做君主的应该根据不同的时间,做出相应的决定,不必墨守成规。当年我弟弟窦长君在世时没有封侯,我一直为此感到很遗憾!皇帝还是赶快封皇后的哥哥王信为侯吧。"

景帝无奈,只好说:"请允许儿子和大臣们商议一下。"

结果,又是周亚夫站出来反对:"当初高祖皇帝与群臣定下白马之盟,约定:'不是刘氏宗亲不得封王,没有立功的人不得封侯。'王信虽然是皇后的哥哥,但没有立功,如果封他为侯,就违背了祖训。"

景帝默然,只好把这件事放下了。窦太后听说是周亚夫在阻挠,暗骂道:"这个不识趣的周亚夫!"

其实,窦太后早就不满周亚夫了。七国之乱时,梁国被吴、楚叛军围攻,梁王刘武几次请求周亚夫援救,但周亚夫都按兵不动。虽然平定叛乱后,将领们都认为周亚夫的战略部署是对的,可是梁王从此恨上了周亚夫,每次入京朝见,都要在窦太后面前说周亚夫的坏话:"周亚夫竟敢违抗君命,要不是我后来率军拼死抵抗,阻止叛军西进,您恐怕再也见不到儿子了。"

窦太后自然是心疼儿子,对周亚夫的见死不救十分恼火。如今,他又阻挠封侯一事,这让窦太后更加不爽,就时不时在景帝面前抱怨几句。景帝听多了,对周亚夫的嫌恶也就日益加深。

一波未平,一波又起。过了一阵子,周亚夫又和景帝闹矛盾了。当时,匈奴王徐卢等六人归降汉朝廷,景帝为了鼓励更多的人来归降,想封那六人为侯。周亚夫又坚决反对:"这些人背叛自己的君主前来投降,如果陛下给他们封侯,那我们以后又该如何处罚那些不守节操的大臣呢?"

成语说 资治通鉴

景帝十分恼火地说："你的话简直迂腐透顶！"最后还是把徐卢等人全封为列侯。周亚夫知道景帝对自己意见越来越大，就以生病为由请求免职。景帝也不客气，便罢免了他的相位。

过了几年，随着太子刘彻的长大，景帝开始考虑辅佐他的人选。想来想去，景帝最后还是觉得只有周亚夫有这个能力，但又担心周亚夫性子太直，决定召他前来，看看他脾气改了没有。

这天，周亚夫应召来到宫中。一走进大殿，他向景帝行完礼，看到地上放了一张几案，几案上有一盘没有切开的肉。就在他疑惑时，只听景帝说："这是朕为你准备的肉，你好好享用吧。"

周亚夫一听，更纳闷了，不明白景帝葫芦里卖的什么药。他谢过景帝，来到几案前坐下，却发现没有准备筷子，有点儿不高兴，便回过头来吩咐主管宴席的官员："取筷子来！"

一直观察着周亚夫的景帝，这时见他索要筷子，便笑着说："莫非这还不能让你满意吗？"

周亚夫一听，又惊又愧，赶紧起身，摘下帽子向景帝谢罪。然而，景帝刚说了声"起来"，周亚夫就已经快速起身，大踏步退了出去。

景帝望着周亚夫远去的背影，冷笑道："这样愤愤不平的人，怎么能辅佐将来的君主呢？"他决定不再启用周亚夫，不管他有多大本领。

结果，这事刚过去没多久，周亚夫又摊上事了。原来，周亚夫的儿子见父亲日渐老迈，就买了五百件专给皇室制造的铠甲盾牌，准备在父亲去世时殉葬用。可是，周亚夫的儿子虐待搬运这些东西的雇工，又不及时结工钱。心有怨气的雇工就上书朝廷，检举周亚夫的儿子购买皇室专用器物，准备图谋叛乱，事情牵连到周亚夫。

景帝立即派人追查此事，办案的官吏迅速来到周亚夫府上，要逮捕他。周亚夫不愿受辱，想自杀，却被他夫人拦住了，因此没有死，被下了大狱。

周亚夫对办案官吏的问话，一个字都不答。景帝知道后很生气，怒道："没有你的供词，朕一样可以杀你！"便下诏让廷尉去审问周亚夫。

廷尉问周亚夫："你为什么要造反啊？"

周亚夫这才开口:"那些器物是我儿子买来办丧事用的,怎能因此说我要造反呢?"

旁边一个官吏叫道:"你即使不在地上反,也要在地下反!"

周亚夫气得满脸通红,便转头不再理睬他们。官吏们的审讯越来越残酷,周亚夫无法忍受身体与心理的双重屈辱,便绝食了五天,最终一代名将落了个吐血而死的下场。

景帝的心胸终究不如文帝,然而不管怎样,他在位期间继续推行与民休息、轻徭薄赋的政策,使得社会经济得到进一步发展,和他的父亲共同开创了中国历史上第一个治世——"文景之治",为即将到来的汉武盛世奠定了基础。

## 成语学习

# 侧目而视

侧,斜着。斜着眼睛看人。形容憎恨或又怕又愤恨。

| | |
|---|---|
| 造　句: | 因为小时候被狗咬过,所以每次遇到狗,我都侧目而视,战战兢兢地走过。 |
| 近义词: | 怒目而视 |
| 反义词: | 目不斜视 |

# 轻徙鸟举

## 《资治通鉴·汉纪九》

匈奴迁徙鸟举，难得而制，自上古不属为人。今汉行数千里与之争利，则人马罢乏；虏以全制其敝，此危道也。不如和亲。

## 译文

匈奴经常迁徙，如同鸟飞一样，很难制服他们，自上古以来，都不把他们看作人类。现在如果汉军远征千里之外与匈奴争强斗胜，就会人马疲惫；而敌人以逸待劳，这是很危险的。不如与匈奴和亲。

## 马邑诱敌战

经过"文景之治"的休养生息，到公元前141年汉武帝刘彻即位时，社会稳定，经济繁荣，国库里串钱的绳子都朽烂掉了，粮仓里堆满了粮食，一层盖一层，溢出仓外。百姓也安居乐业，只要不发生旱涝灾害，人人自给，家家足用。

美中不足的是北方匈奴时不时侵犯汉朝的边境，给这欣欣向荣之景抹上了一道暗淡的色彩。自"白登之围"以后，汉朝不得不委曲求全，与匈奴和亲，还每年送给匈奴大批棉絮、丝绸、粮食、酒等，以换取边境的安宁。但是，匈奴并没有遵守彼此的约定，得到人、财后，隔段时间又跑到汉朝边境，想抢就抢，想杀就杀，使得北方边境不得安宁。

刚即位的汉武帝是一个有野心、有能力的年轻皇帝，一心想改变这种屈辱的局面。这时，有匈奴人归降汉朝后说："月氏原来居住在敦煌和祁连山之间，是一个强国，冒顿单于攻破了它。后来，老上单于杀了月氏王，把他的头骨做成了饮酒的器皿。逃到西边的月氏部众，怨恨匈奴，一直想报仇。"武帝就想联合月氏夹击匈奴，于是招募能出使月氏国的人。有个叫张骞的郎官应募，他率领一百多人从陇西郡出发后，却再也没有消息传回国内。

元光元年[①]（前134年），匈奴又请求和亲，武帝让大臣们讨论。

---

[①] 年号是封建王朝表示皇帝统治纪年的一种制度。始于西汉武帝，第一个年号为"建元"，即公元前140年。但实际上汉武帝于元鼎三年（前114年）才开始用年号，在此之前的年号都出于追定。自此之后历代王朝均承袭此制。凡新皇帝继位，即建新年号以更替前代年号。一个皇帝在位期间（转下页）

大行<sup>①</sup>王恢是燕地人，熟悉匈奴情况，就说："我们与匈奴和亲，过不了多久，他们就又背弃盟约，不如发兵攻打他们。"

御史大夫韩安国反对说："匈奴轻徙鸟举，很难制服他们。如果汉军远征千里之外与匈奴争强斗胜，就会人马疲惫，匈奴则以逸待劳，这是很危险的。不如与他们和亲。"群臣大多支持韩安国的意见。因此，武帝勉强同意了汉匈和亲。

不久，王恢前来觐见武帝，说："雁门郡马邑县有个叫聂壹的商人，昨日写信给臣说，可以采用诱敌深入的办法，把匈奴主力引入我们的伏击圈。"

武帝一听，立即来了精神，忙问："快说，怎么诱敌伏击？"

王恢说："聂壹的生意做得很大，所以和匈奴上层人物很熟。他说他可以亲自前往匈奴部落，骗单于说他能杀掉马邑县令，迫使马邑举城投降，全城财物尽归匈奴。汉匈和亲不久，匈奴人会放松警惕，且他们素来贪利，一定会率领大军前来。我们事先埋伏好，等匈奴大军一到，突然发动袭击，打他们一个措手不及。"

武帝笑了："和亲只能换取短暂的安宁，是该换个法子了。"

第二天，武帝召集公卿大臣，让他们讨论商人聂壹的建议。王恢首先陈述自己的看法："臣听说从前代国虽是小国，北有强敌匈奴的威胁，南受中原大国的牵制，但君臣却能同仇敌忾，奋勇抗击匈奴，匈奴人因此害怕，不敢轻易骚扰代国。如今我大汉强盛，天下一统，匈奴却侵扰不止。造成这种局面的原因，就是我们没有坚决抗击，所以他们不怕我们。臣认为只有狠狠教训他们，让他们尝到被鞭打的滋味，才能彻底改变当前的局面。"

---

（接上页）也每因祥瑞或重大事件而多改换年号。年号最多的如汉武帝、武则天都超过十个。唯明、清两代，每个皇帝只有一个年号，故习惯上又以年号称明、清两代的皇帝，如"永乐皇帝""乾隆皇帝"。农民起义所建政权或封建割据势力，也多有年号。

① 负责安排诸侯王、列侯入朝之迎送接待、朝会、封授等活动，以及百官朝会、少数民族使节朝见之礼仪。

韩安国还是反对使用武力："高祖曾被匈奴围困在白登山上，整整七天七夜。回来后，他却没有报复之心，因为圣人有包容天下的气度，不会因为自身的私怨而伤害天下大局，所以他派刘敬前往匈奴和亲，到现在已为五世的人们带来安宁。臣认为和亲比武力征伐对国家更有利。"

王恢见韩安国搬出汉高祖来，就小心翼翼地斟酌字句："高祖选择与匈奴和亲，的确不是因为我们打不赢匈奴，而是高祖征战多年，不愿天下百姓再受战乱之苦，可是他的大度并没有换来长久的和平，往往不过几年，匈奴人就又开始侵扰我朝边境，为此受伤战死的士兵不计其数，百姓更是深受其害。所以，武力征伐是改变这种局势的唯一办法。"

韩安国又从战略上反驳道："匈奴人经常迁徙，很难找到他们的踪迹，而且我们长途跋涉，远征千里，他们却以逸待劳，太危险了。粮食给养也会是一大问题。"

王恢笑道："我们不需要长途跋涉，而是利用匈奴人的贪欲，把他们引诱到我们的边境。我们事先埋伏好几支人马，攻左翼的，打右翼的，还有断匈奴退路的，这样肯定能擒住单于，重挫匈奴主力。"

两人唇枪舌剑，各不相让，其他大臣有的同意韩安国，有的赞成王恢。最终武帝采纳了王恢的主张，决定在马邑诱敌。

元光二年（前133年）的夏季，武帝一口气派出韩安国、李广、公孙贺、王恢、李息五位将军，统率骑兵、步兵共三十多万人，埋伏在马邑城内以及附近的山谷中，一旦匈奴大军进入包围圈，就挥军出击。

一切部署妥当后，商人聂壹假装犯事，被官府查办，逃到匈奴那儿。他对匈奴单于说："马邑县的县令和县丞冤枉我，要把我逮捕入狱，我发誓一定要报仇，打算悄悄潜回马邑，找人干掉县令和县丞，然后献城归降你们，你们可以得到全城的所有财物。不过，马邑的驻军不少，以防万一，你们要多带人马。"

匈奴单于一听，大喜过望，立刻召集大军，整装待发。聂壹返回马邑后，告知了县令和县丞，他们从牢房里找了两个死囚杀了，然后把头颅挂在马邑城下，好让单于的探子看到。

单于的探子果然中计，回去报告单于，说："马邑县的县令和县丞的头已经挂在城墙上了！"单于很高兴，命令十万骑兵即刻向马邑进发。

当匈奴大军走到距离马邑县城还有一百多里的地方时，单于见牛羊遍野，却没有一个放牧的人，感到很奇怪，就让大军停止前进，然后派了一支人马去攻打附近的亭隧，结果俘虏了雁门郡的尉史①。

尉史被带到单于面前。单于见他瑟瑟发抖，厉声问道："这里为什么只见牛羊，却不见放牧的人？胆敢不说实话，我一刀杀了你。"说完拔出了腰间的佩刀。

尉史吓得魂不附体，哆哆嗦嗦地说："不要，不要杀我，我说……这里的牧民知道要打仗了，所以都躲起来了。"

"他们怎么知道要打仗了？快说！"单于心中的疑云越来越重。

那名尉史已经顾不了别的了，就把马邑诱敌计划全盘托出，并把汉军埋伏的具体地点一五一十地都告诉了单于。

单于大惊："我本来就有点儿怀疑，果然有诈。"下令立即撤兵。

而此时，王恢率领的三万军队已经从代地出发，埋伏在匈奴必经之路上，准备袭击匈奴的后勤给养，不料他们没有等到匈奴的后勤部队，却等来了前日在他们眼皮子底下经过的匈奴骑兵主力。

王恢心中纳闷："他们怎么折回来了？难道已经打过一仗了？"

---

① 边郡都尉的属吏，负责巡视烽燧（古时遇敌人来犯，边防人员点烟火报警，白天放的烟叫烽，夜里点的火叫燧）等。

他派人去侦查，才知道匈奴大军在快进入汉军的伏击圈时，不知为何突然撤退。

看着眼前飞奔而过的匈奴骑兵，王恢犹豫了："打还是不打？如果打，区区三万汉军肯定不敌匈奴十万骑兵；如果不打，此次诱敌计划就要泡汤。"权衡再三后，他决定保存实力要紧，就下令撤兵。

而韩安国等人率领的汉军在马邑埋伏了两天，却不见任何动静，派人去侦查，才得知匈奴大军已经撤退，于是率军出击，追了好远，估计追不上了，只好撤了回来。

这场大规模的伏击战就这样窝窝囊囊地夭折了。消息传回京城，武帝勃然大怒：原想重挫匈奴，一雪前耻，没想到却是这样的结局，韩安国等人竟然连敌人的影子都没看到，更可恶的是，王恢看到了，却眼睁睁地让他们溜了过去。

武帝召王恢前去责问。王恢辩解道："原来的计划是引诱匈奴人进入马邑县城，我军主力伏击他们，而臣下则负责袭击他们的后勤给养。不知怎么走漏了消息，匈奴大军没到马邑就全军撤回。臣下率领的军队只有三万人，肯定不是匈奴十万大军的对手。臣下知道就这样回来是要杀头的，但可以保全陛下的三万将士啊。"

武帝还是很生气，就把王恢交给廷尉审判。最后，廷尉判王恢斩首。王恢不甘心，暗中向丞相田蚡（fén）行贿，求他搭救。田蚡便去找武帝的母亲王太后，说："王恢一向主张军事打击匈奴，现在若杀了他，等于为匈奴报仇啊。"

王太后就把田蚡的话告诉了武帝。武帝说："王恢是马邑计划的主谋，计划失败，他必须负责。不杀他，无法向天下人交代。"

王恢得知武帝的话，知道活命无望，就自杀了。从此，匈奴断绝了与汉朝的和亲，为了报马邑之仇，他们越发频繁地入侵汉朝边境。汉匈之间的大战，已然不可避免。

## 成语学习

# 轻徙鸟举

原文为"迁徙鸟举"。经常迁徙,像鸟飞那样容易。

| | |
|---|---|
| 造　句: | 北方的少数民族以游牧为主要生活方式,轻徙鸟举,流动性大,不像农耕民族,有固定的居所和耕地。 |
| 近义词: | 四海为家 |
| 反义词: | 安土重迁 |

# 【 宫车晏驾 】

### 《资治通鉴·汉纪九》

上无太子，王亲高皇帝孙，行仁义，天下莫不闻。宫车一日晏驾，非王尚谁立者！

### 译　文

皇上没有太子，大王是高祖皇帝的亲孙子，广行仁义，天下人没有不知道的。假若皇帝突然去世，除了大王之外还有谁能继承帝位呢！

## 两个外戚的"内斗"

汉武帝即位后,他的母亲王皇后就成了皇太后。王太后的母亲曾经嫁过两任丈夫,都生过孩子,所以王太后有两个同母异父的弟弟,其中一个叫田蚡。汉景帝时,田蚡还是个小小的郎官,对当时权倾朝野的外戚窦婴很巴结,经常出入窦家,陪侍喝酒时,下跪起立如同儿孙辈一样恭敬。

窦婴是窦太后的侄子,七国之乱时被景帝任命为大将军,平叛后又封魏其侯,武帝时做了丞相,可谓位极人臣。但是窦婴的显赫,很大程度上依赖于窦太后。窦太后去世后,窦婴没了靠山,渐渐失去权势,最终以列侯的身份闲居家中,之前趋之若鹜的门客和官员都纷纷离开了,只有一个叫灌夫的人没有走。

灌夫在七国之乱时因作战勇猛立下军功,被封为中郎将,后来又担任燕国的相国,因为犯事被免职,闲居在京城。灌夫为人刚强正直,爱借酒使气,对那些权势在自己之上的权贵常常不客气。失意的窦婴视他为知己,两人互相倚重,关系如同父子。

而田蚡在武帝即位后,凭借王太后的关系,被封为武安侯,先是做太尉,后来更是升为丞相,可谓一人之下万人之上,之前依附窦婴的人都跑到他的门下。田蚡于是一天比一天地骄横奢侈起来,他的住宅是所有官员中最豪华的,田地也是最肥沃的,官吏们送给他的珍宝金玉等器物,还有美女、歌妓,数也数不清。许多人找他要官做，他推荐的人，有的从平民百姓直接做到了二千石①的高官，以致武帝有一次不满地说："你任命的官吏，任命完了没有？朕也想任命几个。"还有一次，他向武帝请求把考工②的土地拨给他，以便扩建住宅。武帝愤怒地说："你为什么不干脆要武器库？"他的气焰才稍稍收敛了一些。

一天，灌夫在服丧期内去拜访田蚡。交谈中，田蚡随口说了一句："我本想和你一起去看魏其侯，可惜你现在服丧，不方便。"

灌夫一听，兴奋地说："您肯屈尊去看魏其侯，我灌夫怎敢因为服丧而推辞呢？魏其侯肯定也很高兴，我去通知他，让他明天备好酒席。"田蚡没想到灌夫会当真，愣了愣，只好答应了。

窦婴听说田蚡要来拜访，立刻吩咐下人连夜打扫房子，购置好酒好肉，准备宴席。天刚亮，窦婴就让管家去门口等候，然而直到中午，也不见田蚡的影子。

灌夫只好亲自驾车去接田蚡。到了丞相府，灌夫才知道田蚡还在睡觉，他很不高兴地提醒田蚡。田蚡笑了笑说："我昨天喝醉了，忘了这档子事。"说完慢悠悠地穿好衣服，随灌夫一起驾车前往窦婴家。路上，田蚡又走得很慢，灌夫更加生气。

宴席上，喝高了的灌夫越想越生气，便拿话讽刺田蚡。窦婴赶紧打圆场，让人扶灌夫去休息，田蚡虽然不快，却也没有发作。

过了一段时间，田蚡看中了城南的一块地，一打听原来是窦婴的，便派了一名门客去索取。窦婴对田蚡肆无忌惮向自己要地，大为不悦，对门客说道："我现在虽然失去了权势，也不会任由别人随意践踏，丞相您固然显贵，也不能仗势硬夺我的田地！"灌夫听说后，也很生气，大骂田蚡。

---

① 汉朝官员的俸禄是以米谷为准，所以用容量单位"石"来命名。汉朝二千石官员为中央政府机构的列卿，及州牧郡守、诸侯王国相一级的官员。
② 制造兵器的部门。

田蚡更生气，骂道："魏其侯的儿子曾经杀人，我救了他儿子的命，他竟然连块地也舍不得给我！那个灌夫又凭什么多管闲事！"从此他对窦婴和灌夫心生怨恨，总想找机会报复他们。

这天，田蚡派出去搜集灌夫罪状的人回来报告说，灌夫家族在他们老家十分横行，当地老百姓颇受其苦。田蚡大喜，马上进宫奏请武帝查办。武帝听完后说："这是丞相的职责，你去查办好了，不用请示朕。"

田蚡得了武帝的"尚方宝剑"，立即就想派人去捉拿灌夫，没想到灌夫手里也有足以让田蚡灭族的把柄。原来，田蚡和淮南王刘安私交很好，有一次，刘安从封国来朝见武帝，田蚡亲自到霸上迎接他，并对他说："皇上没有太子，而您是高祖皇帝的亲孙子，全天下都知道您的仁义。一旦皇上宫车晏驾，除了您，还有谁能继承帝位呢？"刘安听了很欢喜，送了田蚡很多金钱财物。

灌夫不知怎么就知道了这件事，他以此要挟田蚡，若敢动他的家族，他一定也向武帝告发。田蚡知道，这些大不敬的话一旦传到武帝耳朵里，他就算不被灭族，也难逃一死。最终，在旁人的调解下，两人和解了。

然而，一想到灌夫手里握着自己的把柄，田蚡就感到不安，他害怕哪天被武帝知道了，自己就死无葬身之地了。

这年夏天，田蚡迎娶燕王的女儿做夫人，王太后下诏，让文武百官都去祝贺。窦婴邀灌夫一起去。灌夫不太想去，推辞说："我好几次因为醉酒得罪了丞相，最近又闹了那么一场，还是不去了。"

窦婴硬拉着灌夫一起去，说："事情都已经过去了，而且你们不是已经和解了吗？"灌夫只好答应。

丞相府里，张灯结彩，鼓乐齐鸣，满朝文武几乎都到了。田蚡身穿新郎服，喜气洋洋地招待宾客。等大家都落座后，田蚡起身敬酒，所有宾客都离开席位，伏在地上，表示不敢当。

过了一会儿，窦婴也起身向大家敬酒，但多数人只是稍微欠了欠身，并未离开席位。灌夫见了，很不高兴，他拿起酒杯来到田蚡跟前，向田蚡敬酒。田蚡端坐着，没有起身，而且只喝了小半杯。

灌夫虽然不高兴，还是笑着说："丞相您是贵人，就请满饮此杯吧！"但田蚡就是不喝。灌夫无奈，只好转身去敬别人，敬到本家人灌贤时，灌贤正在跟将军程不识附耳说话，也没有离开席位。

灌夫正没地方发泄怒气，便骂灌贤："平时你诋毁程不识，说他一钱不值，今天我这个长辈给你敬酒，你却学女孩子一样在那儿跟程不识咬耳说话！"

灌贤涨红了脸，没有吭声，程不识也不说话，原本热闹的酒宴一下子安静了下来。就在大家都不知道该怎么办时，田蚡从主人席上站了起来，他厉声对灌夫说："程不识将军和李广将军都是东西两宫的卫尉[①]，你现在当众侮辱程将军，难道就不给你所尊敬的李将军留些面子吗？"

灌夫这时酒劲上来了，脖子一扭，说："今天就是砍掉我的头，刺穿我的胸，我都不在乎，还顾忌什么程将军、李将军！"

田蚡听了更加恼火，恶狠狠地说："今天请大家来参加我的酒宴，是有太后诏令的。灌夫在宴席上辱骂官员，侮辱诏令，犯了大不敬之罪。"当即命人把灌夫扣押起来，不许见任何人，然后又派差吏分头逮捕灌夫的族人。

窦婴深感内疚，觉得要不是自己硬拉着灌夫前来，灌夫就不会出事。他决心营救灌夫，便上书武帝，把事情的经过详细地说了一遍，希望从轻发落。

---

[①] 负责皇宫或行宫的保卫工作。

武帝把窦婴、田蚡，还有几位大臣召进宫里，让他们当面公开辩论这件事。窦婴极力夸赞灌夫的为人，说他立有军功，此次闹事是因为喝醉了，罪不至死。田蚡则抓住灌夫冒犯太后诏令这一条不放，还说他纵容家族横行乡里，危害百姓，罪该问斩。

武帝问其他大臣："他们谁说得对呢？"

主爵都尉①汲黯认为窦婴说得对，而御史大夫韩安国认为两个人都对，他说："灌夫平叛有功，如果不是犯了特别大的罪，仅仅因为喝酒引起口舌之争，是不宜判死刑的，但他的家族欺压百姓，横行霸道，其罪不小。请圣明的陛下自己裁决吧。"

内史郑当时也认为窦婴对，但又害怕得罪田蚡，所以不敢说出自己的看法。武帝见他嚅嗫的样子就很生气，骂道："你平日不是经常说他俩的优缺点吗？今天公开辩论，你却畏首畏尾的！小心朕把你们这帮人一并杀了！"说完愤而起身，去伺候王太后进餐。

一见武帝，王太后就气冲冲地嚷道："如今我还活着，别人就已经在欺负我弟弟了，若是我死了，那还不是像宰割鱼肉那样宰割他了？"她不肯吃饭。

原来王太后已经知道廷辩的情况，武帝赶紧向她请罪，当即下令将灌夫满门处斩，并把窦婴也拘禁起来，审查他的问题。最终，窦婴也被处死。

在这场外戚之争中胜出的田蚡也没得意太久，才过两个多月，他就病死了。十年后，淮南王刘安谋反，武帝得知田蚡曾经接受过刘安的财物，还说过大逆不道的话，恨恨地说："假若他还活着，朕一定要灭他全族！"

---

① 负责封爵事务。

## 成语学习

### 宫车晏驾

晏,迟。宫车迟出。旧为帝王死亡的讳辞。

| | |
|---|---|
| 造　句： | "哪天皇帝宫车晏驾了,作为太子的师傅,丞相一职将非我莫属。"太子太傅心中暗想。 |
| 近义词： | 龙驭宾天 |
| 反义词： | 万寿无疆 |

# 招之不来，麾之不去

### 《资治通鉴·汉纪九》

使黯任职居官，无以逾人；然至其辅少主，守城深坚，招之不来，麾（huī）之不去，虽自谓贲、育亦不能夺之矣！

### 译 文

汲黯任职当官，没有什么超越常人的才能；但要说到辅佐年幼的君主，他会坚定不移地维护祖先基业，有人以利禄引诱他，他不会前去投靠，君主严辞苛责地驱赶他，他也不会离去，即使有人认为自己像孟贲、夏育那样勇猛无敌，也无法改变他的耿耿忠心！

# 社稷之臣汲黯

汉武帝登基第二年，就要求大臣推荐贤良方正、直言极谏的人才，他亲自出题，围绕着古往今来治理天下的"道"进行考试。参加考试的有一百多人，有个叫董仲舒的，他在对策中写道："《春秋》推崇的天下一统，是天地间的永久法则，适合古今任何时代。但现在，每个经师传授的道不同，每个人的论点各异，因此君主没有办法实现统一，法令制度变来变去，臣民下不知道应该遵守什么。臣认为，所有不符合孔子学说的学派，都应该禁止，不许它们与儒家思想并存，这样才能实现政令统一，法度明确，臣民也就知道该遵循什么了！"

武帝十分赞赏，在全国推行"罢黜百家，独尊儒术"的政策，并频繁招揽文学之士和儒家学者，经常说"朕想要怎样怎样"。

有一次朝会上，武帝刚说完他想要怎样，主爵都尉汲黯应声说道："陛下心中藏着许多欲望，表面上却做出施行仁义的样子，如此怎么可能做出尧舜那样的治绩呢？"

武帝没想到汲黯竟敢这么说他，还当着文武百官的面，顿时沉下脸来，宣布结束朝会。回到内宫，武帝对身边人说："真是太过分了！汲黯这个家伙简直愚笨到家了！"

武帝虽然渴求人才，但他性情严厉刻薄，就算是平日宠信的臣子，犯了点儿小错，或者发现有欺瞒行为，就立即处死，绝不宽恕。

汲黯就劝武帝："陛下求贤若渴，但没等他发挥才干，就把他杀了。以有限的才子，供陛下的无限诛杀，臣恐怕天下的贤才将要丧尽，到时陛下和谁一同治理国家呢？"

武帝笑着解释说："什么时候也不会没有人才，只怕不能发现罢了，如果善于发现，何愁没有人才？所谓'人才'，就如同有用的器物，有才干而不肯充分施展，与没有才干一样，不杀他还等什么！"

汲黯愤怒地说："臣虽然无法用言词说服陛下，但心里仍觉得陛下说得不对，希望陛下从今以后能够改正，不要认为臣愚昧而不懂道理。"

钦佩汲黯的人替他捏了一把汗，看不惯汲黯的人则批评他太放肆。而汲黯总是神情凛然地回道："天子设立公卿大臣，难道是让他们一味阿谀奉承，使君主背离正道的吗？何况我已身居九卿①之位，纵然爱惜自己的生命，但要是损害了朝廷大事，那怎么得了！"

汲黯为人耿直倨傲，不能容忍别人的过失，在武帝面前尚且如此，其他人就更不用说了，早在他担任小小的谒者时，大家就很怕他，觉得他太威严了。不过，对这个不懂礼数的"家伙"，武帝其实是很赏识的，认为他赤诚忠勇，一心为国。

有一次，东越部族相互攻击，武帝派汲黯前去巡视，结果他走到半路就回来了，对武帝说："越人就爱打架，这是他们的习俗，不值得去。"

还有一次，河内郡失火，烧毁了一千多家民房，武帝又派汲黯前去视察。他回来后说："百姓烧火时不小心，因为房子都是连着的，所以火势蔓延，没什么大不了的。但臣经过河南郡时，见那里的百姓连年遭受洪灾旱灾，有的甚至到了父亲吃儿子、儿子吃父亲的境地，臣就用陛下给的符节，开仓放粮，救济他们。"

---

① 古代中央各高级行政机构长官并列为九卿，并非专指九种官职。西汉时，九卿仅次于丞相、御史大夫，分掌全国行政，职权甚重。东汉以后，其任渐轻。

武帝听了，没有怪罪他自作主张，依旧信任他，不久还派他出京，做东海郡太守。

在东海郡时，汲黯采用清静无为的黄老之学，选好官吏后，就放手让他们去做，他自己只关注大事，不苛求细枝末节。汲黯体弱多病，常常躺在屋里不出门，然而一年多后，东海郡却治理得很好，百姓对他交口称赞。武帝听说后，就召汲黯入朝，担任主爵都尉，位列九卿。汲黯处理政务，还是只从大的方向引导，不拘泥法令条文。

有一次，汲黯生病，超过规定的假期了，却还没有痊愈，中大夫庄助替他向武帝请假。武帝想知道别人是怎么看汲黯的，便问庄助："你觉得汲黯这个人怎么样？"

庄助说："汲黯这个人没有什么特别超常的才能，但要说到他对君主的忠心，可谓招之不来，麾之不去，无论怎么威逼利诱，他都不为所动，哪怕是君主要赶他走，他也不会离去。"

武帝不停地点头说："古时候有所谓的社稷之臣，朕看汲黯差不多就是这样的臣子。"

元光五年（前130年），武帝又征召百姓中明晓当世政务、熟知古代圣王治国之术的人到朝廷任职。有个叫公孙弘的齐地人，考试成绩第一，被任命为博士①。这个公孙弘和汲黯恰恰相反，每当讨论事情时，他从不在朝廷上与武帝当面争辩，都是让武帝自己做抉择，因此很得武帝欣赏。武帝觉得公孙弘谨慎厚道，且熟悉文书法令，又能以儒术加以文饰，不久就擢升他为左内史。

汲黯却很讨厌公孙弘。每当汲黯和公孙弘一起被召见时，公孙弘总是让汲黯先说，然后由他进一步补充。汲黯说时，公孙弘会在

---

① 初泛指学者，后为职官，充当皇帝顾问。

一旁观察武帝的表情，一旦武帝露出不高兴的神情，他补充时就会和汲黯反着来。于是，公孙弘越来越得到武帝的亲近和重用。

有一次，公卿大臣们商定了对某一问题的处置意见，可到了武帝面前，公孙弘却完全背弃了原来的约定，而迎合武帝的心意。汲黯非常恼火，在朝廷上公开批评公孙弘："齐地人果然虚伪不老实，这条建议是他和我们一起商定的，现在他却变了，这样的人怎么可能忠诚？"

武帝听了也不高兴，责问公孙弘。公孙弘伏在地上辩解说："了解臣的人，认为臣忠；不了解臣的人，认为臣不忠。"

武帝想了想，觉得有道理，不但没有再追究，反而更加优待公孙弘，很快就提拔他做了三公①之一的御史大夫。

公孙弘平素节俭，用麻布做被子，每餐只吃一种荤菜，很多人觉得他贤良。汲黯却认为公孙弘沽名钓誉，又在朝堂上公开批评他："公孙弘高居三公之位，朝廷给他的俸禄何其之多，但他却用布做被子，骗人的把戏而已。"

武帝也好奇，问公孙弘可有此事。公孙弘眼珠一转，回答说："确有其事。九卿中和臣关系最好的就是汲黯，可是今天他在朝堂上质问臣，确实指出了臣的问题。以三公的显赫富贵，而制作布被，是有点儿做作。汲黯真是忠直的人！"

武帝原本以为公孙弘会辩解，甚至反咬汲黯一口，没想到他如此坦诚，还反过来称赞汲黯的为人。武帝于是越发敬重公孙弘了，没过两年又提拔他做了丞相，封为平津侯。

然而公孙弘其实是个外表看上去宽厚，心机却很深的人。凡是冒犯过他的人，不论关系远近，他都要找机会报复。大儒董仲舒为

---

① 战国至秦朝习惯上泛称辅佐君主、执掌军政的最高官员为三公，西汉初因袭旧习，用来称丞相、御史大夫等最高官员。

人正直，瞧不起阿谀奉承的公孙弘。公孙弘对董仲舒恨得咬牙切齿，便推荐他去做胶西国的相国。胶西王刘端骄横放纵，随意杀害朝廷派去的官员，公孙弘本想借胶西王之手除掉董仲舒，不料董仲舒因病躲过此劫。

而汲黯如此多次冒犯公孙弘，自然也是他欲除之而后快的对象。于是，公孙弘向武帝建议："右内史①管界居住着很多显贵重臣和皇室子弟，只有平素有威望的大臣才能治理得好，臣建议让汲黯去担任这个右内史。"武帝采纳了他的建议。

汲黯自然知道公孙弘的险恶用心，但他依然不改敢言直谏的做法。有一年，匈奴的浑邪王带领数万族人前来归附汉朝，武帝很高兴，便征调两万乘车辆前去迎接。可是当时朝廷缺马，只得向长安县的老百姓赊购。有的老百姓将马匹藏起来，以致马不够用。武帝大怒，要斩杀长安县令。

汲黯就站出来说："长安令没有罪，只有将臣杀了，老百姓才肯交出马匹。"

武帝一头雾水："怎么杀了你就有马了？"

汲黯也不接他的话，自顾自地说："再说，匈奴人背叛他的主上投降我朝，我朝只要按着县的顺序传送就行，何至于让天下不安，让自己的百姓贫困，来讨好异族人呢？"武帝默不作声。

浑邪王等匈奴人来到长安后，当地商人因与他们做买卖而犯死罪的达五百多人。汲黯得知后，就在未央宫高门殿上为民请愿："匈奴人屡屡侵犯我们，导致我们兴兵征讨，将士死伤无数，花费的钱财高达数百万。臣本以为，陛下会将这些归降的匈奴人，分到那些战死沙场的将士家去当奴仆，所缴获的财物会赏赐给百姓，以安抚

---

① 参看第180页的注释。

天下人的心。然而陛下不仅没有这么做，还将匈奴人看得比汉朝百姓重，现在又凭借法律中一项不重要的条文杀死无知小民五百多人，正是所谓'为保护树叶而伤害树枝'了。臣觉得陛下这样做是不对的。"

武帝沉默不语，回到内宫后，对左右说道："朕很久没听到汲黯的声音了，如今他又在这里胡说八道！"

过了几年，汲黯因为过于耿直触犯了法律，被判罪，幸好碰上武帝大赦天下，最后被免职，一年后改派去淮阳做太守。

汲黯不愿去，流着泪对武帝说："臣以为自己已经老死无用，将来尸骨要丢到沟渠，再也见不到陛下了，想不到陛下还会任用臣。臣的身体时常患病，不能胜任太守一职，臣愿意充当中郎，出入宫廷，为陛下纠正过失，提醒缺漏。这是臣的心愿，请陛下恩准。"

武帝不高兴，说道："你看不上淮阳太守这个职位吗？过些时候朕会召你回来的。淮阳地处楚地的交通要冲，位置很重要，那里的官员和当地百姓关系很紧张，朝廷想借助你的威望来缓和这种矛盾。你身体不好，躺在家中处理事务就行。"

汲黯只好接受诏令，前往淮阳上任。临行前，他还不忘朝政，叮嘱大行李息："我被陛下丢到地方郡县去任职，不能再参与朝廷议事了。御史大夫张汤，为人十分狡诈阴狠，善于诡辩，一心迎合陛下的意思。凡是陛下不喜欢的，他就诋毁，凡是陛下喜欢的，他就称赞。他还爱制造事端，玩弄法律条文，你身居九卿高位，要及早揭露他的真面目。"

汲黯在淮阳一待就是十年，直到老死，武帝终究没有再把他召回去。

## 成语学习[1]

# 招之不来，麾之不去

听到招呼不过来，让他走也不走。形容人个性强，不轻易听命于他人。

| 造　句：他是个"招之不来，麾之不去"的家伙，不管怎么威逼利诱，就是不松口。 |
|---|
| 近义词：软硬不吃 |
| 反义词：俯首帖耳；苟容曲从；唯命是从 |

---

[1] 这个故事的原文里还有成语"不拘文法"（处理政务时不受条文限制）、"社稷之臣"（春秋时附庸于大国的小国，也指身负国家重任的大臣）、"曲学阿世"（歪曲自己的学术，以投世俗之好）、食不重肉（吃饭不用两道肉食。指饮食节俭）、"圄圉空虚"（意指监狱里没有在押的犯人。形容社会安定，政治清明时，犯罪的人很少）、"重足而立"（后脚紧挨着前脚，不敢迈步。形容非常恐惧）、"补过拾遗"（拾遗，纠正帝王的过失。填补、纠正帝王的过失。也指匡正、改掉自己的过失、缺点）。

# 发蒙振落

## 《资治通鉴·汉纪十一》

汉廷大臣,独汲黯好直谏,守节死义,难惑以非,至如说丞相弘等,如发蒙振落耳!

## 译文

朝廷大臣中,只有汲黯喜欢犯颜直谏,能够严守臣节,为忠义而死,难以迷惑,至于游说丞相公孙弘之流,就如同去掉物件上的覆盖物或摇掉树枝上的枯叶一般容易!

# 一场胎死腹中的谋反

淮南王刘长因为叛乱绝食而亡后，汉文帝为了平息民间对自己的议论，就封他的儿子刘安为淮南王。汉武帝因为刘安从辈分上说是自己的叔父，而且很有才能，所以刘安每次从封国来朝见，武帝都很尊重他，安闲无事时，常常召他去聊天，每每一聊就聊到夜幕降临。

刘安和武安侯田蚡关系很好。有一次，刘安来京朝见，田蚡特意到霸上迎接他，并对他说："当今皇上没有太子，而您是高祖皇帝的亲孙子，全天下都知道您的仁义，一旦皇上驾崩，除了您，还有谁能继承帝位呢？"刘安听了高兴坏了，送了田蚡很多财物。

回封国后，刘安网罗了很多门客和各种技能之士，这些人常常拿他父亲在流放途中死于非命一事刺激他，怂恿他起兵造反。

有一年，天空出现彗星，有门客就游说刘安："以前，吴王刘濞起兵时，彗星出现，才几尺长，就已经流血千里。如今彗星贯穿天际，恐怕天下将有大规模战事发生。"

刘安想起田蚡说的话，心想武帝没有太子，若发生变故，各诸侯王一定会争夺皇位，于是加紧整治军备，制造进攻性武器。

其实早在七国之乱时，淮南王刘安就想发兵响应吴王刘濞，当时他的相国说："大王如果一定要响应吴王，我愿领兵征战。"刘安就把军队交给他指挥。谁知相国掌握兵权之后，忠于朝廷，反而据城防备吴、楚叛军，刘安因此在叛乱平息后得以保全。

然而，刘安非但没有庆幸自己捡回一条命，反而在门客的撺掇（cuān duō）下，谋逆之心一日强似一日。

这一年，武帝下诏，让有志参军报国的人到长安应征。淮南国的郎中雷被，因为得罪了淮南国的太子刘迁，就向刘安请求，说自己愿意参军去打匈奴，实际上他是想借机离开淮南国，以免遭到刘迁的报复，谁知却被刘安斥责了一顿，还被免了官。

雷被不甘心，找机会偷偷逃到长安，向朝廷上书，陈述了自己的冤情。武帝派人前往淮南国调查。刘安担心自己准备谋反的事情暴露，打算发兵对抗。

刘迁就劝刘安："父王不用操之过急。我找人穿上卫士的衣服，陪侍在父王身边，如果朝廷使臣要逮捕父王，卫士就会杀死使臣，到那时再举兵起事也不晚。"使臣来了后，刘安见他神色平和，只是例行公事问了几个问题，也就按兵不动。

使臣回报朝廷后，大臣们主张严惩淮南王："刘安拒绝有志奋击匈奴的壮士的请求，犯了妨碍圣旨的大罪，应当斩首。"

武帝没有同意，只是象征性地削减了淮南国的两个县。刘安引以为耻，自艾自怨地说："我做了仁义的事，反而被削减封地。"于是加紧准备谋反。

衡山王刘赐一向与刘安不和，听说刘安有造反的打算，害怕被他吞并，便也结交宾客，置备武器，打算在刘安起兵西进以后，攻占长江、淮河之间的地区。刘安知道后，担心树敌太多，就主动向刘赐示好，二人尽弃前嫌，约定共同起兵，反叛朝廷。

元狩元年（前122年），淮南王刘安不断派人前往京城打探消息，这些人回来后，如果说"皇上没有儿子，朝政腐败"，他就很高兴，若说"皇上有儿子，政治清明"，他就很生气，认为是胡言乱语。于是下面的人就胡编乱造，阿谀逢迎他。刘安十分欢喜，开始部署进兵的路线。

中郎伍被是刘安所有幕僚中最有才能的人。刘安召他去商议谋反之事。伍被大惊,忙劝道:"大王您怎么会有这种念头啊?这是要亡国的啊。从前伍子胥劝谏吴王,吴王不采纳,伍子胥就说:'我现在看见麋(mí)鹿在姑苏台上走来走去。'现在我好像也看到我们的宫中长出了荆棘,露水打湿人的衣裳的惨象了。"

刘安大怒,将伍被的父母逮捕下狱,囚禁了三个月后,他又把伍被召去询问。伍被仍然劝道:"当初秦朝暴虐无道,天下十之六七的老百姓都希望推翻它的统治。高祖皇帝趁秦朝土崩瓦解之际乘势起兵,最终成为天子。如今大王只看到高祖皇帝得天下容易,却单单不看不久前七国之乱的吴、楚吗?吴王刘濞统辖着四个郡,人多钱多,却一败涂地,落了个身首异处的下场。为什么呢?就因为他逆天行事,不知时势。现在,大王的兵力不足吴、楚的十分之一,而天下的形势却比吴、楚兴兵时安定一万倍。大王如不听从我的劝告,恐怕您很快就会失去千乘之国的王位,先于群臣死在东宫啊。"

刘安听了,默默地流下眼泪,挥手示意伍被退下。伍被离开后,刘安回想着他的话,越发觉得凄楚,造反的心思淡了不少。

可是,树欲静而风不止。刘安有一个庶出的儿子叫刘不害,刘安很不喜欢他,太子刘迁也不把他当兄长看。刘不害的儿子刘建觉得自己的父亲活得太憋屈,为了报复太子刘迁,暗中派人去京城,告发太子刘迁当初企图刺杀朝廷派去调查雷被事件的使臣。

武帝接到举报,将此事交给廷尉处理。刘安很害怕,又想举兵谋反,便再次把伍被召去商量。

伍被还是劝刘安打消造反的念头,他说:"我听说吴王刘濞逃到东越后非常后悔,希望大王不要像吴王那样,事后才后悔,那已经来不及了啊。"

刘安反驳道："吴王哪里懂得什么叫造反？他都不知道占领成皋！我要截断成皋通道，占据三川的险要之地，再征召崤山以东的兵马，如此举事，大家都认为有九成的把握，为什么只有您认为是有祸无福？"

伍被见淮南王执意起兵，只好对他说："如果大王一定要干的话，我有一计。如今各诸侯王对朝廷都没有二心，老百姓也没有怨气，大王可以伪造丞相、御史的奏章，假装请求皇上将各郡国的豪杰之士和富裕人家迁徙到北方边郡，并向民间大量征兵，再伪造诏书，说是要逮捕各封国的太子和重臣，如此一来，就会百姓怨恨，诸侯恐惧，然后派遣能言善道之人到各地游说，如此或许侥幸有十分之一的希望吧！"

于是，刘安就伪造了皇帝印玺和丞相、御史大夫、将军及周围各郡太守、都尉的印信，以及朝廷使者的信节，然后对幕僚们说："朝廷大臣中，只有汲黯喜欢犯颜直谏，能够严守臣节，为忠义而死，难以迷惑，至于游说公孙弘之流，就如发蒙振落。"

刘安打算调动本国的军队，又担心受到相国等人的阻挠，便与伍被商议，计划先将相国和二千石官员杀死，然后派人手持告急文书从东边奔来，高喊："南越国的军队攻入我国边界了！"以此为借口起兵。

就在这时，廷尉前来逮捕太子刘迁。刘安就与刘迁密谋，召相国和二千石官员前来，企图杀死他们后，即刻起兵造反。结果，只有相国一个人来了，内史和中尉都没来。

"光把相国一个人杀了也没用，还打草惊蛇。"就在刘安犹疑不定时，伍被自己跑到廷尉那里，告发刘安图谋反叛。廷尉大惊，立刻派人包围了王宫，逮捕了太子刘迁和王后，以及所有参与谋反计划的宾客，然后奏报朝廷。

武帝派宗正①手持皇帝符节前往淮南国处治刘安。结果，没等宗正来到，刘安就自刎而死。太子刘迁和王后被处死，所有参与谋反计划的人一律灭族。

衡山王刘赐同样因为两个儿子窝里斗，竞相向朝廷告发对方造反，结果东窗事发，最终自刎而死。他的王后和两个儿子都被斩首，其他参与谋反计划的人也被灭族。

总计淮南王和衡山王谋反两案，因受牵连而被处死的列侯、二千石官员及地方豪侠人物达数万人。

---

① 负责管理皇族外戚事务，分别嫡庶亲疏，编纂（zuǎn）世系谱牒，参与审理诸侯王犯法案件。

## 成语学习[1]

# 发蒙振落

蒙，遮盖，指物品上的罩物；振，摇动。把蒙在物体上的东西揭掉，把将要落的树叶摇下来。比喻事情很容易做到。

| | |
|---|---|
| 造　句： | 教给学生一点儿知识并不难，如发蒙振落，难的是帮助他们打好一个精神的底子，使他们成为健康、健全发展的人。 |
| 近义词： | 轻而易举、易如反掌 |
| 反义词： | 难如登天、寸步难行 |

---

[1] 这个故事的原文里还有成语"流血千里"（形容死伤非常多）、"穷奢极侈"（极端奢侈，形容挥霍浪费，荒淫腐化）、"逼不得已"（表示无可奈何的意思）。

# 【封狼居胥】

**《资治通鉴·汉纪十一》**

获屯头王、韩王等三人，将军、相国、当户、都尉八十三人，封狼居胥山，禅于姑衍，登临翰海，卤获七万四百四十三级。

**译文**

擒获匈奴屯头王、韩王等三人，以及将军、相国、当户、都尉等八十三人，在狼居胥山祭祀天神，姑衍山祭祀地神，又登上翰海旁边的山峰眺望，共俘获匈奴七万零四百四十三人。

# 漠北大决战

有一次，汉武帝到霸上举行除灾去邪的仪式，返宫途中，去看望他的姐姐平阳公主，结果看上了平阳公主府中的歌女卫子夫，便接入宫中。一年后，卫子夫有了身孕，这让一直没有生育的陈皇后非常忌妒。

这位陈皇后不是别人，就是馆陶长公主刘嫖的女儿。当初武帝能被立为太子，馆陶长公主起了很大的作用。等到武帝即位称帝，陈氏就做了皇后。馆陶长公主觉得自己有恩于武帝，所以得意忘形，不停地索要赏赐，还经常干预朝政，招致武帝的不满。陈皇后更是骄横无比，忌妒成性，武帝也对她越发生厌起来。

陈皇后担心自己会因无子被废，便去找母亲哭诉。馆陶长公主为了教训卫子夫，就把她同母异父的弟弟卫青抓了起来，想杀死他。卫青的好友、骑郎公孙敖知道后，带着人把他抢了回来。武帝忍无可忍，立即召见卫青，任命他为建章宫的宫监，还给他侍中的官衔，赏赐千金。不久，武帝又立卫子夫为夫人，任命卫青为太中大夫。馆陶长公主知道这是武帝对自己的警告，从此不敢再生事端。

武帝的这次出手，不仅让卫子夫在后宫的地位扶摇直上，更重要的是为大汉王朝保住了一位天才将领，从而扭转汉朝在与匈奴关系中的长期被动局面。

当年马邑诱敌失败后，汉朝与匈奴之间的关系彻底破裂，匈奴人更加频繁地侵掠北方边境。元光六年（前129年），匈奴人又一次入侵上谷郡①，杀害了当地官员，劫掠了许多百姓。

武帝大为愤怒，决心变被动防守为主动出击，便任命卫青为车骑将军，公孙敖为骑将军，和轻车将军公孙贺、骁骑将军李广，各自率领一万骑兵，分四路出击，攻打屯兵在边关贸易市场附近的匈奴军队。结果，除了卫青打到龙城②，斩首和俘获匈奴七百多人，其他人都无功而返。公孙贺连匈奴人的影子都没见着，公孙敖倒是遇到了，却被匈奴人打败，损失了七千骑兵，李广更是全军覆没，他被匈奴人活捉后装死才逃回。武帝很欣赏卫青，加封他为关内侯。

第二年秋季，匈奴再次入侵辽西郡、渔阳郡和雁门郡，杀害和掳掠了四千多人。卫青统率三万骑兵出击，斩杀匈奴数千人。第三年，匈奴又入侵上谷郡和渔阳郡。这次卫青率部一直打到陇西，夺取了黄河以南地区。

黄河以南地区土地肥沃，且有黄河天险，汉军收复该地区的捷报传到京城，武帝大喜，下诏封卫青为长平侯，并征调民夫在此修筑了朔方城，设置朔方郡③，建立了一个反击匈奴的前方基地。

元朔三年（前126年），之前被武帝派去出使月氏，却一直杳无音信的张骞回来了。原来，当年张骞刚出玉门关，就被匈奴人捉住，拘留了十来年。逃脱后，他向西走了几十天，途径大宛国、康居国，辗转来到月氏国。月氏原来的太子做了国王，攻占了大夏国④的土地，那里肥沃富饶，很少有外敌入侵，已经没有向匈奴复仇的打算了。张骞滞留了一年多，只好启程回国，结果途中又被匈奴人捉住，一年多后才逃回长安。武帝派张骞出使西域的本意是想联合月氏夹攻匈奴，显然这个计划泡汤了。武帝决意独自对抗匈奴。

---

① 治所在今河北怀来东南。
② 匈奴祭天和集会的地方。
③ 辖境约今内蒙古河套西北部及后套地区。
④ 古希腊人称为巴克特里亚，主要指今中亚阿姆河以南，兴都库什山以北地区。原始居民为伊朗人。

元朔五年（前124年），消停了两年的匈奴人再次对汉朝发起进攻。这次领兵的是匈奴的右贤王，他率部多次侵扰朔方郡。武帝任命卫青为统帅，率领十几万人马，兵分多路出击匈奴。

匈奴右贤王以为路途遥远，汉军不可能到达，便经常饮酒醉卧，毫不戒备。卫青率军日夜兼程，如神兵降临，将右贤王大营团团包围。右贤王大惊，在百名精兵的护卫下落荒而逃。此战共俘获匈奴一万五千余人，牲畜近百万头。

武帝高兴坏了，当即派使臣带着大将军印信来到边塞，在军中拜卫青为大将军，加封食邑八千七百户，并将他的三个儿子都封为列侯。

卫青上书坚决辞谢："仰仗陛下的神威和诸位将领的奋力作战，才获得胜利。陛下已经增加了臣的封邑，臣的儿子还在襁褓之中，并无功劳，陛下却要划出土地封他们三人为侯，这就不是臣效力军中的本意了。"

武帝于是一一加封了诸位将领。此时的卫青可以说是权倾朝野，如日中天，但他对同僚依旧以礼相待，对士兵呵护有加，大家都愿意为他效力。

然而，武帝对卫青倚重的同时，也对他有所戒备，希望有更多的将才出现。

卫青有个外甥，叫霍去病，十八岁时当了侍中，精通骑马、射箭之术，随卫青出击匈奴时，十分英勇，战功屡次冠于全军，被武帝封为冠军侯。

元狩二年（前121年），武帝任命霍去病为骠骑将军，率领一万骑兵，自陇西出发北击匈奴，经过五个王国，转战六天，行军数千里，斩杀近万匈奴人，并夺得匈奴人用于祭祀上天的金人。武帝下诏增加霍去病食邑二千户。

夏季，霍去病又与合骑侯公孙敖率领数万骑兵分两路出击匈奴。霍去病率领军队跨越居延海①，经过小月氏②，抵达祁连山③，生擒单桓、酋涂二王，斩杀三万零二百人，俘获七十余个小王。匈奴人为此悲伤地唱着："亡我祁连山，使我牲畜不繁息。失我焉支山④，使我妇女无颜色。"

武帝又增加了霍去病食邑五千户，还打算为他修建府第。霍去病却说："匈奴还没有消灭，要家干什么呢！"

武帝听了，更加宠爱霍去病，给他的将士、马匹、兵器都是全军最好的。老天似乎也特别照顾霍去病，他的军队从来没有陷入困绝之境。

元狩四年（前119年），武帝决定深入沙漠腹地，大举进攻匈奴，他说："匈奴单于向北迁徙，企图引诱我军深入沙漠，然后趁我军因长途跋涉疲劳之际，袭击我军。那我们就如他所愿，深入漠北，打一场全面的歼击战。"然后征选了十万匹用粟米饲养的战马，命大将军卫青、骠骑将军霍去病各率骑兵五万，步兵数十万，正面攻击匈奴单于。

大军出塞后，卫青从俘虏口中得知单于的住地，便亲自率精兵挺进，命前将军李广、右将军赵食其从东路迂回策应。卫青率部行军一千余里，横穿大沙漠，发现匈奴单于的军队已经列阵以待，便下令将兵车环绕一周结成营阵，稳住阵脚，随即派出五千骑兵攻击匈奴。匈奴也放出约一万骑兵迎战。

双方将士厮杀至太阳将要西沉时，突然狂风骤起，飞沙扑面，卫青乘势指挥骑兵从两翼包抄匈奴单于。匈奴单于见汉军人多，兵

---

① 位于今内蒙古阿拉善盟额济纳旗北部。
② 少数没有西迁的月氏人进入祁连山，与羌人杂居，称为小月氏。
③ 位于今青海东北部与甘肃西部。
④ 在今甘肃山丹境内。

强马壮，估计自己打不过，便在几百名精壮骑兵的保护下冲破汉军防线，向西北方向逃窜。卫青赶忙派出一支轻骑兵追击，自己则率领大军跟随其后。汉军一直追到天将明时，还是没有抓到单于，但擒获和斩杀了一万九千多匈奴人。

霍去病率领的骑兵出塞二千余里，穿越大沙漠，与匈奴左部的军队遭遇，擒获匈奴三个王，俘虏七万多匈奴人。霍去病又乘胜追到狼居胥山①，命人堆土增山，然后他登上山顶，朝着中原的方向设坛祭拜天地，并在山上立碑纪念，以示此地纳为大汉疆土。

武帝非常高兴，又给霍去病的食邑增加了五千八百户，加封他手下四人为列侯，提拔了不少低级军官，还赏赐了很多士卒。而大将军卫青因战功没有超过损失，所以武帝没有增加他的食邑，也没有加封他的部下。

此外，武帝还增设大司马一职，由卫青、霍去病共同担任，还规定霍去病的官级和俸禄与卫青一样。从此，卫青的权势日渐衰落，而霍去病却日益尊贵。卫青的很多朋友和门客都离开他，改投了霍去病。

这次漠北之战，是汉军在距离中原最远的战场进行的一次规模最大、打得最艰巨的战役。这一仗，歼灭匈奴九万余人，匈奴因此元气大伤，迁往更远的地方去了。汉军则渡过黄河，处处开通河渠，设置田官，派士卒屯垦，逐渐蚕食到匈奴旧地以北，但也因缺少马匹，不再大举出击匈奴了。

---

① 在今蒙古国乌兰巴托东。

## 成语学习

# 封狼居胥

比喻建立显赫功绩。

| | |
|---|---|
| 造　句： | 他之所以应征入伍，就是想学霍去病，封狼居胥，建立战功。 |
| 近义词： | 勒石燕然、建功立业 |
| 反义词： | 无所事事、饱食终日 |

# 夜郎自大

**《资治通鉴·汉纪十一》**

于是汉以求身毒道,始通滇(diān)国。滇王当羌谓汉使者曰:"汉孰与我大?"及夜郎侯亦然。以道不通,故各自以为一州主,不知汉广大。

### 译 文

这次汉朝使者为寻访前往身毒国的道路,才首次到达滇国。滇王当羌问汉使:"汉朝与我国相比,谁大呢?"汉使到达夜郎时,夜郎王也向他们提出相同的疑问。因为地处偏远,道路阻塞,西南各少数民族都霸占一方为王,对汉朝的广大毫无概念。

## 张骞"凿空"西域[①]

十三年前，即建元二年（前139年），二十六岁的张骞率领一百多人，由胡人奴隶甘父引路，从陇西郡出发，走北道[②]前往西域的月氏国。谁知，张骞一行刚出玉门关，就被巡逻的匈奴骑兵逮住，押到匈奴的王庭。

当年用月氏王的头颅做酒具的老上单于已经去世，继位的是他的儿子军臣单于。军臣单于得知张骞要去大月氏，便犯起了嘀咕："俗话说，敌人的敌人是朋友。汉朝这是想联系我的仇敌来对付我呀。"

想到这里，军臣单于有些恼怒，质问张骞："大月氏在我们北边，汉朝怎么能派使者前去呢？就好像我们若要派使者去南越，难道汉朝会允许吗？"

这话听起来没有半点儿毛病，张骞很无奈。不过，军臣单于不敢明目张胆地杀害汉使，只是将他们囚禁起来，并威逼利诱张骞投降匈奴。

为了让张骞安心留下，军臣单于还给他娶了一名匈奴女子为妻。一年后，这位匈奴妻子给张骞生了一个孩子。从那时起，张骞似乎真的安下心来，他结交了很多匈奴朋友，每天跟他们一起打猎，还经常邀请他们来家中做客，大碗喝酒，大块吃肉。然而，在夜深人

---

[①] 司马迁称赞张骞出使西域为"凿空"，意思是"开通大道"。
[②] 汉代自敦煌以西分为南、北两条道。北道由敦煌至玉门关西行，南道由敦煌到阳关西行。南北两道在木鹿城（今土库曼斯坦巴伊拉姆阿里市附近）相会为一路。由此向西，可达地中海东岸。

静的时刻,张骞就会拿出汉使的符节,一遍一遍地摩挲,并暗中发誓:"我一定要逃离此地,完成出使的任务。"

一转眼,十几年过去了,张骞的孩子都能骑马放牧了,匈奴人觉得张骞已经死心了,因此放松了对他的看管。这天,张骞乘匈奴人不备,率领部下逃了出来。

可是,张骞被扣留匈奴的十几年间,西域的形势也发生了变化。月氏的敌人乌孙①在匈奴的支持下,西攻大月氏,大月氏人被迫继续西迁,进入妫(guī)水②地区,并征服了大夏国,在妫水之北建都,作为王庭。打听到这一情况后,张骞毅然折向西南方向,准备穿越沙漠,翻过葱岭③,寻找大月氏。

经过几十天的长途跋涉,张骞一行终于走出茫茫草原,进入人迹罕至的沙漠地带。滚滚热浪仿佛要将人烤化了,偶尔遇到旋风,将黄沙高高卷起,打着转追着人跑。由于出逃匆忙,物资准备不足,张骞一行尝尽各种艰辛。干粮吃完了,就靠善射的甘父射杀禽兽充饥,水喝完了,就挖窟攫冰,不少人因饥渴倒毙在途中。

几个月后,张骞一行来到葱岭脚下。葱岭高如屋脊,冰雪皑皑,寒风刺骨,张骞等人沿东边的峡谷溯河而上,经过终年积雪的山口,再翻越崎岖的山脉,终于看到了山脚下的袅袅人烟,一个热闹繁华的城市在他们眼前徐徐展开:城郭依山傍水,树木郁郁葱葱,草地上牛羊成群。

张骞兴奋极了,狂奔下山,发现这里的男人鼻梁高挺,眼窝深陷,瞳孔碧蓝,满面胡须。女人则眉眼如画,皮肤白皙,身姿曼妙,个个能歌善舞。张骞原以为这就是月氏国,一打听才知道这个国家

---

① 都城在今新疆温宿北天山中。
② 源出阿富汗兴都库什山脉北坡,西北流入咸海,全长约两千五百余公里。
③ 今帕米尔高原。

叫大宛①（yuān）。

大宛王早就听说东方有一个富庶的汉朝，一直渴望与汉朝通使往来，却没能实现。所以，见到张骞后，大宛王十分高兴，问他："你怎么会到这里来呀？"

张骞就对大宛王说："我为汉朝出使大月氏，却被匈奴扣留了十几年。如今逃出匈奴来到这里，希望大王派人引导我们前往大月氏。若能到达大月氏，我们返回汉朝后，汉朝一定会赠送给大王数不尽的财物。"

大宛王顿时肃然起敬，热情地款待张骞一行，又安排了向导和翻译，准备护送他们经康居国②到月氏国。

临行前，大宛王命人牵来一匹马。那马身材瘦削，头细颈高，毛色却有着金属般的光泽。张骞上前抚摸了一阵，不由得啧啧称奇："大王，您这马神俊挺拔，是什么品种啊？"

大宛王骄傲地说："这可是我国的国宝，它能够耐受沙漠的酷暑与高温，日行千里，人称千里马。最奇特的是，它的汗从前肩流出，像血一样红，所以又叫汗血马③。骑上它，你一定会很快到达目的地。"

在大宛国和康居国的帮助下，张骞终于到达苦寻多年的大月氏国。张骞手执汉使的符节，向大月氏王呈上出使证明，并说："大汉皇帝让我转达他对您的问候。目前，大汉正在抗击匈奴，皇帝派我出使贵国，是希望与大王您联手，夹击匈奴。"

"尊贵的汉使，你们远道而来，先好好休息吧。此事以后再商议。"大月氏王微笑着说道。

---

① 在今乌兹别克斯坦费尔干纳盆地一带。
② 约在今中亚巴尔喀什湖和咸海之间。
③ 其实是因为这种马皮薄毛细，又因为其肩部汗腺发达，所以长时间奔跑时能透过皮肤看到血液在血管中快速流动，皮肤变红，且再伴着汗液，给人一种"流血"的假象。

张骞一愣,疑惑地问道:"难道大王不想赶快报仇雪耻了吗?"

大月氏王淡淡地说:"今时不同往日,我们现在过得挺好的,上一辈的恩怨就忘了吧。"

原来,大月氏征服大夏后,就定居了下来,这里土地肥沃,物产丰富,极少有外敌入侵。生活一安逸,大月氏人就把报仇雪耻的事淡忘了。

张骞不甘心,便在大月氏国住了下来,一边继续游说大月氏王联合抗击匈奴,一边交朋结友,考察当地风土人情,并向大月氏人传播汉朝的文化与冶铁技术。

这天,张骞在一位商人朋友的带领下,越过妫水南下,来到大夏的蓝氏城。大夏人善于经商,售卖的商品也五花八门,有异香扑鼻的香料、琳琅满目的玉石、饱满诱人的葡萄,等等。看到汉人长相的张骞,大夏人拼命向他们兜售商品。张骞向他们点头致意,买了不少当地的特产。

逛着逛着,张骞突然看到有人卖汉朝邛(qióng)山出产的竹杖和蜀地的布匹,大为惊讶,问大夏人:"这东西从哪里得来的?"

大夏人说:"从身毒国[①]买来的。"

"身毒国?"这是一个张骞闻所未闻的国家,他一下子来了兴趣,追问道,"它在哪里?"

"在我们大夏东南约几千里之外,和我们生活习惯差不多。只不过,身毒国的地势更低,天气更炎热。还有呀,我们骑马打仗,他们则骑着大象打仗。"

此行给张骞留下了深刻的印象。接着他又访问了月氏西边的安息国[②]。安息方圆数千里,大小城镇有数百座。跟汉人一样,安息人

---

① 即今印度。
② 即今伊朗。

种水稻和麦子，也出产葡萄酒。他们做生意是用车和船装运货物，有时运到附近的国家，有时运到几千里以外的地方。安息人用银做钱币，钱币铸成国王的样子，国王死去，就改换钱币。他们在皮革上画横作为文字。

旅行中，张骞还了解到于阗①（tián）、奄蔡②、条支③等国的风土人情。由于大月氏王一直没给明确答复，张骞滞留一年多后，便启程回国。

这次，张骞吸取来时的教训，想避开匈奴，走南道，通过羌人的居住区归汉。没想到，羌人也归附了匈奴，张骞等人又被匈奴人捉住，拘留了一年多。

元朔三年（前126年），匈奴军臣单于死了，他的弟弟左谷蠡王伊稚斜自立为单于，并进攻军臣单于的太子於单，於单不敌，逃到汉朝投降。张骞就趁匈奴内乱，回到长安。

张骞当初出发时有一百多人，离开汉朝十三年，最终只有他和甘父二人得以生还。张骞这次出使西域虽然没有达成联合大月氏夹击匈奴的目标，但让汉廷了解到华夏之外的西方世界。武帝非常高兴，嘉奖了张骞，任命他为太中大夫。

打那以后，汉武帝就经常召张骞讲西域的风土人情，常常听得入迷。这天，张骞想起大夏人提到的身毒国，就对武帝说："既然大夏在我国西南一万两千里外的地方，而身毒国又在大夏东南几千里外，且有我国蜀地的东西，说明身毒国距离蜀地不太远。"

武帝连连点头："你有什么建议？"

张骞想了想，说道："可以派使者经由蜀地前往身毒，再到西域。这应该是一条通往西域的直路。"

---

① 都城在今新疆和田。
② 在康居西北，即今中亚咸海、里海北部草原。
③ 都城在今土耳其南部。

"好极了！这样就可以避开匈奴和羌人居住区！"武帝非常兴奋，心想："如果能不通过战争让西域各国归附中国，大汉的疆域就可以扩大万里，天子的威德将遍布四海。"

公元前122年，汉武帝命张骞主持出使身毒国一事。张骞派出使者，分四路从西南地区出发，前往身毒国。不料，北路被氐人阻挡，南路遭到滇国人拦截，另外两路也无功而返。因为地处偏远，道路阻塞，西南地区的少数民族都各霸一方为王，他们不知道汉朝有多大。所以，滇王当羌听说汉使到来，就好奇地问："汉朝与我国相比，谁大呢？"无独有偶，夜郎国王也向汉朝使者提出相同的疑问。使者回到长安后，向武帝报告了这一情况。武帝抚须大笑："一个弹丸小国，竟敢与大汉相提并论，真是夜郎自大呀！"

元狩四年（前119年），被汉军驱逐到漠北的匈奴人，依靠西域诸国的人力、物力，再次与汉朝对抗。武帝就派张骞再次出使西域，游说乌孙东归，以断匈奴右臂，同时劝说西域各国与大汉联合。

由于道路畅通，张骞的使团顺利到达乌孙，乌孙王听说汉朝广大，就同意建交，后来还娶了汉朝公主为妻。张骞又派副使分别与大宛、康居、大夏、安息、身毒等国联络，进一步扩大了汉王朝的影响。

张骞的两次出使，打通了汉朝通往西域的南北道路，此后西域的葡萄、苜蓿（mù xu）、核桃、石榴等农作物陆续传入汉朝，中国出产的丝绸则经南北两路西运，销往世界各地。人们就把张骞开辟的汉朝通往西域的道路称为"丝绸之路"。

## 成语学习

# 夜郎自大

夜郎，汉代西南地区的一个小国。比喻人无知而又狂妄自大。

| | |
|---|---|
| 造　句： | 清朝闭关锁国，陶醉在天朝上国的迷梦中，真是夜郎自大，可笑至极。 |
| 近义词： | 妄自尊大、不可一世 |
| 反义词： | 虚怀若谷、谦虚谨慎 |

# 【飞将数奇】

《资治通鉴·汉纪十一》

　　李广老,数奇,毋令当单于,恐不得所欲。

**译文**

　　李广年纪已老,运气又不好,不要让他与单于正面作战,恐怕他不能完成擒获单于的任务。

# 迷路将军李广

汉朝抗击匈奴的杰出人物里，除了横空出世的卫青、霍去病等年轻将领，还有一个征战四十多年，被匈奴人称为"飞将军"的老将——李广。

李广出身名将世家，从小练习射箭骑马，武艺高超，后来当上宫中侍卫。有一次，他随汉文帝去狩猎，徒手与猛兽搏斗。文帝感叹道："可惜你生不逢时，你要是生在高祖那个战乱频繁的时代，凭军功封个万户侯不在话下！"

汉景帝时，李广曾随太尉周亚夫平定七国之乱，立下大功，却因接受了梁王刘武赠送的将军印，惹恼了景帝，还朝后没有被封赏，后来被派到上郡①做太守。

有一年，匈奴入侵上郡，李广率领一百名骑兵去追击三个匈奴射雕手，结果遇到几千匈奴骑兵。

匈奴人看见李广的小队伍，吃了一惊，连忙占据高地，摆开迎战的阵势。李广手下的骑兵更是吓得不行，都想调转马头，立刻逃跑。

李广赶紧制止他们："现在逃跑，匈奴人一定会追上来，我们就成了他们的箭靶子，全都没命。留在这里，迷惑匈奴人，让他们以为我们是汉军大部队派出的诱兵，他们就不敢进攻我们了。"说完就下令："前进！"

---

① 辖地约今陕西中北部毗（pí）邻内蒙古部分。

一百名汉军骑兵只好壮着胆子继续前进。在距离匈奴人的阵地大约两里的地方，李广让大家下马，并解下马鞍。

骑兵们一听，吓得脸色都白了："一旦匈奴人冲过来，我们连上马的时间都没有！"

李广不慌不忙地说："他们见我们不但不跑，还把马鞍解下来，一定更加疑惑，认定我们是诱敌小分队。"

匈奴人果然生疑，不敢贸然进攻。双方就这样对峙着，到了黄昏，一个匈奴将领从阵地出来，查看四周的情况。

李广见状，立刻翻身上马，带着十几名骑兵奔驰过去，一箭射死了这个匈奴将领。回来后，李广又解下马鞍，让骑兵们放开战马，卧地休息。

匈奴人猜不透李广这支小分队的行为，一直不敢进攻。到了半夜，他们仍然认为附近埋伏了汉朝大军，想夜间袭击他们，于是撤离了。李广没敢立刻就走，一直等到天亮，才带着那一百名骑兵回到军营。

李广带兵，与别的将领不同，他的军队没有固定编制，行军布阵没有严格的队列和阵势，打起仗来一窝蜂，休息起来各自扎堆，夜间也不派人巡营，只是远远地布置哨兵。比起常规做法，匈奴人更害怕李广这种不按常理出牌的战术。将士们也愿意跟随李广，觉得自在。更重要的是，李广爱兵如子，得到赏赐就分给部下，行军打仗遇到缺水时，士兵没有都喝过，李广绝不沾水，遇到缺粮时，士兵没有都吃过，李广绝不进食。

到汉武帝时，李广已经是扬名天下的抗匈名将。元光六年（前129年），匈奴入侵上谷郡，李广与卫青、公孙敖、公孙贺四名将领，各自率领一万骑兵，分四路攻打匈奴军队。

在这次战役中，除了卫青，其他人都无功而返，李广更是全军覆没，他本人被匈奴人活捉。匈奴人把他绑在两匹马之间的网袋上。走了十多里，李广先是装死，后来突然纵身跃起，跳到一个匈奴骑兵的马上，夺了他的弓箭，打马向南逃。匈奴数百骑兵紧追不舍，李广纵马反射，杀死几个追兵，才得以脱险。

回来后，打了败仗的李广理应处死，但当时的规定是可以出钱赎罪，最终他花了一笔钱，免除了死罪，成了平民。

第二年，匈奴再次侵犯边境，武帝又起用李广，任命他做了右北平郡①太守。匈奴人害怕李广，称他是"飞将军"，连续几年不敢入侵右北平郡。

元狩二年（前121年），霍去病与公孙敖率领数万骑兵从北地分两路出击匈奴，李广和博望侯②张骞也同时从右北平分路出击。李广率领四千骑兵为先锋，张骞率领一万骑兵殿后。

结果李广的军队遇到匈奴左贤王率领的四万骑兵。匈奴人将李广的四千骑兵团团包围。汉军将士都很恐惧，李广便命自己的儿子李敢独自率领数十名骑兵直穿敌阵，然后从敌阵左右两侧突围出来。回来后李敢向李广报告说："匈奴人很容易对付。"汉军将士听了，情绪才安定下来。

李广于是命令将士们面对敌人列成圆形战阵。战阵刚形成，匈奴人就开始向汉军发起猛烈进攻，如雨般的利箭"唰唰唰"地飞向汉军阵地。

见身边的士兵一个个倒下，李广急忙拿出特大号的强弓，拉满弓弦，一连射死好几名匈奴将领，匈奴人的攻势才渐渐缓和下来。

此时天色已晚，汉军伤亡过半，剩下的将士个个面无人色，只有李广神情自若，从容不迫地巡视阵地，调整部署，全军上下得到

---

① 在今内蒙古宁城西南。
② 考虑到张骞对西域的了解，汉武帝就让他随卫青、霍去病出征匈奴，后因功封为博望侯。

鼓舞，重新振作精神。

第二天，汉军再次奋力与匈奴人激战，虽然死伤大半，但消灭的敌人超过己方的损失。幸而张骞的大军及时赶到，匈奴人才撤退。

这次战役，李广功过相抵，没有处罚，也没有封赏。想到以前

的部下不少人都因军功封了侯，自己却阴差阳错，始终不能立功封侯，李广常常感到遗憾。

元狩四年（前119年），武帝决定与匈奴人来一场大决战，命大将军卫青、骠骑将军霍去病各率骑兵五万，步兵数十万，深入漠北，

大汉雄风·迷路将军李广

正面攻击匈奴单于。

此时李广年事已高，所以武帝一开始没有让他参加这次军事行动。李广知道这是自己最后的立功机会，便多次请求出征。武帝无奈，只好任命他为前将军。但在大军出征前，武帝暗中嘱咐卫青："李广已经老了，运气又不好，不要让他与单于正面作战，我担心他完不成抓单于的任务。"

所以，当卫青从俘虏口中得知单于的住地后，决定亲自率领精兵挺进，而好朋友公孙敖不久前失去爵位，卫青想让他与自己一同正面与单于作战，立下战功，重新封侯。所以，卫青就将李广调到东路，让他与右将军赵食其合兵一处，策应他们。

李广坚决推辞，向卫青请求："我是前将军，我的军队理应充当先头部队，大将军怎么把我们改成东路军呢？我从少年时就开始与匈奴人作战，今天终于有机会与单于正面交锋，请让我先去与单于死战吧。"

卫青拒绝了李广的请求。李广无奈，只好率领军队从东路进发。动身前，他没向卫青辞行，以此表达自己心中的愤怒。

结果，李广与右将军赵食其率领的东路军因为没有向导，在沙漠中迷失了道路，以致落到卫青的后面，没能赶上与单于的那一战。直到卫青率部班师，经过沙漠南部时才遇到李广和赵食其的东路军。

卫青派人责问他们迷路的原因，并命李广马上到大将军处听候传讯。李广说："校尉们没有罪，是我自己迷了路，我现在自己到大将军那儿受审。"

待来人走后，李广对他的部下说："四十多年来，我一直渴望能亲手抓住匈奴单于。我已经老了，这次是我最后的机会，可大将军却将我调到东路。路途本就绕远，还迷失了方向，这不是天意又是什么？我一个六十多岁的人，怎么能再去接受那些刀笔小吏的审问！"说完就拔刀自刎了。

李广死去的消息传到军中，全军将士痛哭流涕。老百姓听说后，认识他的和不认识他的，无论年老的还是年轻的，都为他流泪，为他惋惜。

## 成语学习[1]

# 飞将数奇

李广的运气不好。比喻能人遭遇不佳。

| | |
|---|---|
| 造　句： | 他挺有才的，可惜飞将数奇，一直潦倒不堪。 |
| 近义词： | 时运不济 |
| 反义词： | 鸿运当头 |

---

[1] "李广难封"也是成语，意指"功高不爵，命运乖舛（chuǎn）"。这个故事的原文里还有成语"意气自如"（比喻遇事神态自然，十分镇静）。

# 奋不顾身

《资治通鉴·汉纪十三》

陵事亲孝，与士信，常奋不顾身以徇国家之急，其素所畜积也，有国士之风。今举事一不幸，全躯保妻子之臣随而媒蘖（niè）其短，诚可痛也！

### 译文

李陵对父母孝顺，对士人讲信义，常常不顾自身安危，赴国家急难，这正是他平时的志愿所在，颇有国士的风范。如今出征偶然不幸失败，那些保全自身性命和妻子儿女的臣子就跟着捏造他的短处，实在令人痛心！

# 将军百战声名裂[1]

　　李广死后,他的儿子李敢怨恨卫青,觉得是卫青让他的父亲抱恨而死,便把卫青打伤。卫青对李广抱有愧意,所以没有怪罪李敢,并将此事隐瞒下来,不让武帝知道。霍去病知道后,很生气,在李敢陪武帝狩猎时,用箭射死了他。武帝宠爱霍去病,对外宣称李敢是被鹿撞死的。

　　从李广到李敢,仿佛被命运诅咒,都时运不济,没能善终。更不可思议的是,若干年后,宿命又在李广的孙子李陵身上重演了。

　　李陵年轻时担任侍中,对人仁爱,名声很好。作为将门虎子,他又精通骑马、射箭之术,也渴望立下军功,完成祖父封侯的心愿。武帝觉得李陵颇有其祖父李广的风范,便封他为骑都尉,给了他五千将士,让他在酒泉、张掖一带教习射箭之术,以防备匈奴。

　　匈奴人自漠北之战后,迁到很远的地方休养生息,并多次派使臣到汉朝来,甜言蜜语请求和亲。等到汉朝派使者前去时,匈奴单于却出尔反尔,不但扣留使者,还派兵再次侵犯汉朝边界。

　　天汉二年(前99年),武帝派贰师将军李广利率三万骑兵从酒泉出塞,在天山一带袭击匈奴右贤王。

　　武帝想让李陵为李广利押运辎重。李陵请求说:"我的部下都是荆楚地区的勇武之士和奇才剑客,论力量能够手扼猛虎,论箭术堪

---

[1] 出自宋朝文学家辛弃疾的《贺新郎》(绿树听鹈鸪)一词,意思是说:汉代名将李陵身经百战,却因为兵败归降匈奴而身败名裂。

称百发百中，希望陛下能让我自己率领一队人马，与匈奴人交战。"

武帝笑道："你不愿做别人的部下，对吗？但这次朕调动的军队太多，没有多余的马匹分配给你。"

李陵神情坚毅地说："我用不着马匹，愿以少敌众，率五千步兵直捣匈奴单于的王庭[①]。"

武帝很欣赏李陵的豪情壮志，同意了他的请求。于是，李陵率领五千步兵，踏上了寻找匈奴主力的征途。他的运气比他的祖父李广要好，不但没有迷路，而且在浚稽山[②]真的遇到了单于主力。

三万匈奴骑兵将李陵的五千步兵团团包围。李陵利用山势，用大车围成营寨，亲自率领士卒在营外布下战阵，前排手持戟和盾，后排手持弓和弩。

匈奴人见汉军人少，便大胆往前冲。只听李陵一声令下，汉军千弩齐发，匈奴人纷纷应弦倒地，只得撤退。李陵率部追击上去，杀死数千匈奴人。单于大惊，急忙调来左右两翼共八万骑兵合力围攻李陵。

眼见匈奴人越来越多，李陵知道硬拼不得，就命令士兵们且战且走，向南撤退。几日后，汉军来到了一个山谷中。连日作战，汉军士兵大多身带箭伤，李陵让受伤三处的坐在车上，受伤两处的驾车，受伤一处的则手持武器坚持战斗，如此又斩杀了三千多匈奴人。

趁匈奴人的攻势稍稍缓和下来，李陵带着大家继续向东南方撤退。五日后，他们退到一大片沼泽之中。追上来的匈奴人见到处是芦苇，便想用火攻，企图烧死汉军。李陵立刻让部下放火烧光身边的芦苇，开辟出一块空地来，这样匈奴人的火才没有烧到他们。

汉军继续南行，不久来到一座山下。单于命他的儿子率领骑兵

---

① 即匈奴朝廷。
② 在今蒙古国境内。

向汉军发起进攻。李陵让大家上山，把匈奴骑兵引到树林之间。匈奴骑兵策马不便，只好下马，与汉军贴身肉搏。汉军士兵拼死奋战，又杀死了几千匈奴人。

见匈奴人倒下一批，又上来一批，李陵决定擒贼先擒王，他命人用连弩机射单于。单于见汉军的这个武器颇为厉害，自己好几次险些被射中，吓得赶紧下山躲避。

这天夜里，匈奴单于把将领们召集在一起商量对策："已经十多天了，我们十几万人马都没能消灭汉军区区几千人，可见他们是汉朝的精兵，能以一当百。他们日夜引我们向南，很快就要到汉朝的边塞，莫非他们埋伏了军队，故意引诱我们前去？"

匈奴将领都说："如果我们现在就撤退，别人就会笑话我们，说我们十几万骑兵竟然打不过几千汉军，单于您以后就无法再发号施令，汉朝也会更加轻视我们。还有四五十里才到平原地区，不如最后大战一次，若还不能取胜，就撤兵回去。"

第二天，匈奴人向汉军发起了最后的进攻，交战数十回合，结果又损失了两千人，于是打算撤兵离去。

然而就在此时，李陵军中有一个叫管敢的军候，因为被校尉欺辱，逃到匈奴军中，对单于说出了汉军的实情："李陵没有援军，箭矢也快用光了。"

单于喜出望外，立刻命令所有骑兵一齐向汉军发起进攻，同时大喊："李陵快投降！"另外他还派了一队骑兵截断汉军的退路。

汉军被困在山谷之中，匈奴人占领山头，居高临下从四面射箭。一时间，箭如雨下，不少汉军士兵被射死或射伤。

李陵带领剩下的三千余人拼死突围后继续向南退。很快，他们的箭就用完了，李陵下令放弃辎重车辆，砍下车的辐条做武器，文职人员也手持短刀加入战斗行列。

就这样边战边退，汉军最后退入一个狭谷之中。单于命令骑兵上山，从山上滚下巨石，他自己亲自率兵截断汉军后路。结果，汉军士兵大多被砸死，剩下的也无法再前进。

天渐渐黑了下来，匈奴人停止了进攻，但一直嚷嚷："活捉李陵！""李陵跑不了啦！"

剩下的汉军士兵都望着李陵。李陵环视了大家一圈后，独自一人走出营地。几个士兵正准备跟上，却被李陵制止："不要跟着我，我要一个人生擒单于！"士兵们不敢违抗他的命令，只好止步。

过了很长一段时间，李陵才回到营中，他叹息道："匈奴人戒备森严，我找不到机会下手。看来我们要死在这里了！"

众人沉默。过了一会儿，李陵又叹了一口气说："如果再有几十支箭，我们就可以乘着夜色杀出重围。可惜我们已经没有武器了，天亮以后，只能坐以待毙。与其如此，不如各自逃命，若有人能够侥幸逃脱，就回去报告天子。"他让每人带上二升干粮、一片冰，约定到遮虏障[①]会合。

半夜时，李陵叫醒了大家，准备分散突围。他最后看了士兵们一眼，然后第一个冲了出去。匈奴人很快就发现了，派出数千名骑兵追击，最后把李陵合围了起来。手无寸铁的李陵只好投降。好在此地距离汉朝边塞只有一百多里，最终有四百多人逃了回去。

武帝原本希望李陵能死战，听说他投降了匈奴，勃然大怒。满朝文武都说李陵有罪，只有太史令[②]司马迁竭力为他辩护："李陵平时孝顺双亲，对朋友重信守诺，对士兵有恩信，常常奋不顾身地赴国家急难，具有国士的风范。这次出征不幸遭遇失败，那些只顾着保全自己和家人性命的臣子就跟着落井下石，夸大李陵的罪名，实

---

[①] 在今内蒙古额济纳旗东南。
[②] 掌管天文历法，记录祥瑞或灾异现象的官员。

在令人痛心！再说，李陵率领五千步兵，深入匈奴腹地，面对十几万匈奴骑兵，却打得他们死伤惨重。最后箭矢用尽，无路可走，他们仍然拼死力战。李陵虽然兵败，但他对匈奴的打击足以使他名扬天下。他之所以没有自杀，肯定是想找机会逃回来，继续报效国家。"

武帝大怒，认为司马迁是想借抬高李陵，指责李广利，而后者是他的宠妃李夫人的哥哥，于是下令对司马迁施以宫刑。过了很久，武帝才对李陵陷入孤立无援的境地表示理解，后悔没有派人接应他。

过了两年，武帝终于冷静了，派公孙敖率兵深入匈奴腹地，设法营救李陵回来。结果公孙敖无功而返，上奏说："我们抓到的匈奴俘虏说，李陵教匈奴单于制造兵器，对付汉军。所以，我们没有接到他。"

武帝大怒，下令将李陵的家属满门抄斩。不久，武帝听说教匈奴的是别的汉朝降将，又后悔杀了李陵全家。

正如司马迁所言，李陵一开始的确是诈降，想着以后找机会逃回中原，没想到汉朝杀了他全家，一下子断了他的归路。万分痛苦之下，李陵最后才选择留在了匈奴，至死未回。

## 成语学习①

## 奋 不 顾 身

奋勇向前，不考虑个人安危。

| 造　句： | 每当出现险情，解放军战士总是奋不顾身，冲在最前面，保护人民的生命和财产安全。 |
| --- | --- |
| 近义词： | 舍生忘死、万死不辞 |
| 反义词： | 贪生怕死、畏缩不前 |

---

① 这个故事的原文里还有成语"应弦而倒"（随着弓弦的声音而倒下。形容射箭技艺高超）、"矢如雨下"（箭像雨一样射来）、"救死扶伤"（抢救生命垂危的人，照顾受伤的人。现形容医务工作者全心全意为人民服务的精神）、"转斗千里"（长途转辗作战）。

# 不知所出

**《资治通鉴·汉纪十四》**

太子计不知所出，遂从石德计。秋，七月，壬午，太子使客诈为使者，收捕充等。

**译 文**

太子想不出别的办法，于是按着石德的计策行事。秋季，七月壬午（初九），太子派门客冒充皇帝使者，逮捕了江充等人。

## 太子真的不好当

汉武帝二十九岁那年，卫子夫为他生下了一位皇子。这让已经做了十三年皇帝，却一直无子的武帝非常高兴，为皇长子取名刘据，封卫子夫为皇后。

武帝十分喜爱刘据，在他七岁时就封为太子，并挑选处世恭谨的人做他的师傅。刘据长大后，心地仁慈，性格温和，武帝却开始嫌他不像自己那样精明强干。而武帝平日宠爱的几位妃子又都生了儿子，尤其是一个叫钩弋（yì）夫人的，怀孕十四个月才生下皇子刘弗陵。武帝很高兴，认为上古时的尧也是十四个月才出生，于是下令将钩弋宫的宫门改称尧母门。渐渐地，武帝对卫皇后和太子的宠爱也就少了。

卫皇后和太子为此很不安。武帝察觉后，对大将军卫青说："我朝有很多事还处于草创阶段，再加上周围的外族对我国的侵扰不断，朕如不变更制度，后代就将失去准则，如不出师征伐，天下就不能安定，因此不得不使百姓们受些劳苦。但倘若后代也像朕这样去做，就等于重蹈了秦朝灭亡的覆辙。太子性格稳重好静，肯定能安定天下，不会让朕忧虑。朕最近听说皇后和太子有些不安，是真的吗？你可以把朕的话转告给他们。"卫皇后与太子听了卫青的转述，心里才踏实了些。

武帝的确没有废黜太子的意思，他每次出外巡游，都会将朝政交给太子处理。如果有所裁决，等武帝回来，只要将其中最重要的向武帝报告，武帝也没有不同意的，有时甚至不过问。武帝用法严厉，任用的多是严苛残酷的官吏，而太子待人宽厚，经常将一些他认为处罚过重的人从轻发落，这样做确实赢得了老百姓的心，却惹恼了那些执法大臣。

卫皇后害怕长此下去会获罪，经常告诫太子："你应当顺从皇上的意思，不应擅自宽赦那些犯罪的人。"武帝听说后，却说："太子的处理是对的。"

群臣中，为人厚道的都依附太子，而用法严苛的都诋毁太子。由于奸邪的臣子大多结成朋党，渐渐地，为太子说好话的人少，说坏话的人多。等到大将军卫青去世后，他们更觉得太子失去了母亲娘家的靠山，便竞相陷害太子。

宫中的小黄门[①]苏文因为得罪了太子，生怕遭到报复，就经常与小黄门常融、王弼等暗中寻找太子的过失，然后添油加醋地向武帝报告。

卫皇后听说后，恨得咬牙切齿，对太子说："你应当禀明皇上，杀死苏文等人。"

太子却说："只要我不做错事，又何必怕苏文等小人！皇上圣明，不会相信这些邪恶的谗言，用不着忧虑。"

有一次，武帝感到身体有点儿不舒服，派常融去召太子前来。常融回来后对武帝说："太子一听陛下身体不舒服，脸上竟然露出喜色。"

武帝听了，心中一沉，默然无语。等到太子来了，武帝仔细观察他的神色，见他虽然有说有笑，脸上却有淡淡的泪痕。武帝感到奇怪，便暗中查问，原来太子得知武帝生病后大哭了一场。得知真相后，武帝处死了常融。

---

① 侍从在皇帝左右的宦官，负责收受尚书奏事，传宣帝命，以及宫廷内外、皇帝与后宫之间的联络。黄门即宫禁。

武帝痴迷长生不老术，所以当时京城里聚集了很多方士和巫师，他们教宫里的妃嫔把木头人埋在土里祭祀，来诅咒讨厌的人，即所谓巫蛊术。这些嫔妃常常因为相互忌妒，轮番告发对方诅咒皇上。武帝大怒，杀了几百人，从此开始疑心有人要害他。

有一天，武帝午睡时，梦见好几千个木头人手持棍棒想要袭击他。他霍然惊醒，打这以后就感到身体不舒服，精神恍惚，记忆力大减。

有个叫江充的就对武帝说："一定是有人在用巫蛊之术危害陛下。"武帝听了，大惊失色，让江充彻查此事。

江充原本是赵王刘彭祖[1]的门客，因为得罪了太子刘丹，逃出赵国，来到朝廷告发刘丹的隐私秘事，刘丹因此被废黜赵国太子之位。

武帝召江充入宫见面，见他仪表堂堂，身体魁梧，衣着轻暖而华丽，暗暗称奇。又谈论了一番政事后，武帝大为高兴，从此对江充十分宠信，封他为直指绣衣使者[2]，让他督察皇亲国戚、天子近臣中的不法行为。

江充是个酷吏，检举参劾，毫无避讳，武帝因此认为他忠正直率，更加宠信他。

有一次，太子刘据的人驾车在皇帝专用的道路上行走，被江充逮住。太子听说后，派人向江充求情。江充毫不理睬，径自上奏武帝，得到武帝的称赞。

这次武帝生病，江充害怕他不久于人世，想着一旦太子即位，一定会杀自己泄恨，所以才向武帝谎称有人在用巫蛊之术谋害天子，想借机除掉太子。

---

[1] 汉武帝的异母弟弟。
[2] "直指"的意思是处事无私，"绣衣"表示显贵，一般由侍御史（在御史大夫之下）充任。

武帝让江充查办此事，可谓正中他下怀。江充立即率领巫师到处掘地寻找木头人，逮捕了一批用巫术害人或自称能见到鬼魂的人，然后用铁钳烧灼等酷刑，强迫他们认罪。

可是，武帝的病并没有明显好转，他觉得周围的人都在用巫蛊术诅咒自己，成天精神恍惚，疑神疑鬼。

江充揣测出武帝的心思，便指使巫师说："宫中还有蛊气，不将这蛊气除去，皇上的病就好不了。"

于是武帝派江充进入宫中，从平时不受宠的妃嫔的房间开始，挖地找蛊，然后依次搜寻，一直搜到皇后和太子宫中。

江充趁机将事先准备好的木头人偷偷埋在太子宫中，然后宣称："在太子宫中找出的木头人最多。"

太子非常害怕，问少傅①石德应该怎么办。石德担心受牵连，便对太子说："这些木头人究竟是江充事先放置的，还是确有其事，太子您是无法澄清的。现在皇上在甘泉宫养病，皇后和您派去请安的人都没能见到皇上，皇上是否还健在，也不知道，您别忘了秦朝公子扶苏的遭遇。您不妨先诛杀江充，事后再向皇上解释。"

太子吃惊道："我这做儿子的怎么能擅自诛杀大臣呢？我还是当面向父皇请罪吧。"说完打算亲自前往甘泉宫见武帝。

然而江充却抓住太子不放，嚷嚷要立即禀告武帝。太子不知所出，只好按石德的计策行事，派门客冒充皇帝使者，逮捕了江充。

太子恨透了江充，亲自监斩他，并骂道："你这赵国的奴才，先前害你们大王父子还嫌不够，如今又来害我们父子！"又将江充手下的巫师烧死了。

之后，太子派人将一切报告了自己的母亲卫皇后。卫皇后立即

---

① 负责辅佐太子。

调用皇家车马运载射手，并打开武器库，将武器发给长乐宫的卫卒，搜捕江充党羽。顿时，长安大乱，人们纷纷传言："太子造反了。"

协助江充查办此事的黄门苏文逃出长安，来到甘泉宫，向武帝报告说太子造反了。武帝了解自己的儿子，不相信他会造反，便说："一定是太子害怕了，恨江充等人，才会发生这样的事。"于是派人去召太子前来。

结果派去的那人不敢进长安城，回来骗武帝说："太子确实造反了，还要杀臣，臣就逃回来了。"

武帝大怒，带病从甘泉宫返回长安，征调京城附近各县的军队，下令镇压叛乱："紧守城门，决不能让叛军逃出长安！"

太子也派使者假传圣旨，将关在长安狱中的囚徒放出，组成军队，由少傅石德及门客张光等分别统辖。他还想征发长水和宣曲两地的胡人骑兵前来会合，结果被武帝派去的使臣抢先了一步。太子只好亲自来到北军军营门口，将北军指挥官任安召出来，命令他发兵。但任安不愿参与此事，回到营中，就闭门不出。

太子没办法，最后将数万长安市民强行武装起来，结果在长乐宫西门外，遇到丞相刘屈牦率领的军队。双方会战五天，死亡数万人，鲜血像水一样流入街边的水沟。

不久，太子兵败，逃出长安。武帝下令追捕太子，并下诏收回皇后的印玺和绶带。卫皇后便自杀了。

武帝异常愤怒，大臣们都很恐惧，不知如何是好。就在这时，壶关[①]三老令狐茂上书为太子申诉："父亲就像是天，母亲就像是地，儿子就像是天地间的万物，只有上天平静，大地安然，万物才能茂盛。只有父慈、母爱，儿子才能孝顺。太子是皇上的嫡长子，

---

① 在今山西黎城东北。

是汉朝的合法继承人,将承继万世大业,执行祖宗的重托。江充不过是一介平民,市井中的奴才罢了,陛下却让他纠集一批奸邪小人,对太子栽赃陷害,挑拨陛下与太子的父子亲情。太子无处申诉,愤而杀死江充,不过是为了不让自己遭到陷害罢了,臣认为并非有什么险恶的用心。然而陛下不加调查,就发雷霆之怒,征调大军追捕太子,臣实在感到痛惜。希望陛下放宽心怀,平心静气,不要苛求自己的亲人,不要对太子的错误耿耿于怀,立即结束对太子的追捕,不要让他流落在外!"

武帝看后受到感动,也觉得自己可能错怪太子了,但他心中的怒气并未完全消除,也就没有马上下诏赦免太子。

太子逃到湖县①,藏在当地的一户人家中。主人家境贫寒,织卖草鞋来奉养太子。太子听说自己认识的一个人住在湖县,便派人去找他,不料因此泄露了消息。待地方官率兵前来围捕时,太子估计自己难以逃脱,便自缢而死。这家主人在与搜捕太子的人格斗时被杀死,两位皇孙也一同遇害。

武帝得知太子死了,十分伤感。后来,经过调查,武帝知道太子是因为被江充逼迫,惶恐不安,才起兵诛杀江充,并无他意。

正好守卫高祖祭庙的郎官田千秋又紧急上奏,为太子鸣冤:"我梦见一位白发老翁,他让我上此奏章,说做儿子的擅自动用父亲的军队,打一顿就是。"

武帝这才彻底醒悟,将江充满门抄斩,之前曾对太子兵刃相加的人统统被处死。然而,人死不能复生,每当夜深人静时,武帝常常垂泪,思念太子,于是在皇宫里修了一座思子宫,又在湖县建了一座归来望思台。老百姓听说后,唏嘘不已。

---

① 治所在今河南灵宝市西北。

## 成语学习[1]

# 不 知 所 出

不知道该怎么办。

| 造　句：面对眼前的烂摊子，他眉头紧 |
|---|
| 蹙，不知所出。 |
| 近义词：不知所措 |
| 反义词：胸有成竹 |

---

[1] 这个故事的原文里还有成语"坐观成败"（冷眼旁观人家的成功或失败）。

# 小心谨慎

《资治通鉴·汉纪十四》

光出入禁闼（tà）二十余年，出则奉车，入侍左右，小心谨慎，未尝有过。

### 译 文

霍光出入宫廷二十余年，出外则陪同汉武帝乘车，入宫则侍奉在汉武帝的左右，细心慎重，从未有过什么过失。

## 聪明的少年天子

太子刘据死后，汉武帝的身体一天不如一天，他开始考虑另立新太子。然而，几位年长的皇子在他脑海里过了几遍，他都觉得不满意。钩弋夫人所生的小儿子刘弗陵虽然才几岁，却聪明懂事，武帝对他极为疼爱，想立他为太子，但因他年纪幼小，母亲又年轻，所以一直犹豫不决。

这天，武帝故意找钩弋夫人的错，大声责备她。向来得宠的钩弋夫人吓得叩头请罪。武帝并不理睬，下令："拉出去，送到掖庭①狱中！"

钩弋夫人花容失色，不停地求饶，武帝看着她，也很难过。钩弋夫人见状，就说："陵儿还小，不能离开母亲。"她满心指望武帝会看在儿子的分上饶恕自己。谁知不提儿子还好，一提儿子，武帝马上脸色一变，狠狠地说："快走，你不能活下去！"最终将她处死。

过了一段时间，武帝问身边的人："外面的人对朕处死钩弋夫人一事都是怎么议论的？"

身边的人小心翼翼地回答说："人们都说陛下将要立她的儿子为太子，但纳闷为什么还要杀他的母亲。"

武帝轻哼了一声，说道："这就不是你们这些蠢人能够懂得的

---

① 即永巷，宫女居住的地方，也是犯了法的嫔妃劳役之地。

了。自古以来，出现乱国之事，都是因为国君年幼，而他的母亲青春正盛。女主一人独居，就会骄横不法，为所欲为，却没人管得了。你没听说过吕后的事吗？所以必须先把他的母亲除掉。"

武帝接着考虑辅佐刘弗陵的大臣人选。他仔细观察群臣，觉得只有奉车都尉[①]、光禄大夫[②]霍光为人忠厚，可以担此重任。霍光是霍去病同父异母的弟弟，霍去病早逝后，他一直在武帝身边侍奉，小心谨慎，出入宫廷二十余年竟然没有犯过一点儿错误，深得武帝的信任。

于是，武帝让黄门官画了一幅周公背着周成王接受诸侯朝拜[③]的画赐给霍光，意思很明白，希望霍光能好好辅佐未来的皇帝。

不久，武帝病重，霍光哭着问道："万一陛下不幸离去，应当由谁继承皇位呢？"

武帝喘着粗气说："你难道没有明白朕先前赐给你的那幅画的含义吗？立朕最小的儿子刘弗陵，由你担任周公的角色！"

公元前87年，汉武帝驾崩，八岁的刘弗陵登上皇帝宝座，即汉昭帝，由他的姐姐鄂邑盖长公主抚养照顾，大司马、大将军霍光主导朝政，车骑将军金日䃅（mì dī）、左将军上官桀做霍光的副手。

金日䃅本是匈奴休屠王的太子。当初，休屠王原本是要和浑邪王一起降汉的，但后来他反悔了，被浑邪王杀死。金日䃅便被没为官府奴隶，派去养马，后受到武帝的另眼相待，官至光禄大夫。上官桀一开始是因为力气过人而得到武帝的赏识，被任命为未央厩令，负责管理车马，之后逐渐升到太仆。两人和霍光一样，都是武帝平时宠爱信任的人，所以被武帝托付身后事。不过，一年后，金日䃅

---

[①] 掌管皇帝的车舆，陪侍在皇帝左右，多由皇帝的亲信充任。
[②] 掌论议，侍从皇帝，顾问应对，地位显贵。
[③] 周武王死时，他的儿子周成王年纪还小，于是由武王的弟弟周公旦辅助成王掌管国家大事。周公忠心耿耿地管理国事，巩固了周王朝的统治，等到成王长大后，又还政于他。

就病逝了。朝政便由霍光和上官桀二人主持。

霍光与上官桀关系亲密，有时霍光休假离朝，上官桀就代替他入朝裁决政事。而且，两人还是儿女亲家。霍光的女儿是上官桀之子上官安的妻子，生了个女儿，只有五岁。

始元四年（前83年），盖长公主想给十二岁的汉昭帝张罗亲事。上官安就想通过霍光的关系把女儿送进后宫，但霍光认为外孙女年纪还小，没有答应。

上官安不死心，又去找盖长公主的相好丁外人帮忙，说："我女儿容貌出众，如能得到长公主的帮助，入宫成为皇后，我父子二人在朝为官就有了强大的依靠。这事就全靠您了，事成之后，我绝不会亏待您。"

丁外人将此事告诉盖长公主。盖长公主便让昭帝颁布诏书，将上官安的女儿接入宫中，第二年就立为皇后。上官安如愿以偿，被封为车骑将军、桑乐侯，开始骄纵起来。有一次，汉昭帝赐他在宫中饮宴，他回家后，对门客说："与我女婿一起喝酒，好开心啊！"

日益显贵的上官桀父子对盖长公主非常感恩，便想为丁外人谋求封侯，但遭到霍光的拒绝，之后他们又请求任命丁外人为光禄大夫，霍光仍然不准。盖长公主因此十分怨恨霍光，上官桀父子也觉得脸上无光，对霍光很是不满。御史大夫桑弘羊创立盐、铁、酒类专卖制度，为国兴利，自认为于国有功，想为家人求取官职，遭到霍光驳斥，因此也忌恨霍光。而燕王刘旦对自己是昭帝的兄长，却未能继承皇位，一直耿耿于怀。于是，盖长公主、上官桀、上官安、桑弘羊与燕王刘旦串通一气，密谋除掉霍光。他们让人伪造燕王的上书，趁霍光休假不在朝中时，对昭帝说：

"霍光外出检阅郎官及羽林军时，就仿佛皇上出巡一般，命人清道戒严。他还擅自增选大将军府的校尉，可谓独揽大权，为所欲为，恐怕要危害朝廷。臣愿意进宫，护卫在皇上左右，以防有变。"

第二天早晨，霍光入朝，听说此事后，停在画室①中不敢贸然进殿。昭帝扫视了一遍群臣，不见霍光，便问："大将军人在哪里？"

上官桀面带得意之色，回答说："大将军听说燕王告发了他的罪行，所以不敢进殿来。"

昭帝不动声色地说："召大将军进来。"

霍光一进殿，就立刻脱下官帽，匍匐在地上，叩头请罪："臣下该死，请陛下治罪。"

昭帝笑了笑，说道："大将军请戴上帽子，不必害怕，朕知道这道奏章是假的，大将军并没有罪。"

霍光颇感意外，脱口问道："陛下是怎么知道的？"

昭帝正色道："大将军去检阅郎官，是最近的事；选调校尉，也才十来天的工夫，燕王远在北方，怎么可能这么快就知道这些事呢？况且大将军若要谋反，也用不着选调校尉呀。"

此时昭帝年仅十四岁，文武大臣对他能如此明察秋毫感到惊讶不已。果然，一追查，呈递这道假奏章的人就逃了。上官桀等人很害怕，就对昭帝说："区区小事，用不着穷追不放。"昭帝不理他们，下令紧急追捕，可惜没有抓到此人，最后只能不了了之。

上官桀等人不死心，暗地里散布关于霍光的坏话，昭帝得知后怒斥道："大将军是忠臣，先帝托付他辅佐朕，谁再敢诬蔑大将军，就治谁的罪！"

见昭帝一心维护霍光，上官桀等人想着反正已经与霍光翻脸了，干脆直接杀掉霍光，再废掉昭帝，迎立燕王刘旦为皇帝。刘旦大喜，

---

① 汉代近臣入朝时暂时逗留的房间，因雕画着尧、舜、禹等古帝王像，故称。

允诺事成后封上官桀为王。

然而，野心勃勃的上官安却盯上了九五之尊的皇位，他和上官桀密谋，杀死霍光后，将刘旦引诱前来杀死，然后废掉昭帝，拥立上官桀为皇帝。上官桀一开始并无此心，后来被儿子一撺掇，便也想尝尝做皇帝的滋味。

有位参与密谋的门客问上官安："那皇后怎么办？她可是您的亲生女儿呀。"

上官安面目狰狞地说道："追逐麋鹿的猎狗，会顾及兔子吗？况且我们父子是靠皇后才获得尊贵的地位，后宫佳丽众多，一旦皇上移情别恋，皇后失宠，殃及我们父子，到那时恐怕想做普通老百姓，也不可能了。现在可是千载难逢的好机会，怎么可能因为顾及皇后而错过呢？"

然而，没等上官桀父子动手，盖长公主的一位门客的父亲无意中得知他们的阴谋，觉得事态严重，赶紧告诉了大司农杨敞。杨敞为人谨慎怕事，转而将此事告诉谏大夫杜延年，自己则上书称病，躲在家中。

杜延年大惊，立刻报告了昭帝。昭帝马上下诏，缉捕上官桀、上官安、桑弘羊、丁外人等，连同他们的宗族，全部诛杀。盖长公主见事情败露，也自杀了。

燕王刘旦得到消息后，把相国召来商议："事已败露，怎么办？要不要立刻发兵造反？"

相国说："上官桀父子已经被处死，老百姓都知道了，你现在发兵，必败无疑！"

刘旦懊恼不已，他命人摆下酒宴，准备与妻妾诀别。这时，昭帝的诏书也到了，责问燕王刘旦为何造反。刘旦便用绶带将自己绞死，他的王后等二十余人也随其一起自杀。

昭帝顾念亲情,赦免了燕太子的死罪,贬为平民。上官皇后因年纪幼小,未曾参与政变阴谋,又是霍光的外孙女,所以没有被废黜。

## 成语学习

## 小心谨慎

形容言行慎重，不敢疏忽。

| | |
|---|---|
| 造　句： | 他是个小心谨慎的人，做事从来没有出过差错。 |
| 近义词： | 小心翼翼、谨小慎微 |
| 反义词： | 粗心大意、粗枝大叶 |

# 斧钺汤镬

**《资治通鉴·汉纪十五》**

武父子无功德,皆为陛下所成就,位列将,爵通侯,兄弟亲近,常愿肝脑涂地。今得杀身自效,虽斧钺(yuè)、汤镬(huò),诚甘乐之!臣事君,犹子事父也;子为父死,无所恨。愿勿复再言!

**译文**

我父子本无才德功绩,全靠皇上栽培,才得以身居高位,与列侯、将军并列,且使我们兄弟得以亲近皇上,所以我常常希望能够肝脑涂地,报答皇上的大恩。如今得以杀身报效皇上,即使是斧钺加身,汤锅烹煮,我也心甘情愿!为臣的侍奉君王,就如同儿子侍奉父亲一般,儿子为父亲而死,没有遗憾。希望你不要再说了。

# 苏武归汉

汉武帝曾经得到一匹西域大宛国的汗血马，十分喜爱，命名为"天马"，并派人带着大量黄金前往大宛国交换。大宛国王认为汉朝离大宛很远，且道路艰难，又缺水少粮，途中还会遭遇匈奴骚扰，汉朝不可能派大军前去，所以拒绝交换，还杀死了汉使。武帝大怒，于太初元年（前104年）发兵征讨。汉军一路推进，直抵大宛城下，大宛贵族们便杀死大宛王，提着他的头出城投降，并乖乖献出宝马。西域各国十分震恐。武帝就想趁热打铁，继续攻打已经远遁漠北的匈奴。

当时匈奴的且鞮侯单于刚刚即位，听说汉军要来攻打，很害怕，便派使者前来进贡，还将原来扣留在匈奴的汉使放回，并说："我还是个小孩子，大汉天子是我的长辈！"

武帝见匈奴单于服软，便取消了原来的攻打计划，并派中郎将苏武送匈奴使臣回去，顺便带上厚礼，答谢匈奴的好意。苏武与副使张胜、常惠等人到达匈奴后，将武帝的礼物送给单于。不料单于因此以为汉朝怕他，一改之前那副恭顺谦卑的样子。

恰恰在这个时候，曾经归降过汉朝的匈奴缑（gōu）王和长水人虞常，以及丁灵王卫律手下的几名汉朝降将暗中商议，计划劫持匈奴单于的母亲，回到汉朝。

卫律的父亲原是长水地区的匈奴人，卫律本人因为与汉朝的协律都尉[①]李延年关系很好，经他推荐，被汉朝派遣出使匈奴。卫律

---

[①] 李延年擅长作曲，汉武帝很欣赏他的音乐才华，特地为他设置的官名，负责谱作新曲。

出使归来，听说李延年一家因罪被捕，怕受到连累，便逃到匈奴投降。匈奴单于很喜欢卫律，封他为丁灵王，经常与他商讨国家大事。

虞常与副使张胜是好朋友，听说张胜随团出使匈奴，便悄悄前去拜访，说："听说大汉天子非常怨恨卫律背叛汉朝，我可以找机会为汉朝除掉这个背恩负义的家伙。我的母亲和弟弟都在汉朝，事成之后希望大汉天子可以因此赏赐他们。"

张胜不满匈奴单于的傲慢无礼，就答应了虞常的要求，并送给他很多财物。虞常得到汉使的支持后，便积极地筹备起来。

一个多月以后，单于外出打猎，只有他母亲和部分亲王留在王庭。虞常觉得机会到了，便率领七十余人准备发动政变，不料其中一人中途变卦，乘夜逃走，告发了虞常等人。匈奴亲王调兵与虞常等人交战，最终缑王被杀，虞常被活捉。

匈奴单于闻讯立即赶回，派卫律处理此事。张胜听到消息后，害怕先前与虞常约定的事被查出来，便向苏武报告。

苏武大惊，责备道："你怎么能背着我擅自决定这样的事情？这件事肯定会牵涉到我，与其那个时候受到匈奴人的侮辱，不如现在就舍身而去。"说着便拔刀自杀，幸亏张胜和常惠出手快，阻止了他。

虞常果然供出了张胜。单于大怒，召集贵族们商议，打算杀死汉使。匈奴左伊秩訾（zī）王说："谋杀卫律就要处死，如果谋害单于，又该如何加重处罚呢？应该让他们全部归降。"

单于觉得有道理，便派卫律去劝降。苏武神色凛然，对张胜和常惠说："如果卑躬屈节，有辱我们的使命，即使活着，又有何面目再回到我们大汉呢？"说完拔出佩刀刺入自己的前胸。

卫律大惊，一把抱住苏武，派人去召匈奴医者前来。匈奴医者到了后，发现苏武已经气绝，便在地上挖了一个土洞，点起炭火，将苏武放在洞上，然后用脚踩他的后背，使瘀血流出来。如此折腾了半日，苏武才慢慢苏醒过来。常惠等人抱着苏武痛哭流涕，心疼不已。

匈奴单于听说后，很钦佩苏武的气节，早晚都派人前来问候。等到苏武渐渐痊愈，单于又派人来劝苏武，希望他归降匈奴，不要再回汉朝了，但苏武坚决不从。

不久，虞常被处死，单于派卫律提着虞常的人头去见苏武。卫律说："汉使张胜和虞常勾结，原本也该处死，但单于说了，如果归降我们，死罪可免。"说完看着张胜。张胜怕死，赶紧伏地，表示愿意投降。

卫律点了点头，转向苏武："副使有罪，你作为正使，应连坐受罚。"

苏武愤恨地看了张胜一眼，高昂着头对卫律说："我并没有参与此事，和张胜也没有亲属关系，为什么要连坐受罚？"

卫律顿时语塞，他举起剑假装要杀苏武。苏武纹丝不动。卫律无奈，只好把剑放下，说："苏先生，我归顺匈奴后，得到单于的重用，还封为了王，你今日归降，明日就会和我一样富贵！否则白白横尸荒野，又有谁知道呢？"

见苏武闭口不答，卫律又说："你要是听我的话，归降匈奴，我与你就如兄弟一般，否则以后即使想见我，也不可能了。"

苏武一听，气不打一处来，骂道："你身为汉朝臣子，却不顾恩义，背叛君主，投降蛮夷异族，我见你干什么？！我警告你，南越国杀死汉使，被我大汉灭掉后变为九个郡[①]；大宛王杀死汉使，他的人头被悬挂在我大汉长安城的北门；朝鲜人杀死汉使，立即招来灭国之祸[②]。你想杀就杀吧，只怕匈奴的灾难不远了。"

---

[①] 公元前112年，南越国丞相吕嘉发动叛乱，杀死南越王赵兴和汉使，汉武帝发兵平叛，于次年剿平南越国，原地设置了九个郡。
[②] 燕国人卫满建立的卫氏朝鲜传到他孙子卫右渠时，不向汉朝进贡，并阻挠邻近小国前往汉朝，还杀死汉朝使者。公元前109年，汉武帝征讨朝鲜。朝鲜大臣杀死朝鲜王卫右渠来降，汉朝平定朝鲜，原地设置了四个郡。

卫律羞愧不已，知道苏武不会受他的胁迫，只得禀报单于。单于见苏武这般强硬，想给他点儿颜色看看，便将他囚禁在一个大地窖里，不给他送吃的，想以此来逼他就范。当时正下大雪，苏武躺在地上，靠吃雪片和衣服上的毡毛，维持生命。

过了几天，单于派人去查看，发现苏武竟然没死，以为有神灵庇护他，便将他放逐到北海[①]荒无人烟的地方，让他放牧一群公羊，

---

[①] 今贝加尔湖。位于俄罗斯东西伯利亚南部。

并对他说:"等到公羊产出羊奶,你就可以回国了。"

没有粮食吃,苏武只好挖野鼠藏在洞里的草籽吃。即使这样,他也不失汉使的尊严,牧羊时手里还拿着汉朝的符节,睡觉时也抱着它,以致节杖上的毛缨都脱落了。

大汉雄风·苏武归汉

过了很久，单于又派李陵来劝苏武。李陵在汉朝时与苏武一起做过侍中，他早就听说苏武来了匈奴，一直想见，却又不敢见。

苏武见李陵来看他，也很高兴。李陵为苏武摆下酒筵，两人一边喝酒，一边畅谈往事。正聊着，李陵想起此行的任务，便对苏武说："单于听说我与你交情深厚，所以派我来劝你。你终究不能再回汉朝，自己白白在这荒无人烟的地方受苦，你的信义节操，又有谁看得到呢？你的两个兄弟都因犯罪自杀了，你的母亲也已不幸去世，你的夫人我听说改嫁了。就剩下两个妹妹、两个女儿、一个儿子，是否还在人世，不得而知。"

听到这里，苏武的眼泪像泉水般往外涌，他端起酒杯，一饮而尽。

李陵接着说："人的一生，就像早晨的露水一般短暂，你又何必如此自苦？我刚投降匈奴时，精神恍惚，差点儿疯掉，恨自己辜负汉朝，还连累老母受苦。你不愿归降匈奴的心情，怎么会超过我？况且皇上年事已高，法令变化无常，很多臣子没有过错却被满门抄杀，你这样做究竟为了谁呢？"

苏武拭去脸上的泪水，哽咽着说："我本无才德，全靠皇上栽培，才得以身居高位，所以我常常希望有机会报答皇上的大恩，即使斧钺汤镬，我也心甘情愿！希望你不要再说了。如果你一定要我投降，就让我现在死在你的面前吧！"

李陵长叹了一声，眼泪也扑簌簌落在衣服上。他和苏武一连喝了几天的酒，告别时送给苏武几十头牛羊。

汉武帝死后，李陵再次来到北海边，告诉苏武这个消息。苏武一连数月，每天早晚面对南方号啕痛哭，甚至吐血。

这时，匈奴换了一个单于，叫壶衍。壶衍单于即位后，他的母亲行为不正，国内分崩离析，他常常害怕汉军趁机来袭，便在卫律的建议下，派人前往汉朝，请求和亲。汉使来到匈奴，要求放苏武等人回国，壶衍单于谎称："苏武已经死了。"

后来汉使又来到匈奴，同样被扣留在匈奴的常惠想办法见到汉使，教他对单于说："汉朝天子在上林苑打猎时，射下一只大雁，雁脚上系着一块写着字的绸缎，上面说苏武等人在某湖泽之地。"

使者大喜，按常惠教的责问单于。单于大吃一惊，环视左右侍从，然后向汉使道歉说："苏武确实还活着。"他不得不答应放苏武回国。

李陵闻讯，又来设宴祝贺苏武。酒过三巡，李陵悲不自禁，流着泪说："假如当年汉朝能宽恕我的罪过，保全我的母亲与妻小，我一定忍辱负重，报答汉朝。谁知汉朝竟将我满门抄斩，这是当世最残酷的杀戮，我还能再顾念什么呢？如今一切都过去了，我只是想让你知道我的心罢了。"说完就与苏武诀别，此后便老死于匈奴。

苏武回到长安后，昭帝让苏武用牛、羊、猪各一头，以最隆重的仪式祭拜武帝的陵庙。苏武被扣留匈奴共十九年，去时正当壮年，归来时头发胡须全都白了。

## 成语学习

## 斧钺汤镬

斧钺，古代军中刑戮；汤镬，把犯人投入滚水中煮死。指各种酷刑。

| 造　句：只要能实现自己的梦想，哪怕 |
|---|
| 　　　　斧钺汤镬，他也在所不惜。 |
| 近义词：刀锯鼎镬、刀山剑树 |

# 拭目倾耳

### 《资治通鉴·汉纪十六》

今天子以盛年初即位，天下莫不拭目倾耳，观化听风。国辅大臣未褒，而昌邑小辇先迁，此过之大者也。

### 译文

如今陛下正当盛年，初即帝位，天下人无不擦亮眼睛，侧着耳朵，盼望看到和听到陛下实施善政。然而，辅国的重臣尚未得到褒奖，昌邑国拉车的小吏却先获得升迁，这是个大过错。

# 惊心动魄的二十七天

汉武帝的穷奢极欲和频繁兴兵征讨四方蛮夷，把"文景"以来天下创造的财富几乎耗费一空，百姓流离失所，全国户口减少了一半。幸好，他晚年醒悟过来，向臣民发布"罪己诏"："朕自即位以来，干了很多狂妄悖谬之事，使天下人愁苦，朕后悔莫及。从今以后，凡是伤害百姓、浪费天下财力的事，一律废止！"

昭帝即位后，在霍光的辅佐下，继续实行武帝晚年与民休息的政策，他为政宽和，提倡节俭，劝勉农桑，询问民间疾苦，逐渐恢复了"文景"时期定安繁荣的局面。然而天不假年，公元前74年，年仅二十一岁的昭帝在未央宫驾崩，没有留下子嗣。

大将军霍光与群臣商议新皇帝人选时，把目光锁定在昌邑王刘贺身上。

刘贺是武帝的孙子，一向狂妄放纵，为所欲为。在武帝丧期里，他还照样狩猎游乐。中尉王吉劝他："大王不喜欢读书，却专爱游玩逸乐，驾驭着马车不停地驰骋，清晨冒着露水雾气，白昼顶着风沙尘土，夏季忍受着炎炎烈日的烤晒，冬天被刺骨寒风吹得抬不起头来，这既不能保全宝贵的寿命，也不能促进高尚的品德。而在宽敞的殿堂之中，细软的毛毡之上，在明师的指导下研读经书，学习治国安邦的道理，使自己的品德修养每天都有新的提高，休息的时候做些俯仰屈伸的动作进行养生，这种快乐难道是驰骋游猎所能享受到的吗？"

刘贺连连点头："中尉说得对，我确实有点儿懈怠了。"于是赏赐了王吉五百斤牛肉、五石酒、五捆干肉。然而，刘贺依然放纵如故。

郎中令龚遂为人忠厚刚毅，也一直规劝刘贺。刘贺常常不耐烦，捂着耳朵跑掉，嘴里直埋怨："郎中令专门揭人短处！"

有一次，龚遂又指责刘贺的过失，说到激动处声泪俱下。刘贺很感动，答应挑选几个通晓经书、品行端正的郎官陪他诵读《诗经》《尚书》，学习礼仪。可是没过几天，那些人就被刘贺赶走了。

刘贺曾经见到一只没有尾巴的白色大狗，脖子以下长得和人一样，戴着帽子。龚遂知道后，就说："这是上天的警告，说您身边的人都是小人，就像戴着冠帽的狗！"后来，又发现刘贺的王座上有血污，龚遂哀号道："血为凶险之象，大王要谨慎反省啊！"但刘贺还是我行我素，荒淫享乐。

征召刘贺继承皇位的诏书到来时，他和臣子们既惊喜又意外。第二天，刘贺便率领一众臣子出发前往长安。一路上，刘贺还不忘寻欢作乐，沿途强抢美女。

快到长安时，龚遂对刘贺说："按照礼仪，您要痛哭，以示对先帝的哀伤之情。"刘贺说："哎呀，我喉咙痛，不能哭。"来到城门前，龚遂再次提醒刘贺要哭出来。结果，刘贺还是那句话。快到未央宫时，龚遂第三次提醒刘贺，要朝着宫门，面向西方，伏地痛哭，极尽哀痛之情。刘贺这才勉强向前走了几步，按照礼仪哭拜。之后，刘贺接受皇帝玉玺，承袭帝位，尊上官皇后为皇太后。

刘贺做了皇帝后，却没有一点儿皇帝的样子，每天和亲信饮酒作乐，观看虎豹搏斗，坐着虎皮轿车在宫里东奔西跑。原昌邑国的官吏全部被征召到长安，很多人得到破格提拔。

有一天，刘贺梦见大殿台阶上，有一大堆绿头苍蝇的粪便，便问龚遂怎么回事。龚遂说："陛下身边的奸佞之人很多，就像陛下在梦中见到的苍蝇粪便一样。希望陛下把这些人全部赶走。"刘贺却不为所动。

太仆丞①张敞觉得这样下去不行，便上书劝说："陛下初即帝位，天下人无不拭目倾耳，等着陛下实施善政。然而，朝廷的重臣还没得到褒奖，昌邑国拉车的小吏却先获得升迁。这实在大错特错。"刘贺根本不听。

大将军霍光见新皇帝如此荒唐，也感到担心与后悔，便找来他的旧部下、大司农田延年商议。

田延年说："大将军既然认为此人不行，为什么不禀告太后，改选贤明的人做皇帝呢？"

霍光叹了一口气："我是有这个想法，就是不知道古人有没有这样的先例？"

田延年知道霍光在担心什么，便说："伊尹在商朝为相时，为了国家的安定，将荒淫暴虐的太甲废黜，后世的人都因此称颂伊尹忠心为国。如今大将军若能这样做，也就成为我们汉朝的伊尹。"于是霍光命田延年与车骑将军张安世秘密谋划废黜刘贺。

这天，刘贺外出巡游，光禄大夫夏侯胜挡在车前，劝阻道："天气阴沉了很久，一直不下雨，预示臣子会有不利于皇上的阴谋。陛下出宫，要到哪里去？"

刘贺大怒，骂道："好你个夏侯胜，口出妖言！"命人把他绑了，准备治他的罪。负责处理此事的官员向霍光报告。霍光一惊，以为计划泄露，便把夏侯胜叫去询问。

夏侯胜说："《鸿范传》一书说，君王有过失，会受到上天的惩罚，常常使天气阴沉，此时就会有臣子谋害君主的事发生。"

---

① 协助太仆卿掌管车马。

霍光更加惊惧，加紧筹划废帝一事，召集丞相、御史、将军、列侯等大臣在未央宫开会。

霍光说："昌邑王行为昏乱，恐怕会危害国家，怎么办？"

大家都不敢发言。这时，田延年离开席位，走到群臣前面，手按剑柄，厉声说道："先帝将幼主托付给大将军，把国家大事交给大将军做主，是因为相信大将军忠义贤明，能够保全刘氏的江山。如今朝廷被一群奸佞小人搞得乌烟瘴气，国家危亡，大将军必须立即做出决断。谁不响应，我就用手中的剑将他斩首！"

众人一听，赶紧附和："一切听从大将军的命令！"

霍光随即与群臣一同晋见太后，陈述昌邑王刘贺的所作所为，请求废黜他。太后听了很吃惊，乘车前往未央宫承明殿，下诏不许放昌邑国的群臣入内。

这时，刘贺正准备返回温室殿，他一进去，宦者立即"砰砰"将门关闭，不让他的随从跟进去。

刘贺吓一跳，问道："这是干什么？"

大将军霍光回答："太后有诏，不许昌邑国群臣入宫。"

刘贺不悦地说："慢慢吩咐就是了，为什么要这样吓人？"

霍光命车骑将军张安世率领羽林军将昌邑国群臣二百余人全部逮捕下狱。此时刘贺还不知道自己即将被废黜，问身边的人："我以前的臣子犯了什么罪？大将军为什么把他们全部关押起来呀？"

不一会儿，有人前来传达太后诏令，让刘贺马上入见。刘贺一听太后召见，十分害怕，又问："我犯了什么错？太后为什么要召见我呀？"

刘贺来到大殿，只见太后盛装打扮，坐在武帐[①]之中，数百名

---

[①] 放置了兵器的帷帐。

侍卫全部手握兵器，文武群臣按照品级高低依次排列，他这才感到大事不妙，吓得伏在地上。

尚书令①站出来宣读奏章："丞相杨敞等冒死上奏太后陛下：孝昭皇帝过早地抛弃天下而去，朝廷派使者征召昌邑王前来，主持丧葬之礼。然而，昌邑王身穿丧服，并无悲哀之心，一路上胡吃海喝，还掳掠民间女子陪宿。进京后，孝昭皇帝的灵柩还停在前殿，昌邑王竟下令搬来乐器，让昌邑国的艺人入宫击鼓，歌唱欢弹，演戏取乐。之后，又驾着天子车驾，在北宫、桂宫等处往来奔驰，玩猪、斗虎。还与孝昭皇帝的宫女淫乱……"

太后听到这些细节讶异不已，脱口而出："这个人怎么会如此悖逆荒唐？"刘贺此时已经吓得魂不附体，磕头如捣蒜。

尚书令继续往下读："随意将朝廷赐予诸侯王、列侯、二千石官员的绶带，赏给昌邑国郎官佩戴。将皇家仓库中的金钱、刀剑、玉器等赏给与其一起游戏作乐的人。尚未举行祭祀宗庙的大礼，就颁发正式诏书，派使者携带皇帝符节，以三牛、三羊、三猪的祭祀大礼前去祭祀其父昌邑哀王的陵庙。即位二十七天来，真是荒淫昏乱，没有帝王的样子，败坏了大汉的制度，如此下去势必危害国家。因此，我们一致认为，当今陛下行为淫邪不轨，不能承受天命，侍奉宗庙，爱民如子，应当废黜！"

太后准奏，颁发废黜诏书。霍光让刘贺站起来，拜受皇太后诏书。刘贺不甘心，说："我听说，天子只要有七位耿直敢言的大臣在身边，即使无道，也不会失去天下。"

霍光训斥道："皇太后已经下诏将你废黜，你怎么还敢自称天子？"说完抓住刘贺的手，将他身上佩戴的玉玺绶带解下，献给太

---

① 西汉时，尚书令是尚书署的长官，负责收发文书。武帝以后，职权稍重，为宫廷机要官员，负责传达、记录诏命章奏，并有权审阅、宣读裁决章奏。

后，然后扶着他出殿，从金马门走出皇宫。

刘贺出宫后，才如梦初醒，面向西方叩拜道："我真是太愚蠢了，不能担当汉家大事！"霍光一直把他送到昌邑王官邸。

临走前，霍光也有点儿伤感，道歉说："大王的行为是自绝于上天，我宁愿对不起大王，也不敢对不起社稷！希望大王自爱。"说完洒泪而去。

刘贺就这样过了一把皇帝瘾，在位短短二十七天，就被赶下了天子宝座。不久，太后又下诏，撤销昌邑国，改为山阳郡，命刘贺返回故地居住，赐给他二千户人家作为汤沐邑，他当昌邑王时的家财也全部发还给他。

原昌邑国群臣被指控辅佐刘贺不力，被诛杀二百多人，只有中尉王吉、郎中令龚遂因忠正耿直，多次规劝刘贺，被免除死罪，剃去头发，罚以"城旦"之刑，白天守城，夜晚做苦工。

## 成语学习[①]

# 拭目倾耳

形容仔细看、听。

| | |
|---|---|
| 造 句： | 既然他这么有信心，那我们就拭目倾耳，等结果吧。 |
| 近义词： | 拭目以待、静观其变 |
| 反义词： | 不闻不问、置若罔闻 |

---

[①] 这个故事的原文里还有成语"吸新吐故"（比喻扬弃陈旧的、无用的，吸收新鲜的、有用的）、"发愤忘食"（努力学习或工作，连吃饭都忘了，形容十分勤奋）、"惊愕失色"（由于受惊或害怕而面色苍白，形容十分吃惊）。

# 斗鸡走狗

**《资治通鉴·汉纪十六》**

高材好学，然亦喜游侠，斗鸡走狗，以是具知闾里奸邪，吏治得失。

**译文**

皇曾孙聪明好学，但也喜爱游侠之事，玩些斗鸡赛狗的游戏，所以对下层社会的奸邪丑恶和官吏的好坏得失了解得十分清楚。

# 从牢狱里走出的天子

当初,在巫蛊之祸中,太子刘据及其子女全部被害,唯独襁褓中的孙子刘病已逃过一死,被收在临时设置的官狱里。

原廷尉监[①]丙吉受武帝诏命,负责审理巫蛊案。丙吉知道太子刘据并不是真的谋反,所以对皇曾孙刘病已无辜受到连累深为哀怜,便选了两名忠厚谨慎的女囚胡组和郭征卿,让她们住在宽敞干净的房间哺养刘病已。丙吉每天都会去探视两次。

巫蛊案一连拖了几年,武帝的身体也不见好转,有一个方士就对他说:"长安监狱中有一股天子之气。"武帝便派人前往京城各个监狱,处死在押的所有犯人,无论罪行轻重。

丙吉听说后,关闭大门,不让来人进去,说:"皇曾孙在此!普通人都不能无辜被杀,何况是皇上的亲曾孙呢!"

双方僵持到天明,最后那人回去报告武帝,并弹劾丙吉。武帝这时也醒悟过来,说道:"是上天让丙吉这样做的。"于是下诏大赦天下。

过了两年,丙吉觉得监狱的环境不适合刘病已,便对狱官说:"不能让皇曾孙一直住在监狱里。"他让狱官写信给京兆尹,并将刘病已送了出去。然而,京兆尹没有得到武帝的诏令,不敢接受刘病已,又把他送回了狱中。

---

① 隶属于廷尉,西汉分左、右监,负责收捕罪犯、审理疑案。

丙吉无奈，他找到负责财政的少内啬夫，希望改善皇曾孙的衣食起居，但少内啬夫对他说："没有皇上的诏令，实在无法给皇曾孙提供上等供给。"丙吉只好从自己的俸禄里拿出一部分钱来给刘病已买好米好肉。

后来，胡组刑满要回家，刘病已对她恋恋不舍。丙吉又自掏腰包雇胡组留下，让她继续抚养刘病已。刘病已几次生病，幸亏丙吉及时请医喂药，才保住性命。

丙吉听说刘病已的祖母史良娣的母亲贞君还健在，就用车将刘病已送给她抚养。贞君年事已高，但见刘病已如此孤苦无依，心里非常难过，便亲自抚养刘病已。

又过了两年，武帝病重，临终前下诏，命掖庭抚养刘病已，并将他登记进皇家宗谱。刘病已于是从史家搬出，被养育在掖庭。当时，担任掖庭令的张贺曾经是太子刘据的宾客，他感念太子旧恩，对刘病已体贴入微，用自己的钱供刘病已读书，学习《诗经》等儒学经典。

刘病已长大后，张贺想把自己的孙女嫁给他。张贺的弟弟张安世当时是辅佐汉昭帝的右将军，听哥哥称赞皇曾孙，还想把孙女嫁给他，便生气地对哥哥说："少主在位，不应称赞皇曾孙。他是卫太子的后代，能以一个平民的身份由国家抚养，已经很幸运了，不要再提嫁女的事了！"张贺只好作罢。

当时，暴室啬夫[①]许广汉也有一个女儿，张贺便摆下酒席，请许广汉前来赴宴。饮到兴浓时，张贺对许广汉说："皇曾孙是皇上的近亲，将来最差也是一个关内侯，你不妨把女儿嫁给他。"许广汉很高兴，便答应了。

---

① 暴室是汉代官署，属掖庭令管，负责织染，啬夫即主事者。

第二天，许广汉的妻子听说此事，非常生气，觉得不应该把女儿嫁给犯了罪的太子的后代。但许广汉主意已定，请人做媒，将女儿嫁给了刘病已。张贺出钱为刘病已备办婚事。

从此，刘病已以许广汉和太祖母史家为依靠，又跟随名师学习《诗经》，闲暇时也经常周游各地，斗鸡走狗，对下层社会的奸邪丑恶和官吏的好坏得失了解得十分清楚。

等到昌邑王刘贺被废黜之后，霍光和张安世等人商议重新确定皇位继承人时，丙吉上书霍光："我私下里走访，听老百姓的议论，他们对在位的同宗诸侯都没有好评。而奉遗诏养育在掖庭的孝武皇帝的曾孙刘病已，如今已有十八九岁了，他通晓儒家经术，很有才干，办事稳重，性格平和。希望大将军对他详加考察，再参考占卜的结果，看他是否适合继承帝位。"

太仆杜延年也知道皇曾孙刘病已品德美好，劝霍光、张安世立他为皇位继承人。于是，霍光召集丞相及各大臣共同商议此事。大家一致同意后，霍光便向太后上奏："孝武皇帝曾孙刘病已，年十八岁，从师学习《诗经》《论语》《孝经》，行为节俭，仁慈爱人，可以作为孝昭皇帝的继承人，侍奉宗庙，治理天下百姓。"

公元前74年，刘病已正式登基，即汉宣帝。大将军霍光郑重请求归政于皇上。宣帝谦让，不肯接受，并当众宣布："事无大小，先向大将军奏报，然后再上奏给朕。"霍光的权势因此越发加重，他每次朝见，宣帝总是一副谦虚恭敬的样子。

过了几年，霍光病逝。宣帝亲自前往灵堂进行祭悼，以皇帝的规格厚葬霍光，还下诏免除霍光后代子孙的赋税、徭役，让他们继承霍光的封爵、食邑，世世代代永远不变，以此报答霍光拥立自己做皇帝的大德。

宣帝出身于民间，了解下层人民的艰难困苦。霍光死后，他开始亲自主持朝政，每隔五天就要召集群臣，听取他们对朝政事务的意见。自丞相以下，每个大臣各就自己负责的事务分别奏报，再将他们的意见下达有关部门试行，检验其功效，因此没有人敢抱着苟且敷衍的态度办事。

宣帝常说："要让老百姓安居乐业，没有抱怨，就要做到为政公平清明。"所以任命高级地方官吏时，宣帝总是亲自召见他们，询问他们的打算，之后再考察他们的行为，看是否与他们当初说的一样。凡查出有言行不一致的，一定要追究其原因。

为了帮助贫苦百姓，宣帝将没有用过的皇家池塘和禁苑借给他们，让他们在里面从事生产活动，并勒令各郡、各封国停止修缮宫室和别馆，对于返回原籍的流民，他要求当地政府借给他们公田，贷给种子、粮食，免除他们的财产税和徭役。

宣帝在民间时就知道老百姓为严刑峻法所苦，就下诏修改法律："从今以后，凡是儿子窝藏父母、妻子窝藏丈夫、孙子窝藏祖父母的，一律不治罪。"

由于从小在监狱里长大，宣帝对冤狱尤其深恶痛绝，他说："刑狱，关系着万民的生命。只有能使生者不抱怨，死者不怀恨，才可以称得上是称职的官吏。如今却不是这样，有的官吏使巧耍诈，玩弄法令，断章取义，胡乱判案，连朕也无法了解真相，老百姓又能指望什么呢？二千石官员要分别督察自己的属下，不得任用这样的人。"

宣帝听说河南太守丞黄霸执法平和、断案公正，立刻把他召到长安，任命为廷尉正①。为了从制度上保证执法的公正性，宣帝还增设了对案子进行评审和复核的官员，并且派人到全国各地巡查，平

---

① 廷尉的副手，为高级审判官员，可代表廷尉参加诏狱会审，或独立决断疑狱、平反冤案，参议案例律条。地位高于廷尉监。

理冤狱，检举滥用刑罚的官员。

　　因为担心自己颁布的政令出现偏差，宣帝还要求各郡、各封国推荐贤良方正、敢于谏言的人，匡正他的错误、指出他的过失。对于治理地方有成效的官员，宣帝总是加以勉励，提升官阶、增加俸禄，甚至赏赐爵位，遇有职位空缺，则按照他们平时所受奖励的多少，依次补任。他说："有功不赏，有罪不罚，即使是尧舜禹也无法将天下治理好。"因此，汉朝的好官，以汉宣帝时期最多，号称中兴。

## 成语学习

## 斗鸡走狗

鸡与鸡搏斗、狗与狗赛跑的古代游戏或赌博。后指游手好闲，不求上进。

| | |
|---|---|
| 造　句 | 《红楼梦》里的薛蟠（pán），外号"呆霸王"，是个只会斗鸡走狗的纨绔子弟。 |
| 近义词 | 不务正业、游手好闲 |
| 反义词 | 奋发有为、发愤图强 |

---

① 这个故事的原文里还有成语"躬行节俭"（亲自做到节约勤俭）、"昧死以闻"（昧，冒；闻，使听到。冒着死罪来禀告您。表示谨慎惶恐）、"励精为治"（振奋精神，治理好国家）、"上下相安"（地位高的和地位低的相安无事）、"政平讼理"（国家安定，官司很快得到正确处理。形容政治清明）。

# 芒刺在背

## 《资治通鉴·汉纪十七》

帝初立,谒见高庙,大将军光骖乘,上内严惮之,若有芒刺在背。后车骑将军张安世代光骖乘,天子从容肆体,甚安近焉。及光身死而宗族竟诛,故俗传霍氏之祸萌于骖乘。

## 译文

汉宣帝初即皇位时,前往高祖庙祭拜,由大将军霍光同车陪乘。宣帝心中十分畏惧,好像有细刺扎在背上一样,很不舒服。后改由车骑将军张安世同车陪乘,宣帝这才觉得轻松从容,十分安全亲近。等到霍光死后,其宗族最终遭到诛杀,所以民间传说,霍家的灾祸早在霍光陪同宣帝乘车时就已萌芽了。

# 霍氏之祸

汉宣帝即位后，在商议皇后人选时，因为霍光的女儿与太皇太后的关系，公卿大臣心中都觉得应该立霍光的女儿为皇后，但也没有明说。这时，宣帝下诏寻找自己微贱时用的一把宝剑，大臣们立即懂了他的心意，便奏请立宣帝的发妻许平君为皇后。

霍光的夫人一直为自己的女儿没能当上皇后而耿耿于怀。这天，与霍家关系密切的女御医淳于衍来向霍夫人辞行，说她要入宫为怀孕的许皇后治病。闲聊间，淳于衍拐弯抹角地请霍夫人帮忙，为自己的丈夫谋求升职。

听到这儿，霍夫人心生一计，屏退左右，对淳于衍说："你有事托我，我也有事想请你帮忙，可以吗？"

淳于衍忙说："请夫人吩咐，我一定尽全力！"

霍夫人说："霍将军一向最疼爱小女儿成君，希望她成为最尊贵的人，我希望你能成全。"

淳于衍惊讶地问道："此话怎么讲？"

霍夫人恶狠狠地说："你想办法在皇后的药里下毒，将她除掉，这样成君就能成为皇后了。事成之后，你有享不尽的荣华富贵。"

淳于衍大惊，迟疑道："恐怕不行。皇后吃的药，都是各位御医一起决定的，宫女尝过之后才会让皇后服用。"

霍夫人不屑道："霍将军统领天下，谁敢乱说话！即使有什么事，也有霍将军保护，就看你愿不愿意帮这个忙了。"

淳于衍想了很久才说:"愿意尽力效劳!"随后她就将毒药附子捣碎,带进宫中。

许皇后生产后,淳于衍把附子掺到御医开的丸药中,让许皇后服下。过了一会儿,许皇后感到头昏发闷,后来越来越难受,最终死去。

有人上书宣帝,控告御医对皇后没有尽心诊治,宣帝便将所有为皇后诊治的御医,一律以大逆不道之罪逮捕下狱。

惊惧之下,霍夫人便将此事的来龙去脉全部告诉了霍光。霍光大惊失色,埋怨夫人竟敢背着他做这样的事,想主动举发此事,又于心不忍。正好主管部门送来有关皇后病逝一案的处理意见,霍光便批示:此事与淳于衍无关,免于追究。

霍夫人趁机劝霍光将女儿送入宫中。第二年,宣帝便立霍光的女儿霍成君为皇后。过了几年,霍皇后都没有生儿子,宣帝便立自己与许平君生的儿子刘奭(shì)为皇太子。

霍夫人听说后,气得饭也吃不下,还吐了血,说:"刘奭是皇上为平民时生的儿子,怎能立为太子?如果将来我的皇后女儿生了儿子,难道只能做诸侯王吗?"于是她又教霍皇后毒死太子。

霍皇后几次召太子前来,赐给食物,但太子的保姆和奶妈总是先尝过之后再让太子吃,霍皇后始终找不到机会下手。

霍光死后,霍家的势力并未随着衰弱,他的儿子仍为右将军,侄子掌管中枢事务,兄弟、女婿们都身居要职,霍夫人和几个女儿隔三岔五就去拜见太皇太后,半夜也能叫开宫门随意出入。霍氏一家人骄横奢侈,大兴土木,甚至制造皇帝专用的辇车,霍光兄长霍去病的孙子霍云几次称病不去参加朝会,私下却带着宾客外出打猎游玩。

宣帝早在民间时,就听说霍氏一家尊贵专横,飞扬跋扈。亲掌朝政以后，他让御史大夫魏相担任给事中①。霍夫人对此很不满。

有一次，霍家的奴仆和魏相家的奴仆因为争夺道路引起冲突。霍家的奴仆竟然冲到魏府，要踢魏家的大门。魏家人出来叩头道歉，霍家的奴仆才扬长而去。霍夫人知道后，开始忧虑起来，对儿子霍禹、霍云及其弟弟霍山说："你们不设法继承大将军的事业，如今魏相当了给事中，一旦有人在他面前说你们的坏话，你们还能救自己吗？"

不久，魏相果然向宣帝上书："霍氏一门骄奢放纵，恐怕会渐渐难以控制，应设法削弱他们的权势。"他还建议，取消奏章副本，防止阻塞言路而蒙蔽皇上。

按照规定，凡上书朝廷，都是一式两份，其中一份注明为副本，由主管尚书事务的人先打开副本审视，如所奏之事不妥，则不予上奏。

当时，主管尚书事务的是霍山，宣帝却采纳了魏相的建议，允许官吏百姓直接向皇帝呈递秘密奏章，不必经过尚书，群臣也可以直接晋见皇帝。这让霍氏一家极为恼恨。

不久，宣帝听说了不少关于霍夫人毒死许皇后的传闻，就将霍光的几位女婿都调离了重要职位。几个月后，宣帝又将霍光的姐夫和孙女婿调出京师，任地方太守。随后，霍光的儿子霍禹被明升暗降，夺去兵权。所有统领胡人和越人骑兵、羽林军以及未央、长乐两宫警卫部队的将领，都改由宣帝的岳父许家和太祖母史家的子弟担任。

霍家人眼看自家的权势日益被削弱，经常聚在一起自怨自艾。霍山说："以前有人上书说我们兄弟骄横霸道，被我压下没有呈奏。

---

① 西汉时为加官（即官吏于本职之外所加领的其他官衔，大夫、博士、议郎、御史大夫、三公、将军、九卿等，如果加领了此职，就可以出入宫禁），常侍皇帝左右，备顾问应对，多以名儒国亲充任。

现在所有奏章都不经过我这个尚书了，皇上已经不信任我了啊。我听说民间纷纷传言，说是我们霍家毒死了许皇后，简直是污蔑。这要是被皇上听到了，还不把我们灭族啊！"

霍夫人一听，吓坏了，只好把实情告诉了霍家兄弟。他们顿时面如土色："果真如此！为什么不早告诉我们？皇上把我们霍家人接连贬斥放逐，估计就是因为这个。看来皇上已经起疑了，甚至开始调查了。一旦事发，我们一个个都要死啊，怎么办？"

霍山冷静下来后说："事到如今，只有反了，才有活路。"众人迟疑了一会儿，最后都同意了，于是开始谋划。不料他们的计划还没实施，就被人告发，但宣帝并没有逮捕他们。

这让霍山等人更加惶恐，商量说："肯定是皇上碍于太皇太后的面子，所以没有追究，但他一定会防备我们。唉，我们终究逃不过灭门之祸啊……不行，与其坐着等死，不如拼一把！"然后让霍家女儿各自回家告知自己的丈夫，准备谋反。

他们计划让太皇太后设下酒宴，召丞相等大臣前去，伺机将他们杀死，然后废掉宣帝，立霍禹为皇帝。结果，他们的阴谋又被发觉。最终，霍云、霍山等人自杀，霍禹被腰斩，霍夫人及其他霍氏兄弟姐妹全部被处死。霍皇后也被废，后来自杀身亡。受此牵连而被诛杀的人家达几十户，太仆杜延年因为是霍家旧友，也被罢免官职。

当初，霍氏一家骄横奢侈，有个叫徐福的人就曾指出："霍氏必亡。凡奢侈无度，必然傲慢不逊；傲慢不逊，必然冒犯主上；冒犯主上就是大逆不道。霍氏一家长期把持朝政，遭到天下人厌恶，再做出大逆不道的事，怎么可能不灭亡呢？"他上书朝廷，建议宣帝限制霍家的权势。

结果，徐福接连上书三次，宣帝都没有采纳他的意见。之后霍氏一家被诛杀，曾告发过霍氏的人都被封赏，就有人向宣帝上书，为徐福鸣不平："我听说过这样的故事。有一位客人到主人家拜访，见主人家炉灶的烟囱是直的，旁边又有一堆木柴，他便对主人说：'您的烟囱应该改为弯曲的，要把木柴搬到远处去，不然的话，会发生火灾！'主人没有理会。不久，主人家果然失火，邻居们都跑来救火，最终把火扑灭。于是，主人家杀牛摆酒，对参与救火的邻居表示感谢，在救火中烧伤的被请到上座，其余则各按出力大小依次就座，却没有请那位建议他把烟囱改弯曲的人。有人就对这家主人说：'当初要是听了那位客人的劝告，就不会发生火灾，更不用杀牛摆酒。如今论功酬谢，建议改弯烟囱、移走木柴的人没有功劳，而在救火时被烧得焦头烂额的人才是上客吗？'主人这才醒悟，将那位客人请来。徐福多次上书说霍氏将会有叛逆行为，应预先加以防范。假如陛下接受徐福的劝告，霍家就不会叛乱，国家也就不用划出土地犒赏举报的人。如今，只有徐福的功劳没有受到奖赏，希望陛下明察，嘉许其'弯曲烟囱、移走木柴'的远见，使他居于'焦头烂额'者之上！"宣帝这才赐给徐福绸缎十匹，后又任命他为郎官。

  宣帝初即皇位时，前往高祖庙祭拜，由大将军霍光同车陪乘。宣帝心中十分畏惧，好像芒刺在背，很不舒服。后改由车骑将军张安世同车陪乘，宣帝才觉得轻松从容，十分安全亲近。等到霍光死后，其宗族最终遭到诛杀，所以民间传说，霍家的灾祸早在霍光陪同宣帝乘车时就已萌芽了。

## 成语学习[①]

# 芒刺在背

芒刺,草木或果壳上的小刺。仿佛细刺扎在背上一样。形容内心惶恐,坐立不安。

| |
|---|
| 造 句:一回到家,小明就发现气氛不对,爸爸妈妈都不理他。他顿时害怕起来,如芒刺在背,心想:"糟了,老师一定把今天的事告诉了他们。" |
| 近义词:如坐针毡、坐立不安 |
| 反义词:泰然自若、若无其事 |

---

[①] 这个故事的原文里还有成语"十死一生"(形容生命非常危险)、"曲突徙薪"(把烟囱改建成弯的,把灶旁的柴草搬走。比喻事先采取措施,才能防止灾祸)、"焦头烂额"(烧焦了头,灼伤了额。比喻非常狼狈窘迫)。

# 是古非今

### 《资治通鉴·汉纪十九》

汉家自有制度,本以霸王道杂之,奈何纯任德教,用周政乎!且俗儒不达时宜,好是古非今,使人眩于名实,不知所守,何足委任!

### 译文

我大汉自有大汉的制度,本来就是"王道"与"霸道"兼用,怎么能像周朝那样纯用所谓"礼义教化"呢!况且俗儒不识时务,喜欢肯定古人古事,否定今人今事,使人分不清何为"名",何为"实",不知所守,怎么能委以重任!

# 石显逼死帝师

皇太子刘奭性格温柔仁厚，喜欢儒家经术，看到汉宣帝任用的官员大多为精通法令的人，对于犯错的臣子常常用严厉的刑罚处置，便在一次陪侍宣帝用餐的时候进言："陛下过于依赖刑法，应该多重用儒生，实施仁政。"

宣帝生气地说："你懂什么？我们汉家的制度，本来就是王道和霸道一起用，这样才能安定天下，怎么能像周朝那样纯用所谓的'礼义教化'呢？儒生不识时务，只知道是古非今，连'名实'都搞不清楚，怎么能依赖他们治理天下呢？"

宣帝越说越激愤，最后叹息了一声："败坏我家基业的人必定是太子啊！"

从此，宣帝就不大喜欢刘奭，好几次想废了他，另立太子，但最后都看在他已故母亲许皇后的分上才作罢。

公元前49年，汉宣帝驾崩。皇太子刘奭即皇帝位，他就是汉元帝。元帝多才多艺，能写一手漂亮的篆书，会弹琴鼓瑟吹洞箫，还会谱曲填词，厘定音节。他为人宽厚，温雅节俭，从小就喜欢儒学，但为儒家经书的文义所牵制，性格优柔寡断。

即位之初，元帝任命了几个亲近大臣，乐陵侯史高为尚书，前将军萧望之和光禄大夫周堪做他的副手。史高是外戚，萧望之是当时著名的大儒，他和周堪都曾做过元帝的老师，感情很深。元帝很信任萧望之和周堪，常常召他俩进宫吃饭，谈论历代的兴衰，商量国家大事。萧望之又推荐谏大夫刘向做给事中，与侍中金敞同在元帝左右。这样，萧、周、刘、金四人同心辅助元帝，规劝他实行古代的制度。元帝对此十分向往，对他们的建议都一一采纳。这样一来，史高就像个凑数的官员，一点儿用也没有，因此对萧望之有了意见。

中书令弘恭、仆射①石显，都是宦官，在宣帝的时候就长期掌管中枢机要，熟悉法令条文。元帝本来身子就弱，即位之后劳心劳力，时常累得浑身难受。元帝想着仆射石显原来就在先帝身边参与机要，精明能干，又是宦官，没有家庭，不会拉帮结党，就让他协助自己处理日常政务。从此，朝廷事无大小，都要经过石显来转奏，再由皇帝裁断。石显很快就权倾朝野。

石显为人灵巧聪明，很会察言观色，元帝一个动作、一个眼神，他就知道元帝想要什么。但他也是一个阴险狠毒的小人，谁要是得罪他，他就会用似是而非的狡辩诬陷此人，然后滥用法律条文加以陷害，所以朝中上下都很惧怕他。

石显知道史高因为被冷落，对萧望之等人心怀怨恨，便与他勾结在一起，专门与萧望之等人作对。

萧望之早就对许、史两家外戚的骄横霸道不满，见他们又与石显等宦官勾结，把持朝政，于是更加痛恨，便向元帝上了个奏章，说："中书省是国家的中枢机关，是传宣诏书的地方，掌管朝廷机要，应该由光明正大的人担任那里的工作。当年孝武皇帝②因为经常在后宫游玩宴乐，才改用宦官，这不是古代的制度。宦官不应该在中书省兼任官职，这才符合古代关于君主不接近受过刑罚之人的礼制。"

---

① 西汉时，中书仆射是中书令的副职，与中书令同掌诏令章奏之传达。
② 即汉武帝。

这道奏章先落到石显的手中,他十分恼怒,认为萧望之是想除掉自己。他原本想压下这道奏章,又怕被元帝知道,只好硬着头皮上呈元帝。元帝看了,觉得自己刚即位不久,不宜大动干戈修改祖制,所以没有采纳萧望之的建议。然而,这道奏章激化了石显等人与萧望之之间的矛盾,使双方关系变得剑拔弩张。

不久,萧望之、周堪向元帝推荐了好几个名儒,元帝一一让他们做了官。会稽郡有个叫郑朋的儒生,也想通过投靠萧望之捞个官当当,于是上书元帝,揭发史高派遣门客到各地为自己谋私利,以及许、史两大家族子弟的罪恶。元帝把这份奏章拿给周堪看。周堪觉得郑朋是个人才,便建议让他在金马门等待召见①。

郑朋又给萧望之写了一封信,说:"您是希望像管仲、晏婴一样辅佐皇上呢,还是像周公、召公一样忙得过了中午才吃饭?如果您的志向是做管仲、晏婴,我就回故乡看守祖先的坟墓,直到老死,如果您希望干一番周公、召公一样的事业,那么我愿意竭尽小小的力量,奉献给您。"

萧望之被这封豪气冲天的信深深打动,便诚心诚意地接见了郑朋,可是很快他就看出郑朋是个投机取巧的邪恶之徒。萧望之很失望,从此不再理他。郑朋于是来了个一百八十度大转弯,恨上了萧望之,转而投靠石显等人。

他给石显写了一封信,对之前的事解释说:"我是关东人,怎么可能知道许、史两家的事?全是刘向、周堪教唆我这么干的。"

石显接到这封信,大喜过望,他唆使郑朋在萧望之休假那天向元帝上奏,污蔑萧望之等人企图让皇上罢黜车骑将军史高,便于他们自己专权。

---

① 汉代以才技征召士人,使随时听候皇帝的诏令,谓之待诏,其特别优异者待诏金马门,以备顾问。

元帝便召萧望之进宫解释。萧望之说："外戚身居高位，大多荒淫奢侈，我希望陛下疏远他们，是为了国家，并没有邪恶的想法。"

弘恭、石显趁机上奏说："萧望之、周堪、刘向结党营私，多次诋毁国家重臣，离间陛下骨肉至亲，图谋控制朝廷，应移送廷尉。"

元帝即位不久，还不知道"移送廷尉"就是逮捕下狱的意思，以为只是把他们叫到廷尉那里问问，便同意把周堪、刘向"移送廷尉"。

过了一段时间，元帝有事找周堪，身边的人告诉他："他们都被关进大牢了。"

元帝大惊，追问："不是只叫廷尉问问吗？快宣弘恭、石显来见朕！"

弘恭、石显见元帝一脸不悦，赶紧伏在地上，不敢起身。元帝本想骂他们一顿，但又不忍，就责备了两句，让他们把周堪、刘向放了，官复原职。

弘恭、石显不甘心，便把史高找去，三人密谋了一番。第二天，史高便去见元帝，说："陛下刚即位，天下人还没感受到您的以德化人，却听说了您冤枉自己的老师，这怎么行呢？再说，周堪他们还是有过错的，并非冤枉他们！"

元帝想了想，轻轻地点了点头，下诏释放周堪、刘向，贬为庶民，收回萧望之的前将军和光禄勋的印信和绶带。

不过几个月后，元帝又把萧望之、周堪、刘向三人召回重用。为了使元帝彻底疏远石显、弘恭，刘向便托了一个人上书劝谏元帝。石显等人得知后，猜到这封奏章是刘向指使别人写的，便把写奏章的人抓起来拷问。一番严刑拷打后，那人说出了全部实情。石显等人便以"结党营私，诬告朝臣"的罪名逮捕了刘向。

正在这时，萧望之的儿子也上书元帝，说自己的父亲之前是被冤枉的，希望皇上明冤昭雪。元帝就下令调查。

石显等人了解萧望之的为人，知道他这个人性格刚烈，只要稍加侮辱，他就会以死抗争，便对元帝说："没有人因为跟萧望之过不去而陷害他。萧望之上次没有入狱，而且皇上赦免他的罪，重新重用，已经是皇恩浩荡了，他却耿耿于怀，教唆儿子上书，无非是仗着自己是陛下的老师，没人敢治他的罪。对这样的人，只有关进监狱，小小地惩戒一下，他才知道感恩。"

汉元帝想想也有道理，但他犹豫了一下，说："萧太傅素来刚烈，宁折不弯，怎么肯甘心入狱呢？搞不好，他会想不开的。"

石显假仁假义地说："陛下放心，萧太傅的罪很轻，不至于以命相搏。"元帝这才同意。

石显拿着逮捕萧望之的诏令，带人把萧家围了个水泄不通。此时，萧望之的门生朱云正好在萧家。萧望之把事情从头至尾对朱云说了。朱云也是一个刚烈、有气节的人，他激愤地说："老师一生清白，如何能在晚年受小人的侮辱？不如自裁，以保一世清名！"

萧望之被这么一激，也愤懑难消，说："我曾经为帝王之师，官列九卿，老了却要入牢狱，苟求活命，实在可鄙！"说完，他命令朱云："快去调药，调得毒一点儿，别让我久留人间。"就这样，萧望之自杀了。

元帝得知后，痛哭流涕，连声说："朕早就料到他会自杀！你们杀了朕的贤师！"侍从端来午饭，他也不吃，整整一个中午，哭得像泪人一般。左右近臣见了，也都悲上心头，泪流满面。

元帝把石显等人召来责问："你们为什么不考虑周详就给朕出这样的主意？"石显等人又故技重演，伏在地上，一个劲儿磕头谢罪。元帝见他们吓成这样，又不忍责罚，叹了一口气，让他们退下去了。

元帝做皇帝，太容易被欺骗，也太难觉悟，石显诬告萧望之，的确有许多事难以分辨明察。但是，元帝已经料到萧望之会自杀，石显却说萧望之不至于以命相搏，结果萧望之果然自杀，从这一点完全可以看出石显等人的奸心。这事如果放在一个中等智力的皇帝身上，他都会惩罚这些奸臣，让他们抵罪。元帝却只是哭，不吃饭，以此来伤悼萧望之。正是在这样一个优柔寡断的皇帝的统治下，汉朝开始由强盛走向衰败。

## 成语学习

# 是古非今

是,认为对;非,认为不对。指不加分析地肯定古代的事物,否定当代的事物。

| | |
|---|---|
| 造 句: | 是古非今无异于故步自封,中华文明传承数千年而不断,恰恰是因为它具有的开放性和包容性。 |
| 近义词: | 厚古薄今 |
| 反义词: | 厚今薄古 |

# 四十一

## 【 以功覆过 】

**《资治通鉴·汉纪二十一》**

延寿、汤既未获受祉之报，反屈捐命之功，久挫于刀笔之前，非所以厉有功，劝戎士也。昔齐桓前有尊周之功，后有灭项之罪，君子以功覆过而为之讳。

**译 文**

甘延寿、陈汤不但没有受到祝福，得到赏赐，反而抹杀他们浴血奋战的功劳，在舞文弄墨的刀笔吏前被挑剔，这不是奖励有功，劝勉战士的方法。从前齐桓公，前有尊崇周王室的功劳，后有消灭项国的罪过，儒家学派的君子，认为他功大于过，为他讳饰①。

---

① 春秋时期，项国君主不服霸主齐桓公，齐桓公便出兵灭了项国。齐桓公有存亡继绝之功，被认为是贤者，而派兵灭项却是不义之举，与其贤者身份不符，所以《春秋》不明说灭项的国家，是为他讳饰。

# 陈汤矫诏出征

汉宣帝时，匈奴贵族内部不断发生权力之争，纷纷自立为单于，匈奴于是有了五个单于，他们相互攻伐。最终，呼韩邪单于胜出，但不久他的哥哥也自立为郅支单于，并打败了呼韩邪单于。呼韩邪单于在部下的建议下，率部投降了汉朝，并亲自前往长安朝见汉朝皇帝。西域各国之前全都畏惧匈奴，轻视汉朝，自呼韩邪单于投降汉朝后，全部唯汉朝马首是瞻。

郅支单于害怕呼韩邪单于与汉朝联手对付自己，也把儿子送到长安做人质，但并未向汉朝称臣。郅支单于认为呼韩邪单于兵力单薄，又归降了汉朝，不会再返回旧地，于是率众向西方推进，打算攻占匈奴西部地区，后来他听说汉朝出兵出粮帮助呼韩邪单于，估计靠自己的力量无法统一匈奴，于是继续向西推进，打败乌孙国军队，吞并了乌揭、坚昆、丁令三个国家。

势力得到扩张的郅支单于怨恨汉朝援助呼韩邪单于，要求接回自己在长安做人质的儿子。汉朝为了不使西域局势恶化，便派司马谷吉亲自送郅支单于的儿子回到匈奴。不料，对汉朝积怨甚深的郅支单于，竟然一怒之下杀害了谷吉等汉使。不过，平静下来后，他又感到害怕，担心汉朝出兵前来报复，打算继续向西迁移，躲开汉朝和呼韩邪单于的联合夹击。

西域的康居王试图联合匈奴消灭宿敌乌孙国，便邀请郅支单于前往他的康居国。走投无路的郅支单于大喜，率部继续西进，一路上挨饿受冻，等到康居国边境，郅支单于只剩下区区三千部众，但康居王还是对匈奴人的到来报以巨大热情。为了表示诚意，康居王把女儿嫁给了郅支单于，郅支单于也把女儿嫁给了康居王，二人互为翁婿。

郅支单于向康居国借兵，多次攻打乌孙国，乌孙国不敌，只好东迁。康居王很高兴，觉得与匈奴人合作的策略是对的，但是他没想到的是，逐渐站稳脚跟的郅支单于并不是甘于寄人篱下的主。郅支单于开始喧宾夺主，把自己当成康居国的老大，根本不把康居王放在眼里。康居王哪里受得了这种气，责骂郅支单于忘恩负义。郅支单于一怒之下，杀了康居王的女儿。康居人对郅支单于的凶悍蛮横很不满，郅支单于便把口出怨言的数百名康居国贵族及平民抓起来，统统杀死，杀完还不解气，又将他们的尸体切成一段一段，扔到河里喂鱼。他还强迫康居人为他修建一座坚固的城堡作为自己的大本营。为此，每天有五百名康居百姓在匈奴人皮鞭的驱使下，搬木料、运石头，饮泪吞声，历时两年，终于建起了一座巨大的城堡：外面是两层木墙构成的重木城，木城里面是土城，土城的中心是王宫。

郅支单于住上城堡后，自我感觉非常好，认为自己已经恢复了往日实力，要求西域各国每年向他进贡。汉朝多次派使节前来查问谷吉等人遗体的下落，郅支单于的态度十分傲慢，不断羞辱汉使，拒不接受汉朝皇帝的诏书，之后却又向汉朝上书说："我居住的地方环境困苦，愿意归顺强大的汉朝，还打算派儿子去当人质。"可以说是首鼠两端、反复无常。

建昭三年（前36年），汉元帝派西域都护①甘延寿、副校尉陈

---

① 主管西域地区的军政事务。

汤二人出使西域。陈汤为人沉着勇敢，富有谋略，渴望建立功勋。他向甘延寿建议："郅支单于不断侵略西域各国，各国都畏惧他。一旦这些国家都投降了匈奴，郅支单于就会更加强大，威胁我大汉。我们不妨给他来个突然袭击。"

甘延寿听了，叹了口气说："是啊，可是我们没有军队，怎么搞突然袭击？"

陈汤说："我们可以用屯田①的汉军，再征调乌孙王国的军队，直捣郅支单于新建的城堡。匈奴人的城堡并不坚固，郅支单于要逃没处逃，想守兵力又不足。这种千载难逢的功业一个早上就可以建立。"

甘延寿点了点头："这办法可以。不过我们必须事先奏请朝廷批准才行。"

陈汤不屑道："皇上一定会召集大臣们商议，一来二去，战机也就失去了。再说，远大的策略，岂是平庸的官僚能懂的？他们未必会同意我们的作战计划。"

甘延寿担心擅自行动，朝廷会怪罪，所以迟疑不决。陈汤觉得甘延寿太胆小，思量着自己单独行动。正巧没过多久，甘延寿生病，卧床不起。陈汤抓住这个机会，假传圣旨，征发各城邦国家的军队，以及驻扎在车师国的汉朝屯田部队，准备讨伐郅支单于。

甘延寿听说后大惊，挣扎着从病床上爬起来，劝阻陈汤："假传圣旨是杀头的罪，你再等等，等朝廷批准后我们再行动。"

陈汤大怒，手按剑柄，叱责甘延寿："大军已经集合，箭在弦上不得不发，你小子想阻止大军吗？"甘延寿无奈，只好顺从了他。

他俩集结了汉朝和西域多国的兵力，共四万余人，分成六路纵

---

① 为解决军粮供给、军费开支及补充国库储备，组织士兵、利用犯人或招募农户垦种田地。

队,其中三路沿南道越过葱岭,穿过大宛王国,另外三路则从温宿国出发,由北道穿过乌孙王国,进入康居国边界,挺进到阗池西岸。

进入康居国东部国界后,陈汤秘密召见康居国的贵族屠墨,向他展示汉朝消灭匈奴的实力与决心。屠墨早就想报仇雪恨了,他发誓忠于汉朝。

大军继续挺进,在距离单于城约六十里的地方安营扎寨。这时,陈汤又俘虏了康居国另一个贵族具色子男开牟。具色子男开牟是屠墨的舅父,非常痛恨凶暴的郅支单于,愿意为陈汤做向导。陈汤于是掌握了郅支单于内部的所有情况。

第二天,大军推进到距离单于城三十里的地方。郅支单于得到消息,派使者前来问:"汉朝军队到这里来做什么?"

汉军官员回答说:"你们单于曾经上书汉朝皇帝,说你们的居住环境恶劣,愿意归降强大的汉朝。汉朝皇帝怜悯你们单于,不愿意看到他继续委屈地住在康居,所以派遣都护将军,率军前来迎接单于及其妻儿。"

使者往来了几次传话,郅支单于就是不露面。甘延寿、陈汤责备郅支单于的使者:"我们为了单于,不远万里来到此地,然而我们等了这老半天,他还没有派出一位名王、显贵,前来晋见都护将军。为什么单于如此不讲待客的礼节?我们已经人困马乏,粮草也快用完,恐怕连回程都不够用。"

第二天傍晚,大军继续前进,在距离单于城三里外扎营,构筑阵地。遥望单于城上,只见五色旗帜迎风飘扬,数百匈奴人披甲戴胄,登上城楼守备。这时,从城中冲出一百多名骑兵,在城下往来奔驰,接着又出来一百多名匈奴步兵,在城门两侧,做战斗演习。

城上守军向汉军挑战,大喊:"来打吧!"那一百多名匈奴骑兵便向汉军大营冲来。陈汤让大家把强弩全部拉满,箭矢外指。匈奴骑兵见状不敢再攻击，立刻撤退。陈汤一声令下，只听"嗖嗖嗖嗖"，阵雨般的箭矢向撤退的匈奴骑兵和城门外操练的匈奴步兵飞去。匈奴人吓得全部缩回城内。

郅支单于本来已经逃出单于城，但他想着汉朝军队远征万里，不可能持久进攻，便又返回了。这会儿，他全身披甲，在城楼上指挥作战。甘延寿、陈汤便向全军下达总攻的命令。顿时，一阵密集的鼓声响起，汉军将士呐喊着直扑城下，很快把单于城四面包围了起来，接着一部分人手持盾牌挡在前面，一部分人向城楼上的匈奴人射箭，还有一部分人则朝城内投掷火把。一时间，箭如雨下，火光冲天，匈奴人死伤大半，剩下的逃进了土城。

到夜里，康居国的一万多骑兵赶来，他们乘着夜色，多次向汉军营地发起冲击，却都遭到汉军的迎头痛击。天将亮时，鼓声再次响起，汉军官兵大喊着从四面同时冲入土城。

郅支单于带着一百多人逃进王宫，汉军就纵火焚烧王宫，将士们争先冲进去，最终郅支单于身受重伤而死，他的人头被送到长安。

甘延寿、陈汤向朝廷上书说："郅支单于背叛汉朝，对百姓残忍狠毒，他的罪恶上通于天。臣甘延寿、陈汤率领仁义的军队，替天讨伐，幸赖陛下神威，阴阳配合，天气晴明，攻破敌阵，打败敌人，斩杀郅支单于。胆敢冒犯强大汉朝的，距离再远，也必须诛杀！"

石显曾经打算把姐姐嫁给甘延寿，遭到拒绝后，一直怀恨在心。这次甘延寿、陈汤虽然消灭了郅支单于，但他们假传圣旨，犯了大罪。石显等人抓住这点不放，要求元帝严惩。

陈汤听说后，又向元帝上书："臣和部下共同诛讨郅支单于，朝廷应派出使者在道上迎接慰劳，为何反而责备求全？这是替郅支单于报仇啊！"元帝立刻下诏，命沿途地方官府准备酒食慰劳凯旋的军队。

甘延寿、陈汤返回长安后，元帝要给他们赐封，石显等人又跳出来说："甘延寿、陈汤假传圣旨，擅自调动军队，不诛杀他们，已是宽大，如果再赐他们爵号，封他们土地，那么以后派出的使节就会争先恐后地擅自行动，以图侥幸成功，实则在蛮夷中间生事，给国家招来灾难。"

对于甘延寿、陈汤的功劳，元帝内心是嘉许的，但他又不好违背石显等人的意见，所以犹豫不决。

这时，前任宗正刘向上书说："郅支单于杀害汉朝派去的使节，严重伤害我大汉的威望。西域都护甘延寿、副校尉陈汤，百死一生，攻杀郅支单于，为国家扬威。评价一项重大的功勋，不能计较小的过失错误，推举重大的善行，不能抓着一点儿瑕疵不放。可是，甘延寿、陈汤不但没有受到祝福，得到赏赐，反而被抹杀浴血奋战的功劳，被舞文弄墨的刀笔吏百般挑剔，实在令人寒心啊！从前齐桓公前有尊崇周王室的功劳，后有消灭项国的罪过，但儒家学派的君子以功覆过，为他讳饰。建议陛下不要再计较他们的过失，赐给他们爵位，用以奖励功业。"

于是元帝下诏赦免甘延寿、陈汤假传圣旨的罪过，赐给甘延寿、陈汤各一千户的采邑，封甘延寿为义成侯，陈汤为关内侯。

## 成语学习[1]

## 以功覆过

用功劳来弥补过错。

| | |
|---|---|
| 造　句： | 古人认为，天下大乱时，应该以功覆过，不计较缺点、过失而录用人才。 |
| 近义词： | 将功补过 |

---

[1] 这个故事的原文里还有成语"安不忘危"（在平安的时候不忘记危难。意指时刻谨慎小心，提高警惕）。

# 朋党比周

## 《资治通鉴·汉纪二十二》

尚书、九卿、州牧、郡守皆出其门,管执枢机,朋党比周;称誉者登进,忤恨者诛伤;游谈者助之说,执政者为之言。

### 译文

尚书、九卿、州牧、郡守全都出自王氏的门下,主管掌握国家中枢机要部门,结党营私。受他们夸奖的,得以拜官高升;被他们憎恨的,受到诛杀伤害。帮闲者帮他们宣传;掌权者为他们说话。

# 王凤擅权

公元前33年，汉元帝驾崩，太子刘骜登上帝位，即汉成帝。刘骜从小就喜爱儒家经典，为人宽厚谨慎，博学多才，但后来爱饮酒，喜欢安乐，元帝便觉得他没有能力。而另一位皇子、山阳王刘康有才干，精通音律，他的母亲傅昭仪①又受到元帝宠爱，元帝因此常想改封刘康为太子。

等到元帝卧病不起时，傅昭仪和她的儿子刘康经常在病床前侍奉，而皇后王政君和太子刘骜，却很少能够觐见。随着病情越来越重，元帝心绪不宁，几次向尚书询问当年汉景帝废掉太子刘荣，改立刘彻当太子的旧事。王皇后和太子以及太子的大舅父王凤得知后，忧心忡忡，不知道该怎么办才好。

史丹是元帝最亲密的大臣之一，因此能够直接进入寝殿探病。这天，史丹流着泪对病榻上的元帝说："刘骜以嫡长子的身份，被封为太子，已经十多年了，他的尊号家喻户晓，天下无不归心，愿做他的臣子。如今却有传言说陛下要改立刘康为太子。臣请求陛下赐臣死，臣誓死拒绝接受这样的诏令。"

元帝一向心肠软，见史丹伤心流泪，态度又极为诚恳，很是不忍，叹息了一声，说道："朕的病日益沉重，太子和他的弟弟们年纪都小，朕对他们的未来怎么能不担心呢？可是，朕并没有改立太子

---

① 皇帝嫔妃，西汉元帝始置，位视宰相，仅次皇后，爵比诸侯王。

的念头。皇后王政君一向谨慎小心，先帝又喜爱太子，朕又怎么能违背他的意旨呢？你从哪里听来的这些传言？"

史丹忙叩头说："臣愚昧，妄信传言，罪当处死。"

元帝对史丹说："朕的病恐怕好不了了，你要好好辅佐太子，不要辜负朕的重托。"史丹垂泪叩拜。

成帝即位后，任命大舅父王凤为大司马、大将军。王凤得以掌握国家大权，连成帝说话都不管用。

有一次，成帝身边的侍臣向成帝推荐光禄大夫刘向的幼子刘歆（xīn），说他博学卓识，是个奇才。成帝召见后非常喜欢，想任命他为中常侍①，就命人取来中常侍的衣冠，准备行拜官礼。结果，左右侍从都说："请陛下先跟大将军商量后再定。"

成帝不高兴，说道："这是小事，不必通报大将军！"左右侍从吓得伏在地上，叩头请求成帝一定要先告诉王凤才行。成帝无奈，只好把王凤召进宫，跟他说了这件事。但王凤不同意，成帝只好作罢。

当时，成帝的五个舅舅全部封侯，尚书、九卿、州牧、郡守全都出自王氏的门下，他们把持国家机要部门，朋党比周，骄奢淫逸。他们欣赏的，就拜官高升，他们憎恨的，就受到诛杀伤害。

有人提醒王凤过于专权的害处，告诫他要谦恭谨慎，切勿重蹈霍光家族的覆辙。王凤充耳不闻，反而经常在成帝面前提刘氏宗室谋反的事，试图使成帝疏远刘氏宗亲，而对于同是外戚的霍家擅权之事，则绝口不提。

丞相王商为人敦厚，不满王凤专权，与他不和。王凤便想除掉

---

① 西汉时为加官。常侍皇帝左右。汉武帝以后甚至可以参与朝议，成为中朝官（汉武帝以后，朝官分为中朝官和外朝官。中朝官又称内朝官，指在官中接近皇帝的官员，如侍中、常侍、给事中、尚书等。外朝官指在官外任职的朝官，指丞相以下的正规官员）。

王商，让人秘密搜求王商的短处，之后又指使人上书弹劾他，说他与婢女通奸。

成帝器重王商，觉得这是无法证明的小过失，不足以构成大罪。王凤却坚持要把此事交付司隶①查办。几个靠王凤得到提拔的官员，也上书诋毁王商。成帝只好下诏，收缴王商的丞相印信和绶带。王商被免相三天后，气郁难疏，吐血而死。

过了几年，成帝还没有儿子，又时常生病。改封为定陶王的刘康来朝见时，成帝秉承先帝的遗愿，待他十分优厚，给予的赏赐是其他诸侯王的十倍，对当初夺嫡之事，也不存丝毫芥蒂。

这天，成帝对刘康说："朕没有儿子，人命无常，不必避讳，一旦有什么变化，朕将再也看不到你了。你就长期留在京城，随侍在朕身边吧！"后来，成帝的病渐渐好转，但他依然不让刘康回封国。

大将军王凤对刘康留居京师感到不满，恰好发生日食，他就趁机对成帝说："发生日食，是阴气过盛的征象。定陶王虽亲，按礼应当在自己的封国当藩王。如今留在京城侍奉天子，是不正常的，因此天现异象发出警告，请陛下遣送定陶王回封国！"成帝不敢违抗王凤，只好同意。刘康前来辞行，成帝与他洒泪而别。

京兆尹王章一向刚直敢言，他虽是王凤举荐的，但对王凤的专权很是反感。他向成帝上了一封密奏："发生日食，都应归咎于王凤专权，蒙蔽主上。"

成帝立刻召见王章，让他进一步解释。王章说："上天行事，耳聪目明，保佑善良，惩罚邪恶，用祥瑞或灾异作为征兆。如今陛下因为没有亲子而亲近定陶王，是为了承接宗庙，以国家为重，上顺

---

① 负责捕治盗贼，管理奴隶、俘虏，让他们服劳役。

天意，下安民心，是正确的决定和善事，上天应当报以祥瑞，怎么会招致灾异呢？灾异的发生，是因为大臣专权的缘故。如今大小政事都由大将军王凤决定，王凤不但不反省自责，反而归咎于善良的人，把定陶王排挤到远方。"

见成帝脸上渐渐露出愤怒的神情，王章赶紧打住了话头，成帝却催他继续说下去。

"皇上，王凤诬陷欺骗不忠之事，不止一件。前丞相王商，本是先帝的亲戚，品行敦厚，威望很高，是国家栋梁之臣。他坚持正义，不肯违心追随王凤，最后被王凤用闺房阴私之事弹劾而遭到罢黜，忧伤而死。还有，王凤明知他小妾的妹妹张美人已经嫁过人，按礼不适宜上配至尊的皇帝，王凤却说张美人适合生男孩，将她献入后宫，用不正当的手段为小妾的妹妹谋取私利。然而，听说到现在张美人也未曾怀孕。以上所说的三件都是大事，是陛下亲眼所见，亲身经历，其他看不到的事情就更多了。"

这些事成帝心里未尝没有想过，可是当时他也做不了主，此时听了王章的话，更加感触深切，便对王章说："你的话让朕醒悟，请你为朕找一位能够辅政的人。"

王章便推荐了琅邪太守冯野王，说他忠诚正直，又富于谋略。成帝当太子时，就听说了冯野王的声名，打算重用他来代替王凤。

然而，这件事被太后王政君堂弟的儿子、侍中王音偷听到了，他报告给了王凤。王凤很恐惧，在别人的建议下，他上书请求辞职，措辞十分哀痛。

太后知道后，十分难过，不肯吃饭，而成帝从小就跟王凤亲近，不忍心罢黜他，就下诏安抚，让他继续任职，还授意尚书弹劾王章："冯野王是信都王刘兴的舅父，王章推荐他，是出于私心，想阿谀攀附诸侯。"

成帝便下诏审理王章。王章被罗织了不少罪名，最终死在了狱中。从此，文武百官见到王凤，都侧目而视，对他又怕又恨。

王氏家族的权势也越来越盛，乘坐朱轮华毂（gǔ）①的就有二十三人，佩戴青色、紫色绶带，帽子上有貂尾跟绣蝉的，则充满朝廷，像鱼鳞一样排列左右。他们品行卑鄙肮脏，却声称为治国效劳，身怀私心，却假托为公。尤其成帝的"五侯"舅舅，凭借与皇帝的甥舅之亲，作威作福，骄奢淫逸，成都侯王商凿穿长安城墙，引水注入他家中的大水池，行船取乐，曲阳侯王根干脆在园中修筑土山、渐台，模仿白虎殿。溜须拍马的人呈献的珍宝，从四面八方送入他们府中。

光禄大夫刘向担心王氏家族将来危害皇权，上书极力劝谏成帝："君王没有不希望国家安定的，然而却常常出现危机；没有不希望国家长存的，然而却常常亡国。这是由于君王失去了驾驭臣下的手段。王氏兄弟占据重要位置，家族盘根错节，从古至今，没有哪家外戚像他们这样僭（jiàn）越骄奢的。请陛下罢免他们的官职，收回国家的权柄。否则，臣担心春秋时田氏篡齐的事件会再次出现于今世。②"

成帝看了奏章，为刘向的心意悲伤叹息了很久，还特地召见他说："你暂时不要再说这些了，我会考虑的。"但成帝最终还是什么都不敢做。

---

① 指汉代高官乘坐的华贵车子。毂是车轮中心的圆木，即将车轮涂成红色，车毂绘成彩色。
② 果然，刘向一语成谶（chèn），31年后，王莽篡汉，建立新朝。

## 成语学习[1]

# 朋 党 比 周

结成党羽,排斥异己,谋求私利。

| 造　句: | 中国共产党的宗旨是为人民服务,决不允许党员干部朋党比周,以权谋私。 |
| --- | --- |
| 近义词: | 结党营私 |
| 反义词: | 群而不党、大公无私 |

---

[1] 这个故事的原文里还有成语"立石起柳"(卧石自竖,枯柳复生。相传民间要出皇帝的征兆)、"泰山之安"(像泰山一样稳固。形容稳固、安定)、"累卵之危"(好比堆叠起来的蛋,极容易打碎。比喻情况极其危险)。

# 矫枉过正

**《资治通鉴·汉纪二十二》**

吏拘于法，亦安足过！盖矫枉者过直，古今同之。且财币之省，特牛之祠，其于皇后，所以扶助德美，为华宠也。咎根不除，灾变相袭，祖宗且不血食，何戴侯也！

**译文**

官吏按照法制行事，又怎么可以怪罪呢！要把弯曲的东西矫正过来，就要弯向另一面，古今同理。况且节省钱财，改用特牛祭祀，对于皇后而言，正有助于发扬美德，为你博得更多的赞誉。如果不铲除祸根，灾变接连发生，祖宗的祭祀尚且不保，还谈什么你的祖父戴侯呢！

## "红颜"终成"祸水"

有一年,出现日食,汉成帝要求百官指出他的过失。光禄大夫刘向上书说:"出现日食的月份与孝惠帝[①]时相同,出现日食的日子与孝昭帝[②]时相同,而孝惠、孝昭二帝均没有子嗣,这次日食是警告陛下,注意子嗣问题。"

此时,成帝专宠许皇后一人,后宫其他嫔妃很少有机会见到皇帝,而许皇后一直没有生下儿子,朝廷内外都为皇上没有继承人而焦虑忧愁。刘向的上书正是触及这个问题。成帝因此下诏,削减皇后椒房殿的开支,与以前的旧例相同。

许皇后上书为自己辩解:"时代不同,制度也不一样,细微之间不一定要求一致。主管后宫的官吏并不了解这个道理,一旦接受这样的诏书,以后臣妾想做个屏风摆放在什么地方也不行了,他们会说没有这种先例。请陛下明察!按照原先的规定,祖父母是用一头牛来祭祀的,而臣妾的祖父戴侯、敬侯都蒙恩准许用一牛一猪一羊祭祀。若按照旧例,两位祖父就只能用特牛祭祀了,请陛下哀怜!"

成帝有点儿恼火,就派人对许皇后说:"矫枉过正,古今同理。况且节省钱财,改用特牛祭祀,有助于发扬你的美德,为你博得更多的赞誉。否则,灾变接连发生,祖宗的祭祀尚且不保,还谈什么你的两位祖父!"渐渐地,成帝对许皇后的宠爱与日俱减。

---

[①][②] 即汉惠帝刘盈、汉昭帝刘弗陵。

这天，成帝微服出行，一路闲逛，不经意走到姐姐阳阿公主的家，便信步走了进去。阳阿公主见成帝突然驾到，又惊又喜，赶紧设宴款待，并命家中的歌舞女表演助兴。一时间，鼓乐齐鸣，莺声啼啭，舞女们时而轻云般慢移，时而旋风般疾转，她们一个个长眉妙目，婀娜多姿，尤其领舞的那位，体轻如风，妙态绝伦，把成帝看得眼睛都直了。

"陛下，她叫赵飞燕。"在一旁察言观色的阳阿公主趁机说道。

"赵飞燕？舞姿轻盈，如燕飞翩跹（piān xiān），而且还是个一等一的美人！"成帝依然目不转睛地盯着那名叫赵飞燕的舞女。

"陛下若喜欢，便召她进宫伺候吧。"阳阿公主谄媚道。

成帝笑着点了点头，当天就把赵飞燕召入宫中。赵飞燕趁机向成帝推荐她的妹妹赵合德，说她容貌美艳，温柔妩媚。成帝大喜，第二天又把赵合德也召进宫中。左右的人见了，都惊叹不已，想不到世间竟有如此美艳的女子，只有宣帝时的宫廷教习官淖方成，当时正站在成帝身后，吐着口水说："这是祸水呀，定会扑灭汉朝之火的！①"

成帝一下子得了两位美女，十分高兴，立刻册封赵飞燕姐妹为婕妤，一时尊贵荣宠压倒后宫。失宠的许皇后不甘心，在她姐姐的鼓动下，使用巫术诅咒后宫受宠的嫔妃，不料遭到告发，被废去皇后的尊位，迁居昭台宫。

过了两年，成帝便封赵飞燕为皇后。正当赵飞燕沉浸在母仪天下的荣华与威势之中时，成帝对她的宠爱却渐渐不如以往，更得宠的是她的妹妹赵合德。

赵合德被封为昭仪，住在昭阳舍，中庭全用朱红色，殿上则

---

① 根据五行理论，汉朝属火德，水克火，所以这么说。

漆成黑色，上殿的台阶用白玉雕成。殿内墙壁上带状的横木处处嵌有黄金环，环内镶着蓝田玉璧、明珠、翠羽，其富丽奢侈，是诸宫之最。

而赵飞燕住在另外一个宫殿，失宠后的她经常跟侍郎、宫奴私通。赵合德从小与赵飞燕一起长大，对姐姐十分尊敬，担心她的淫乱之事会被人揭发，便在成帝面前百般维护姐姐："我姐姐性格刚烈，假如被人诬陷，那我们赵家就要绝种了！"

她那梨花带雨的哭容让成帝心生无限怜爱之心。果然，后来有人向成帝报告皇后的奸情，成帝就认为是诬陷，把报告的人统统诛杀。从此，赵飞燕肆无忌惮地与人私通，再也没有人敢向成帝报告了。

可是，赵氏姐妹相继专宠后宫十几年，却始终没有生下一儿半女，所以她们也非常担心自己的地位会不保，对其他怀孕的嫔妃心怀忌恨，生怕她们生下儿子。

废皇后的侄女许美人怀孕，生下一个男婴。成帝非常高兴，这可是他的第一个儿子啊。他立刻把这件喜事告诉了赵合德，满以为她会为自己终于有了子嗣而欢喜。没想到，赵合德一听，又哭又闹："陛下每次都骗臣妾，说是从臣妾姐姐宫里过来，既然如此，许美人的孩子又是怎么生出来的？难道许家的人又要当皇后了吗？"

她又气又恨又怒，时而用手揪自己的头发，时而用头撞墙，还从床上跌下来，不肯吃东西，哭着说："陛下现在就把臣妾姐妹送回家吧！好把地方腾出来，给未来的皇后住！"

成帝也很气恼："朕特意告诉你这件喜事，你为什么发这么大脾气？真搞不懂！"他也赌气不肯吃饭。

赵合德又哭着说："陛下既然认为自己没有做错什么，那为什么不吃饭呢？陛下经常发誓说不辜负臣妾，现在许美人生了儿子，陛下终究还是背弃了誓言,有什么好说的?"

成帝见赵合德哭得伤心,无奈地说:"朕是说,绝不会让任何人的地位高于你们姐妹俩,所以朕废掉了许氏,册封你姐姐为皇后,你为昭仪。这一点你不必担忧!"

说完,成帝派宦官去许美人那里把男婴带过来。宦官来到许美人处,把婴儿装在苇草编的小箱子里带了回来。

成帝和赵合德就那样坐着,都没有说话。不知道过了多久,成帝起身走到箱子跟前,仔细端详着孩子,接着命令所有人都退出去,关上门窗。过了好一会儿,门开了,成帝呼叫宦官,命他封好箱子,然后递给他一份刚写好的诏书,让他拿着诏书和箱子去找掖庭的狱丞籍武,并叮嘱说:"你告诉籍武,箱子里有死孩子,把他埋在隐蔽的地方,不许让人知道!"

宦官将诏书和箱子交给籍武。籍武伏在地上,边哭边说:"孩子是陛下的亲骨肉,怎么忍心把唯一的骨肉处死啊?"

宦官叹了口气说:"你就遵旨办理吧。"籍武流着泪,在狱楼墙下挖了个坑,把死婴埋了。

赵氏姐妹就是这样或明着胁迫成帝杀死亲生儿子,或暗地里偷偷强迫其他怀孕的嫔妃服毒、堕胎,以致成帝到死都没有儿子继承帝位。

绥和二年(前7年)三月的一天晚上,成帝像往常一样,由赵合德侍寝,宿于白虎殿。成帝准备第二天拜左将军孔光为丞相,印信和封拜诏书都准备好了。第二天清晨,一向身体强壮、从不生病的成帝醒来穿衣时,突然身体僵硬,说不出话来,几个时辰后,就死在了赵合德的怀中。

民间喧哗,都归罪于赵合德,认为她是害死成帝的红颜祸水。太后王政君下诏,命大司马王莽和丞相、御史、廷尉一起追查成帝的起居和发病的情况。赵合德知道自己罪责难逃，只好自杀。过了几年，赵飞燕也先被废，后自杀。荣宠一时的赵氏姐妹，就这样背着"红颜祸水"的罪名，流传下去。其实，她们不过是拿来掩盖皇帝过错的牺牲品，为王朝的衰败与灭亡找的借口罢了。

## 成语学习①

## 矫枉过正

原文为"矫枉过直"。把弯曲的东西扭过了头,从而弯向另一面。比喻纠正错误超过了应有的限度。

| | |
|---|---|
| 造　句: | 犯了错要纠正,但不能矫枉过正,要恰到好处。 |
| 近义词: | 过犹不及、枉矫过激 |
| 反义词: | 恰到好处、恰如其分、适可而止 |

---

① 这个故事的原文里还有成语"立石起柳"(卧石自竖,枯柳复生。相传民间要出皇帝的征兆)、"泰山之安"(像泰山一样稳固。形容稳固、安定)、"累卵之危"(好比堆叠起来的蛋,极容易打碎。比喻情况极其危险)。

# 四十四

# 〖 浆酒藿肉 〗

### 《资治通鉴·汉纪二十六》

奈何独养外亲与幸臣董贤，多赏赐，以大万数，使奴从、宾客，浆酒藿（huò）肉，苍头庐儿，皆用致富，非天意也！

### 译文

为什么只供养外戚和弄臣董贤，给他们大量赏赐，以巨万来计算！使他们的仆从、宾客把酒当水，把肉当豆叶来挥霍，他们的奴仆侍从都因而成了富翁。这不是皇天的本意啊！

# 哀帝断袖

汉成帝生前沉迷酒色,荒废朝政,新即位的汉哀帝刘欣也好不到哪儿去。

刘欣原本没有机会当皇帝的。成帝一直没有生儿子,就打算在中山王刘兴与定陶王刘欣①之间选一个继承皇位。中山王是成帝的弟弟,定陶王是成帝的侄子,论亲疏关系,中山王更亲近,但成帝还是想亲自考察一番,于是召他们二人进京。

中山王刘兴只有他的师傅陪同前来长安,定陶王刘欣除了师傅,还有相国和中尉陪着。成帝觉得奇怪,就问他俩陪同人数有什么法令依据。中山王回答不上来,定陶王则说:"法令规定,诸侯王朝见天子,可以由二千石官员陪同。师傅、相国和中尉都是二千石官员,因此让他们全都来了。"

成帝又让他俩背诵《诗经》《尚书》,定陶王不但能熟练背诵,还能解释其中之意,中山王则背不下去。

接着,成帝又让他们跟自己一起吃饭。结果,成帝都吃完了,中山王还在吃,吃饱才罢休。吃完起身下去时,袜带松开了,他也不知道。成帝因此认为中山王是个蠢材,定陶王却很贤能。

定陶王的祖母傅氏这次也一同朝见,私下馈赠礼物贿赂皇后赵飞燕、昭仪赵合德以及骠骑将军王根。赵飞燕姐妹和王根见皇帝无子,也想预先结交诸侯王,为以后做打算,因而他们轮流在成帝面

---

① 定陶王刘康的儿子。

前称赞刘欣，劝成帝立他为继嗣。

成帝内心也倾向于刘欣，但事关社稷，因此就把丞相和御史大夫等大臣召集到一块，讨论中山王刘兴和定陶王刘欣，谁更适合继承帝位。

有的大臣说："中山王是皇上的亲弟弟，是最亲的血缘，兄终弟及，应立他为继承人。"有的则认为："定陶王是皇上弟弟的儿子，《礼记》上说，兄弟的儿子，如同自己的儿子。应该立定陶王为继承人。"大家七嘴八舌，各持己见。

最后成帝说："中山王没有才干，而且依礼，兄弟的牌位不能一同进入宗庙。"便下诏立定陶王刘欣为太子。

第二年，成帝就驾崩了，太子刘欣顺利继承了皇位，即汉哀帝。即位之初，他充满激情和信心，亲自厉行节俭，减省各项费用，又削弱太皇太后王政君为代表的王氏家族的权势，政事都由自己裁决处理。满朝文武都很振奋，以为他是位雄才大略的皇帝。然而，哀帝的一些改革举措遭到贵族们的反对，加上他的祖母傅太后的频频干政，他颇感受挫，于是开始贪图享乐，纵情于声色之中。不过，哀帝对美女不感兴趣，他喜欢的是一位叫董贤的男子。

董贤长得十分俊美，很得哀帝的宠爱，出入都陪同在哀帝身边，还经常与哀帝睡在一张床上。有一次睡午觉，董贤侧着身子，压住了哀帝的袖子，哀帝想起床，但董贤还没睡醒，哀帝怕惊动他，便抽出匕首把袖子割断了才起来。

为了让董贤日夜陪侍在自己身边，哀帝准许董贤的妻子随时入宫，还把董贤的妹妹封为昭仪，地位仅次于皇后。哀帝又命将作大匠[①]为董贤在北宫门外建造有前后大殿的豪宅。皇宫里的珍宝，上

---

[①] 掌管宫室、宗庙、陵寝及其他土木工程的修建。

等的全都被挑选进了董贤的家里，而哀帝自己用的反而是次一等的，甚至连皇家丧葬用的棺木、珠玉制成的寿衣寿裤，都预先赐给了董贤，并让将作大匠在自己的陵墓旁为董贤建造坟茔。

尚书仆射[①]郑崇为人刚直，觉得哀帝对董贤宠爱过度，经常劝谏哀帝。哀帝因此很讨厌郑崇，多次借公事责骂他。不久，郑崇脖子上长了脓疮，想请求还乡，又不敢提出来。尚书令赵昌是个奸邪之人，平日里就痛恨郑崇的刚直，他知道哀帝恼郑崇，便趁机上奏说："郑崇与刘氏宗族的人交往密切，臣下怀疑他们有什么阴谋诡计，请陛下追查惩处。"

哀帝将郑崇召进宫，责问他："你家人来人往，门庭若市，为什么却要求朕疏远董贤？"

郑崇坦然回答说："臣家虽门庭若市，但臣心里却清静如水。希望陛下考察。"哀帝大怒，命人把郑崇关进监狱。最终，郑崇死在了狱中。

哀帝想封董贤侯爵，又没有什么借口。这时，有人上书告发东平王刘云谋反。侍中傅嘉给哀帝出了个主意，把上书人改成董贤，把功劳算在董贤的头上。哀帝觉得这个主意不错，又担心丞相王嘉反对，就先将封侯诏书拿给王嘉看。

王嘉果然反对，并说："请陛下公布董贤的奏章原文，否则恐怕会大失人心。"哀帝无奈，只好暂时作罢。

过了五个月，不甘心的哀帝突然下诏，严厉斥责公卿："东平王刘云阴谋造反，你们这些身为国家栋梁的公卿却没能尽忠职守，察觉阴谋。幸赖祖宗在天之灵的保佑，驸马都尉[②]董贤发觉以后报告

---

[①] 西汉时，尚书仆射是尚书令的副职，职责是拆阅封缄章奏文书，参议政事，谏诤驳议，监察百官。尚书令不在时，就代理其职。

[②] 汉武帝设置的官职，皇帝出行时掌管副车，为侍从近臣。驸马，即副车之马。魏晋以后皇帝的女婿常常担任此职，后来就成为皇帝女婿的专称。

了朕，使奸人全部伏诛。现封董贤为高安侯。"

谏大夫鲍宣上书说："天下，是皇天的天下。陛下上为皇天的儿子，下为黎民百姓的父母，对待人民应当一视同仁。财富都是百姓创造的，然而他们现在连菜都吃不饱，弄臣董贤却因为陛下的过度赏赐，连他的仆人都成了富翁，整天浆酒藿肉。如今陛下还封他为侯，这不是皇天的本意啊！"

哀帝根本不理睬，反而变本加厉地讨好董贤，任命他为大司马，主管尚书事务，文武百官都要通过董贤才能向哀帝奏报事务。当时，董贤才二十二岁。

有一次，匈奴单于到长安朝见哀帝，见董贤十分年轻，却位居三公，感到惊奇，便问身边的翻译人员。

哀帝命翻译人员回答说："大司马虽然年轻，却是因为有大贤能才居高位的。"单于立即起身，拜贺汉朝能得到如此贤能的臣子。满朝文武面面相觑，显然都对董贤身居高位感到不满。

哀帝也知道大臣们的想法，但他毫不在乎，甚至做出更离谱的事情。一天，他在麒麟殿设酒宴，与董贤及其亲属一起畅饮。几杯酒下肚后，哀帝笑眯眯地看着董贤，说："朕打算学习尧禅位于舜的做法，把帝位传给你，怎么样？"

董贤也喝多了，笑着说："陛下在说笑吧？"

哀帝笑道："君无戏言，朕是认真的。你想不想当皇帝呢？"

没等董贤开口，一旁伺候的中常侍王闳（hóng）插话说："天下是高祖皇帝的天下，并非陛下所有！陛下承继宗庙，应当传子孙于无穷。王统帝业是至关重要的事情，天子不可戏言！"

哀帝很不高兴，但也没有说话，后来就把王闳调出皇宫，不让他在身边随侍了。

没多久，哀帝就驾崩了。临死前，他命人拿来传国玉玺与绶带，对董贤说:"你不要随便交给别人呀!"

正当董贤沉浸在哀伤与忧虑之中时,太皇太后王政君火速赶到未央宫,收走了皇帝的玉玺和绶带,然后派人速召新都侯王莽入宫,并下诏:朝廷所有事务都归王莽掌管。

王莽遵照太皇太后的旨令,命尚书弹劾董贤,说他在哀帝病重时不能亲自侍奉医药,禁止董贤进宫。董贤不知道如何才好,到皇宫大门,脱下官帽,赤着脚,叩头谢罪。

王莽派宦官拿着太皇太后的诏书,就在宫门口罢免了董贤:"董贤太年轻,没经历过什么事,当大司马不合民心。收回大司马印信、绶带,免去官职,遣回家去。"当天晚上,董贤就与妻子自杀了。

紧接着,太皇太后又下诏,任命王莽为大司马,主管尚书事务。汉朝于是进入了王莽专政的时期。

## 成语学习[1]

## 浆酒藿肉

浆，水浆；藿，豆叶。把酒肉当作水浆、豆叶一样。形容饮食奢侈。

| 造　句：他是个追求享乐的人，整天浆酒藿肉，挥霍无度。 |
| --- |
| 近义词：酒池肉林 |
| 反义词：粗茶淡饭 |

---

[1] 这个故事的原文里还有成语"兄终弟及"（指哥哥死了，弟弟即位做君主）、"乞骸骨"（古代官吏因年老请求退休）、"臣门如市"（形容居高位、掌大权的人宾客极多）、"附下罔上"（附和偏袒同僚或下属，却欺骗君上）、"死有余责"（形容罪大恶极，即使处死也抵偿不了罪恶）。

# 衣不解带

## 《资治通鉴·汉纪二十三》

又外交英俊，内事诸父，曲有礼意。大将军凤病，莽侍疾，亲尝药，乱首垢面，不解衣带连月。

## 译文

在外结交的都是些俊杰之士，在内对待诸位伯父叔父，能委曲迁就，礼敬有加。大将军王凤病重时，王莽侍候他，亲口尝药，一连几个月都不脱衣服入睡，因而蓬头垢面。

# 伪装者王莽

王莽是太皇太后王政君的亲侄子。王莽的父亲去世得早，在王家发达的时候没有被封侯。当时还是太后的王政君怜悯王莽孤儿寡母，就将他们母子养在东宫。

当时，王莽的堂兄弟们因为父亲多是将军、王侯，过着声色犬马的侈靡生活。相比之下，王莽显得格格不入。平日里，他生活简朴，为人谦恭，勤学苦修，还特地拜当时的名儒陈参为师，学习《礼经》。他精心照料母亲及寡嫂，竭尽所能抚育过世的兄长的儿子。他行为严谨检点，侍奉诸位叔伯时，事事处处都做得周到妥帖。

王莽的伯父、大将军王凤病重时，王莽更是日夜守候在病榻前，精心护理，亲尝汤药，几个月衣不解带，蓬头垢面。

王凤感慨万千："亲生儿子也不过如此啊！"所以临终前，他特意把王莽托付给太后王政君和汉成帝，请他们对这个谦恭有礼的年轻后辈多多提携。王莽因此被任命为黄门郎[①]，不久又升为射声校尉。他办事认真勤勉，待人彬彬有礼，当时朝中的许多名士都很喜欢他，主动替他说好话。成帝因而觉得王莽贤能，封他为新都侯，升为骑都尉、光禄大夫、侍中。

爵位越尊贵，王莽越谦恭，他把自己的车马、衣物都周济给门下宾客，而自己却家无余财。他收罗赡养名士，结交了很多朝中的

---

[①] 供职于宫门之内，侍从皇帝，顾问应对，出则陪乘，与皇帝关系密切。

大臣，他们轮番向皇帝推荐他，到处为他说好话，他的美德与名声甚至超越了他那些大权在握的叔伯。

王莽小心翼翼地维护自己的名声，不容许有任何差错。有一次，王莽私下里买了一个婢女，准备给自己做妾。有人听说后问他，他就辩解说："后将军朱子元没有儿子，我听说这个婢女能旺夫生子，所以买下来，准备送给他。"当天他就把这名婢女送给了朱博。朱博感动极了。

正在此时，大司马王根因病请辞，大司马一职就空出来了。汉代的大司马位高权重，除了手握天下兵权，更重要的是可以进入内朝参决政事，相当于直接辅佐皇帝。王莽很想成为大司马，可是，按顺序应当由已经是九卿的淳于长替代王根。淳于长是太后的亲外甥，能说会道，擅长溜须拍马，很受成帝的宠信和重用。王莽为了搬掉通向大司马的这块"拦路石"，就暗中打听他在外面干了哪些坏事。

这一打听，可不得了。原来，淳于长在外结交诸侯、州牧、太守，那些人贿赂他的钱财数也数不清。他成天纵情声色，竟然和已经被废的许皇后的姐姐私通，并纳为妾。许皇后不甘心被废，通过姐姐的关系贿赂淳于长千万钱，希望他在成帝面前替自己说好话。可是，淳于长收了钱却不办事，每次都哄骗许皇后，甚至写信戏弄她。

王莽抓住淳于长的把柄后，不动声色地来到王根家，在病榻前伺候。他端起汤药，一边吹凉，一边察言观色，见王根精神不错，趁机说："淳于长见您生了这么久的病，竟然十分高兴，认为下一任大司马就是他了，甚至对士大夫和贵族子弟谈论到任官设署的事了。"接着将他打听到的事一一道出。

王根气得脸通红，喘着粗气，半天才说："这混账小子，怪不得这么长时间不来看我，原来在背后干了这么多混账事！你呀，为什么不早点儿告诉我？"

王莽恭恭敬敬地说："侄儿不知道您什么态度，所以这事对谁都没有提过。"

王根叹了口气，吩咐王莽："赶紧禀告太后去。"

王莽心中暗喜，马上入宫求见太后，详细讲述了淳于长想早日取代大司马、收取贿赂、与废后许氏的姐姐私通、收受废后许氏的钱物等事。

太后很生气，怒道："这孩子竟然放肆到这种地步了，这还得了，赶紧告诉皇帝去。"

成帝听了王莽的汇报，也很恼火，但淳于长毕竟是太后的亲戚，便没有治他的罪，只是免去他的官职，遣送回封国。

事后，成帝对王莽赞不绝口："幸亏你这么正直，揭发淳于长大奸大恶之事，可算立下大功。"王根也顺水推舟，保荐王莽代替自己。就这样，年仅三十八岁的王莽如愿成为大司马。

王莽心里明白，自己年纪轻轻就位极人臣，必须拥有超越前人的美誉，才能让天下人心服口服。于是，他比以往更加克制自己的欲望，修养不倦。他任用社会上的贤士做官，将皇帝的赏赐和封地的收入全部用来供养名士，自己则节衣缩食，还要求家人也如此。有一次，王莽的母亲患病，公卿列侯都派夫人去探望，只见一个穿着布围裙的妇人出门相迎。夫人们都以为是王家的奴婢，询问之下，才知是大司马王莽的夫人。

可是，王莽这大司马没当多久，成帝就去世了，定陶王刘欣继位为汉哀帝。所谓一朝天子一朝臣，汉哀帝大肆分封自己的外戚傅、丁二家，王家自然就受到冷落。从太后升为太皇太后的王政君为此忧心忡忡，召见王莽，建议说："皇帝刚即位，很重用他的外家人，

你最好暂时回避一下。"王莽只好递交了辞呈。

可是,哀帝不答应,觉得自己当上皇帝,朝中大小事情还需要王莽协调,就下诏命他回来,还派丞相孔光、大司空①何武等人向太皇太后报告:"皇上听说大司马要辞职,非常伤心!如果大司马不出来任职,皇上就不敢听政了。"太皇太后这才命令王莽上朝处理政事。

王莽又当回了大司马,但很快他又把哀帝的祖母傅太后给得罪了。那天,哀帝在未央宫摆酒设宴,侍从官把傅太后的座位设在太皇太后座位旁边。王莽前来检查时,斥责侍从官:"傅太后不过是藩王妃而已,怎么配跟至尊的太皇太后并排而坐!"下令撤去原先的座位,重新摆放。

傅太后听说后,气得七窍生烟,死活不肯参加宴会,对王莽恨得咬牙切齿。王莽于是再次上书请求退休回封地。这次哀帝倒也没留他,重赏一番后让他回家了。朝中的公卿大夫觉得王莽没有错,大多称赞王莽。哀帝见这么多人为他说话,为了平衡大家的心态,只好给予他更多的恩宠,还特意从宫中调人到王莽家,供他差使。

王莽回到封地后,闭门不出,每日修身养性,极其注重维护自己的名誉。不久,他的次子王获因为一件小事杀死一名家奴,王莽严厉地责备王获,说他草菅人命,要求他自杀。事情传开后,人们又一次赞美王莽,说他大义灭亲。在封地三年间,官吏百姓上书大大颂扬王莽的功德,还有不少人为王莽喊冤鸣不平。哀帝于是征召王莽回到京师,让他侍奉太皇太后。

回到京城的王莽并没有任职,每天如同一位不问世事的隐士,可实际上,他无时无刻不在等待一个东山再起的机会。

---

① 汉成帝时,将御史大夫改名为大司空,与丞相(大司徒)、大司马同为宰相,共同管理政务。

几年后，哀帝驾崩，太皇太后王政君罢免了大司马董贤，要求朝中公卿推举大司马的新人选。大家都明白太皇太后的意思，纷纷举荐王莽。就这样，王莽再次坐上大司马的位置。随后，王莽拥立

大汉雄风·伪装者王莽

了年仅九岁的中山王刘箕子①登基，即汉平帝，他自己则代理政务，得到朝野的拥戴。

这时，王莽的野心逐渐暴露，为了强化自己在朝廷的势力，他不断培植自己的党羽，主动结交著名的儒者、大司徒孔光等人，人前人后对他们毕恭毕敬，让他们替自己宣扬美名。与此同时，王莽开始排斥异己，提拔顺从他的人，诛灭冒犯他的人。

王莽平时不苟言笑，一本正经，他只要略微示意，他的党羽就会按他的意思纷纷上奏，替他求取利益，然后他再磕头哭泣，坚决推辞。太皇太后常常受他迷惑。

有一次，王莽暗示益州地方官，让外族部落向天子进献一只白野鸡、两只黑野鸡。然后，他向太皇太后报告说："这是祥瑞呀，可以下诏用白野鸡祭献宗庙。"

于是群臣大肆歌颂王莽的功德："当年周公姬旦使周成王获得白野鸡，就是祥瑞呀。姬旦活着时就被称为'周公'，因此也应该给大司马赐号，为'安汉公'。"

王莽坚决推辞，还称病不肯上朝。大臣们不断向太皇太后建议，王莽推辞不过，就接受了"安汉公"的称号。

安汉公王莽已经大权独揽，若想进一步独断专行，得让太皇太后放权。他深知太皇太后年纪大了，厌倦政事，就故伎重演，授意公卿上奏说："太皇太后年事已高，应以凤体为重，像考核官吏政绩这样的小事不必亲自过问，交给忠心耿耿的安汉公就可以了。"

太皇太后欣然同意。随后，王莽一一接见那些上奏的官吏，赠送厚礼，以示恩惠。此时，他的权力几乎与皇帝相等了。

---

① 刘箕子就是当年和汉哀帝争皇位的中山王刘兴的儿子。

## 成语学习 ①

### 衣不解带

解，脱下。不脱衣服就休息。形容非常忙碌和辛劳。

| | |
|---|---|
| 造　句： | 小明生病了，他妈妈不解衣带地照顾他，所以很快就康复了。 |
| 近义词： | 夜以继日、通宵达旦 |
| 反义词： | 无暇顾及、自顾不暇 |

---

① 这个故事的原文里还有成语"乱首垢面"（头发蓬乱，满脸污垢）、"衣不曳地"（形容衣着朴素）、"杜门自守"（关闭大门，安分守己）。